REQUIRED VOCABULARY
AND
WORKBOOK

ARLENE FORMAN
Oberlin College

DAVID A. SLOANE
Tufts University

TO ACCOMPANY

Patricia Anne Davis
Donald Vincent Oprendek

Making Progress in Russian
a second year course

John Wiley & Sons
New York Chichester Brisbane Toronto Singapore

Copyright © 1988 by John Wiley & Sons, Inc.

All rights reserved.

Reproduction or translation of any part of this work
beyond that permitted by Sections 107 and 108 of
the 1976 United States Copyright Act without the
permission of the copyright owner is unlawful.
Requests for permission or further information
should be addressed to the Permissions Department,
John Wiley & Sons.

ISBN 0 471 60290 6

Printed in the United States of America

10 9 8 7 6 5 4 3 2 1

INTRODUCTION TO THE REQUIRED VOCABULARY AND THE WORKBOOK

The *Required Vocabulary* is the key to these materials, which supplement the textbook *Making Progress in Russian*. The *Workbook* will continually refer back to specific pages in it. Thus it is essential that the student keep the *Required Vocabulary* handy whenever using the *Workbook*.

The *Required Vocabulary* is more than just a list of words with translations. It resembles a dictionary in that it gives grammatical information (case governance, declension, conjugation, etc.) and frequently provides examples of how words are used. However, unlike a dictionary, it does not contain exhaustive detail where such detail would be virtually useless to an intermediate-level student of Russian. For example, the adjective жёлтый (*yellow*) is given but not its short forms жёлт, желта́, жёлто/желто́, жёлты/желты́, because it is unlikely that a second- or third-year student would have any need for them. Similarly, во́лосы [воло́с (*gen.plu.*)] (*hair*)(COLLECTIVE) is given, but not its singular form во́лос [-а], which the student will probably not have occasion to use.

For each unit the vocabulary is divided into two basic sections: *New Words* and *Review Words*. Naturally, this distinction ("new" *vs.* "review") will not always correspond to real circumstances since first year Russian programs at different colleges (and first/second- year sequences at different high schools) cover varying amounts of material and employ different textbooks. In order to minimize such discrepancies the authors have adhered to the following guidelines. The three most widely used first-year Russian textbooks were chosen and a number of lessons in each was designated as likely to be completed in an average elementary college course in one year:

Introductory Russian Grammar, Second Edition, by Galina Stilman, Leon Stilman and William E. Harkins (New York: John Wiley & Sons, 1972) [20 lessons].

Russian, Third Edition, by Ben T. Clark (New York: Harper & Row, 1983) [20 lessons].

Russian for Everybody, by E.M. Stepanova, Z.N. Ievleva, L.B. Trushina and R.L. Baker (Москва: Русский язык, 1984) [25 lessons].

A vocabulary item which appears in at least two of these three ranges is considered "review." Of course, if a word is repeated in the *Required Vocabulary* without any change in meaning, it also appears under "review" the second time it occurs. Conversely, if an old vocabulary word reappears in a later lesson with some new meaning or with new information about its usage, it is treated as a "new" word.

Sometimes, at the end of a unit, a list of *Words Used on Tape But Not Required* is provided to help the student with the tape recorded exercises (available separately from the publisher). There is also a list of words given earlier in the *Required Vocabulary* which relate to the theme(s) of the unit as defined in this Workbook.

At the very beginning of the *Required Vocabulary* there is a *Basic*

Vocabulary List of about 250 words presumed known by all students who have reached the intermediate level. The instructor may wish to spend some time at the beginning of the year reviewing these elementary items.

Using the Required Vocabulary

For each vocabulary entry as much information is given as is deemed useful to a student at the intermediate level. This means that while some information is omitted, much more is provided than is customarily found in textbook glossaries. Certain conventions were observed to convey this information economically, although clarity was always a more important consideration than space. These conventions are summarized below.

Verbs. Unless stated specifically otherwise, the main entry for every verb is the imperfective infinitive. If there is a perfective infinitive it follows a double slash (//). Conjugation information is contained in square brackets ([ ]). Syntactic information is italicized within square brackets after the verb, and case governance is indicated by the form of the interrogative pronouns *КТО-ЧТО*. For example:

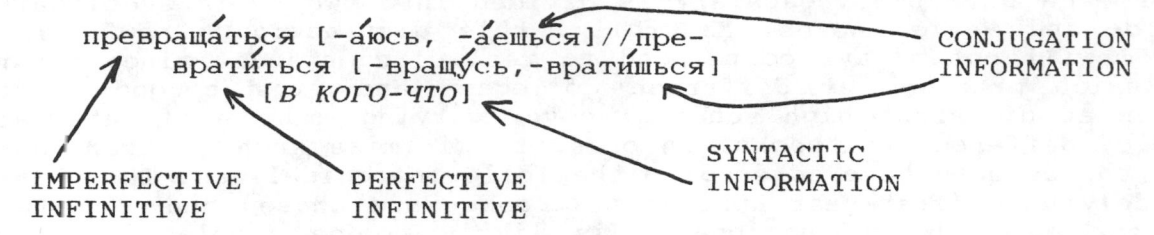

превраща́ться [-а́юсь, -а́ешься]//пре-
вратиться [-вращу́сь,-вратишься]
[*В КОГО-ЧТО*]

IMPERFECTIVE INFINITIVE — PERFECTIVE INFINITIVE — SYNTACTIC INFORMATION — CONJUGATION INFORMATION

The above entry shows that the verb has both imperfective and perfective forms, and that the construction which follows it consists of the preposition *В*, followed by a noun/pronoun designating a person or thing in the accusative case (*КОГО-ЧТО*). (Note that *КОГО-ЧЕГО* would indicate the genitive case, *КОМУ-ЧЕМУ* the dative, *КЕМ-ЧЕМ* the instrumental and *КОМ-ЧЁМ* the prepositional (locative.) If only one infinitive is given and there are no slashes, one is to assume that it is imperfective unless stated specifically otherwise:

по́льзоваться [-льзуюсь, льзуешься]
[*ЧЕМ*]

IMPERFECTIVE INFINITIVE

If the perfective is not an ideal aspectual pair, it is given in parentheses and its meaning is explained in the English gloss. There may even be two perfectives of this kind, for example:

крича́ть [кричу́, кричи́шь]   to shout (v.)
   //(за-)   //(Perf.: "begin to")
   //(кри́кнуть [-ну,-нешь]) //(Perf.: "once")

For non-prefixed verbs of motion, the multidirectional and unidirectional forms of the imperfective are separated by a single slash, while the perfective as usual follows a double slash:

водйть [вожу́, во́дишь]/вести́ [веду́,
    ведёшь; вёл, вела́, вели́]//по-
    вести́ [*КОГО-ЧТО*] [*КУДА*]

One will note that the sign x over the infinitive ending is used to indicate shifting stress in the present (or perfective future) tense. Sometimes a dummy infinitive will appear in brackets as syntactic information; it is important to pay attention to the aspect of this verb too. In the instance below, for example, the infinitive complement may be either perfective or imperfective:

стара́ться [-а́юсь,-а́ешься]//по-
    [*(С)ДЕЛАТЬ ЧТО*]

In the following case, by contrast, the infinitive complement <u>must</u> be imperfective:

продолжа́ть [-а́ю,-а́ешь] [*ДЕЛАТЬ ЧТО*]

Nouns and substantives. The main entry for all nouns and substantives is the nominative case form of the word. (A substantive is an adjective which is used like a noun.) The first item in square brackets following the main entry is the genitive case form of the word, even if it is entirely regular and predictable:

неде́ля [-и]   огуре́ц [-рца́]
пло́щадь [-и]   медве́дь [-я]
вре́мя [вре́мени]   столо́вая [-ой]
рабо́чий [-его]   моро́женое [-ого]
центр [-а]   рубль [-я́]

The genitive form can help one determine the gender and declension type of a word; thus in the examples above пло́щадь is shown by its genitive form to be feminine and a member of the third declension type, while медве́дь and рубль are shown to be masculine and first declension. The genitive can also signal the loss of a mobile vowel, as for instance in огуре́ц [-рца́]; for masculine nouns it may show a stress pattern which will be followed throughout the declension, as for instance центр [-а] (stem-stressed) and рубль [-я́] (end-stressed). The genitive case information for substantives (рабо́чий, столо́вая, моро́женое) helps distinguish them from adjectives per se, since adjectives will be described entirely differently (see below). When a noun is given only in the plural, the first form in brackets is the genitive plural:

во́лосы [воло́с]   очки́ [-о́в]   пельме́ни [-ей]

If the word has a special partitive genitive in -y (or -ю), this is given after the regular genitive and separated from it by a single slash:

сыр [-а/-у]   чай [-я/-ю]

If the word has a special prepositional (locative) case form in -y (or -ю), this is given after the genitive and separated from it by a comma:

у́гол [угла́, **в/на углу́**]   снег [-а, **в/на снегу́**]

Sometimes the indication "(INDECL.)" appears after a noun instead of the genitive case form; this means that the noun is *indeclinable* (its form never changes) and *neuter* in gender (unless stated specifically otherwise):

    метро́ (INDECL.)   ко́фе (INDECL.) (masc.)

A semicolon inside the brackets after a noun or substantive always marks a shift from singular to plural. Irregular or unpredictable forms (including those which show stress shift) appear in their normal case order:

    челове́к [-а; лю́ди, люде́й (REGULAR)/челове́к (WITH NUMBERS), лю́дям]

        GEN.   NOM.   GEN.   DAT.
        SING. PLU.   PLU.   PLU.

If the unpredictable form appears out of sequence, it is clearly labeled, as for instance when there is an inserted mobile vowel in the genitive plural:

    крестья́нка [-и; -нок (*gen.plu.*)]

Location in an enclosed space is normally expressed by the preposition *в* + *prepositional case*; location in an unenclosed space or at an activity is normally conveyed by the preposition *на* + *prepositional case*. If a noun departs from this convention (or if there is any potential confusion), the preposition used with it is given parenthetically after the square brackets:

    ка́федра [-ы] (на)   по́чта [-ы] (на)
    двор [-а́] (в)

Adjectives. The main entry for adjectives is the masculine singular nominative form; it is followed in brackets by the feminine, neuter and plural nominative endings:

    друго́й [-а́я, -о́е, -и́е]   после́дний [-яя, -ее, -ие]

Sometimes *short forms* (predicate adjectives) are given and they may appear in one of two ways. If the short forms are the only ones which the student is expected to use, they are given first and in the same order as the full adjective. The per cent sign (%) is used to indicate that these are short forms:

    похо́ж, похо́жа, похо́же, похо́жи [%]

    MASC.   FEM.   NEUT.   PLU.
    SING.   SING.   SING.

Otherwise the short forms are given in brackets after the regular long forms and are preceeded by the sign %; normally the neuter short form is omitted:

    благода́рный [-ая, -ое, -ые] [%-рен, -рна, -рны]

Adverbs formed from qualitative adjectives are not normally given because they are predictable (прекра́сный ---> прекра́сно; интере́сный ---> интере́сно). If, however, they are in any way unpredictable (either in spelling or in stress), they are given in brackets, following a plus sign (+):

    ра́нний [-яя, -ее, -ие] [+ра́но]   (*spelling change*)
    хоро́ший [-ая, -ее, -ие] [+хорошо́]   (*stress shift*)

The *simple comparative* forms of an adjective are given only when they are unpredictable. The regular simple comparative ending -ee [-ей (*colloq.*)] is normally added to the adjective stem without any stress shift; however, if the adjective stem has only one syllable, the stress usually switches to the ending:

    но́вый ---> нове́е   тёмный ---> темне́е

Such information is not provided in the *Required Vocabulary*. However, if some other change occurs, the simple comparative is given in brackets, following a "less than" sign (<):

    гро́мкий [-ая,-ое,-ие] [<гро́мче]   просто́й [-ая,-ое,-ие] [<про́ще]

Choice of Vocabulary: The Workbook's Themes

The purpose of the *Required Vocabulary* is to provide information sufficient for the correct usage of a limited number of words. It aims to produce a firm lexical basis for active use. Therefore, the authors strove to select commonly encountered words rather than abstruse items likely to appear only in specialized texts. In this interest they employed *Частотный словарь русского языка*, под ред. Л.Н. Засориной (Москва: Русский язык, 1977), attempting to use as many of the first one thousand most frequent words in the language as was feasible. Beyond this the authors strove to choose words relevant to topics of everyday conversation and group them together thematically by unit. Hence, each unit of the *Required Vocabulary* has at least one theme on which the student is expected to become moderately conversant. These are:

    Lesson 1:   University Life (courses, subjects, majors, etc.)

    Lesson 2:   Daily Routine (waking, washing, meals, etc.)
                   Classroom Activities (grades, correcting, etc.)

    Lesson 3:   "Bad Things" (devil, attack, fall, tear, etc.)
                   Colors

    Lesson 4:   Library
                   Relatives
                   Food (Basic Foodstuffs: sugar, bread, meat etc.)

    Lesson 5:   Animals

    Lesson 6:   Parts of the Body

    Lesson 7:   Nationalities, Countries

Lesson 8: Occupations

Lesson 9: The City (Moscow)

Lesson 10: Airplane Travel
Transportation in General

Lesson 11: Clothing

Lesson 12: Food

Lesson 13: Public Transport

Lesson 14: Home, Apartment

Lesson 15: Weather, Climate

Lesson 16: Comparing People, Things

Lesson 17: Human Relations

Lesson 18: Health/Illness
Vacation/Leisure

In selecting words the authors followed certain guidelines. Under no circumstances do the *New Words* in any unit exceed 45; nor does the total number of required items (*New* and *Review*) exceed 80. Some words from the introductory story in the textbook are always included as well as a much of the vocabulary in the grammar explanations. However, no effort was made to include all the words from a given unit of the textbook in the *Required Vocabulary*. Nor did the authors of the Workbook limit themselves to words which appear in the textbook.

Using the Workbook

The *Workbook* contains classroom practices, homework exercises and an English-to-Russian translation for each unit. These materials supplement those in *Making Progress* and may be assigned in conjunction with the exercises in the textbook. Experience suggests that the exercises in the textbook normally work best as oral practice in class and the assignments in the *Workbook* are most useful when written, either in class or as homework. Sometimes the *Workbook* will introduce new grammar not necessarily covered in *Making Progress* or it may clarify some point in the textbook. Where this occurs, the student should <u>always follow the rules as presented in the Workbook</u>.

The special supplement to Lesson 1, *Verb Morphology: The One-Stem Verb System*, is provided for those teachers who prefer a more linguistically scientific treatment of the Russian verb. This section is completely optional and may be omitted. Instructors who choose to use it may do so any point in the intermediate-level course; it is placed as an addition to Lesson 1 only because this lesson in the textbook deals with verb conjugation.

While it is possible to complete *Making Progress* alone within one academic year at college, the users of the *Required Vocabulary* and *Workbook* may find that more than one year is needed to complete the material, depending on how thoroughly it is covered and what level of mastery is desired. Instructors may wish to cover 12-14 units in the second year and then finish the book during the third year in conjunction with supplementary readings.

+   +   +   +   +   +   +

The authors would be extremely grateful if those who use the Workbook would call their attention to any errors in it and communicate to them suggestions for its improvement. Correspondence should be addressed to:

Prof. Arlene Forman
Dept. of German and Russian
Oberlin College
Oberlin, OH 44074

Prof. David Sloane
Dept. of German, Russian and Asian
    Languages and Literatures
Tufts University
Medford, MA 02155

ABBREVIATIONS

```
abbrev.     = abbreviation
acc.        = accusative
adj.        = adjective
adv.        = adverb
aux.        = auxiliary
collect.    = collective
colloq.     = colloquial
comp.       = comparative
conj.       = conjunction
fem.        = feminine
gen.        = genitive
IMPERF./imperf. = imperfective
INDECL.     = indeclinable
instr.      = instrumental
interj.     = interjection
interrog.   = interrogative
masc.       = masculine
n.          = noun
nom.        = nominative
num.        = numeral
part.       = particle
PERF./perf. = perfective
PLU./plu.   = plural
poss.       = possessive
pred.       = predicate
pron.       = pronoun
quant.      = quantifier
rel.        = relative
SING./sing. = singular
SMB./smb.   = somebody
SMTH./smth. = something
subst.      = substantive
v.          = verb
```

KEY TO SIGNS

```
%   short forms (predicate adjective)
<   simple comparative
+   derived adverb
```

REQUIRED VOCABULARY

BASIC VOCABULARY LIST

The Basic Vocabulary List contains about two hundred fifty words which are presumed to be known by students who have completed at least one year of Russian. It includes the personal pronouns (я, ты, он/она́/оно́, мы, вы, они́), the possessive pronouns (мой, твой, его́/её/его́, наш, ваш, их), the numbers one through thirty (cardinal and ordinal) and the following one hundred seventy seven elementary items. Since the words in this list are assumed knowledge they will not normally be glossed in the exercises and English-Russian translations.

а
    Тре́йси -- америка́нка, а Ве́ра -- ру́сская.
	and (FOR CONTRAST), but (*conj.*)
	    Tracy is an American, and/but Vera is a Russian.

америка́нец [-нца]; америка́нка [-и; -нок (*gen.plu.*)]	an American (male; female)(*n.*)
англи́йский [-ая, -ое, -ие]	English (*adj.*)
библиоте́ка [-и]	library (*n.*)
большо́й [-а́я, -о́е, -и́е][<бо́льше]	large, big (*adj.*)
бума́га [-и]	paper (*n.*)
быть [*PRESENT:* ---; *FUTURE:* бу́ду, бу́дешь; *PAST:* был, -а́, -и]	to be (*v.*)
в [во *before* мн-, вс-]	in, at (LOCATION); into, to (DIRECTION)(Used with nouns/pronouns denoting enclosed spaces) (*.prep.*)

[*ЧЁМ*]
    Они́ живу́т в Москве́.
    Пи́сьма в столе́.
	[*SOMEPLACE*] (LOCATION)
	    They live in Moscow.
	    The letters are in the desk.

[*ЧТО (acc.)*]
    Они́ е́дут в Москву́.
    Я положи́ла пи́сьма в стол.
	[*SOMEPLACE*] (DIRECTION)
	    They are going to Moscow.
	    I put the letters into the desk.

весна́ [-ы́]
    весно́й
	spring (season) (*n.*)
	    in the spring

весь [вся, всё, все]
    всё [всего́] (SING.ONLY)
	all, the whole (*pron.*)
	    everything

все [всех] (PLU.ONLY)   everyone

вечер [-а; вечера́, -о́в]   evening (n.)
    ве́чером (*instr.sing.*)   (in the) evening
    Вчера́ ве́чером мы бы́ли у Ири́ны.   Yesterday evening we were at Irina's house.

ви́деть [ви́жу, ви́дишь]//(у-)   to see//(Perf.:"to catch sight of")
    [*КОГО-ЧТО*]   [*SMB.-SMTH.*]

вме́сте   together (*adv.*)

вот   Here is/are... (POINTING) (*part.*)
    Вот на́ша у́лица.   Here is our street.

вре́мя [вре́мени]   time (as continuum) (*n.*)

всегда́   always (*adv.*)

вчера́   yesterday (*adv.*)

газе́та [-ы]   newspaper (*n.*)

где   where (LOCATION) (*interrog.adv.*)
    Где вы живёте?   Where do you live?
    Вот рестора́н, где мы вчера́ обе́дали.   Here is the restaurant where we had lunch yesterday.

говори́ть [-рю́, -ри́шь]//сказа́ть   to speak, to talk, to say (*v.*)
    скажу́, ска́жешь]

го́род [-а; города́, -о́в]   city (*n.*)

гуля́ть [-я́ю, -я́ешь]//(по-)   to be out walking//(Perf.: "to take a little walk" (*v.*)
    [*ГДЕ*]   [*SOMEWHERE*]
    Макси́м гуля́ет в па́рке.   Maksim is taking a walk in the park.

да   yes (*part.*)

дава́ть [даю́, даёшь; дава́й(те)   to give (*v.*)

//дать [дам, дашь, даст, дадим, дадите, дадут; дал, -а́, -и; да́й(те)]
[ЧТО] [КОМУ]   [SMTH.] [TO SMB.]
Кто тебе́ дал э́ту кни́гу?   Who gave you this book?

давно́   (for) a long time (WITH PRESENT); a long time ago (WITH PAST) (adv.)

Ната́лья Семёновна давно́ живёт в Москве́.   Natalya Semyonovna has been living in Moscow a long time.
Арка́дий Ви́кторович давно́ прие́хал из Ки́ева.   Arkady Viktorovich arrived from Kiev a long time ago.

да́же   even (part.)

де́вочка [-и; -чек (gen.plu.)]   (little) girl (n.)

де́вушка [-и; -шек (gen.plu.)]   girl (n.)

де́лать [-аю, -аешь]//с- [ЧТО]   to do, to make [SMTH.] (v.)

день [дня]   day (n.)
днём (instr.sing.)   in the day(time)/afternoon

дере́вня [-и; -ве́нь (gen.plu.)]   country (as opposed to city); village (n.)
Де́душка живёт в дере́вне.   Grandpa lives in the country.

до свида́ния   good-bye (interj.)

до́лго   (for) a long time (WITH PAST OR FUTURE) (adv.)
Ва́ля до́лго гуля́ла по го́роду.   Valya strolled around the city for a long time.

дом [-а; дома́, -о́в]   house, home, building (n.)

до́ма   at home (LOCATION) (adv.)
Па́па и ма́ма сейча́с до́ма.   Dad and Mom are at home now.

домо́й   home (DIRECTION) (adv.)
Мы ско́ро пое́дем домо́й.   We shall go home soon.

друг [-а; друзья́, друзе́й]	friend (n.)
ду́мать [-аю, -аешь]//(по-)	to think//(Perf.: "a while") (v.)

е́сли
  Е́сли хоти́те, мы пойдём гуля́ть.
	if (conj.)
	  If you want, we will go take a walk.

есть
  На э́той у́лице есть рестора́н.
  У вас есть маши́на?
	There is/are... (EXISTENCE); have (POSSESSION) (v.)
	  There is a restaurant on this street.
	  Do you have a car?

ещё
  Да́ша ещё чита́ет.
  Ле́на купи́ла ещё одну́ кни́гу.
	still; more (=in addition) (adv.)
	  Dasha is still reading.
	  Lena bought one more book.

же́нщина [-ы]	woman (n.)
жить [живу́, живёшь; жил, -а́, -и]	to live (v.)
журна́л [-а]	magazine, journal (n.)
заво́д [-а] (на)	factory, plant (n.)
за́втра	tomorrow (adv.)

звать [зову́, зовёшь]
  ИДИО́МА:
  Как [КОГО́ (acc.)] зову́т?
  Меня́ зову́т Ми́ша.
  Её зову́т Ири́на.
	to call (v.)
	  IDIOM:
	  What is [SMB.'S] name?
	  My name is Misha.
	  Her name is Irina.

здесь	here (LOCATION) (adv.)
здра́вствуй(те)	Hello... (interj.)

зима́ [-ы́]
  зимо́й
	winter (n.)
	  in the winter

знать [-а́ю, -а́ешь] [КОГО́-ЧТО]	to know [SMB.-SMTH.] (v.)

и	and (*conj.*)
игра́ть [-а́ю, -а́ешь]//(по-)	to play//(Perf.: "a while")(*v.*)
из [ЧЕГО́]	from, out of (Used with nouns/pronouns denoting enclosed spaces) (*prep.*) [SOMEPLACE]
или	or (*conj.*)
и́мя [и́мени] Моё и́мя -- Андре́й.	(first) name (*n.*) My name is Andrei.
иногда́	sometimes (*adv.*)
интере́сный [-ая, -ое, -ые] Нам интере́сно слу́шать ра́дио.	interesting (*adj.*) It's interesting for us to listen to the radio.
к [ко before мн-, вс-] [КОМУ́]; [КОМУ́-ЧЕМУ́] Мы идём к Та́не. Я иду́ к профе́ссору. Она́ идёт к двери́.	to [SMB.('S HOUSE/PLACE)]; up to, toward [SMB.-SMTH.](*prep.*) We are going to Tanya's house. I'm going to the professor. She is going toward the door.
ка́ждый [-ая, -ое, -ые] Она́ пи́шет ма́ме ка́ждую неде́лю. Он обе́дает у нас почти́ ка́ждый день.	each, every (*adj.*) She writes Mom every week. He has lunch at our house almost every day.
как Как вы себя́ чу́вствуете?	how, like (*adv.*) How do you feel?
како́й [-а́я, -о́е, -и́е] Каки́е там бы́ли лю́ди? Кака́я маши́на ва́ша? Како́й большо́й ма́льчик!	which/what (of several), what kind of; What (a) !... (*adj.*) What kind of people were there? Which car is yours? What a big boy!
каранда́ш [-а́]	pencil (*n.*)
кварти́ра [-ы]	apartment (*n.*)

книга [-и]	book (n.)
когда́	when (adv., conj.)
коне́чно	of course (part.)

кото́рый [-ая, -ое, -ые]
   Вот кни́га, кото́рую я вчера́ купи́л.
	that, which, who (rel.pron.)
	   Here is the book that I bought yesterday.

краси́вый [-ая, -ое, -ые]	pretty, beautiful, handsome (adj.)

Кремль [-я́]
   Вы бы́ли в Кремле́?
	Kremlin (in Moscow) (n.)
	   Were you in the Kremlin?

кто
   Кто был на уро́ке?
   Кого́ вы ви́дели в Ленингра́де?
	who (interrog.pron.)(masc.sing. only for agreement with verb)
	   Who was at the lesson?
	   Whom did you see in Leningrad?

куда́
   Куда́ вы идёте?
	where (DIRECTION) (interrog.adv.)
	   Where are you going?

ле́то [-а]
   ле́том
	summer (n.)
	   in the summer

магази́н [-а]	store (n.)
ма́ленький [-ая, -ое, -ие] [<ме́ньше]	small, little (adj.)
ма́льчик [-а]	boy (n.)
молодо́й [-а́я, -о́е, -ы́е] [<моло́же]	young (adj.)
молодо́й челове́к [-о́го ...-а]	young man (n.phrase)
Москва́ [-ы]	Moscow (n.)
мочь [могу́, мо́жешь,... мо́гут; мог, -гла́, -гли́] [(С)ДЕЛАТЬ ЧТО]	to be able, can (v.) [(TO) DO SMTH.]

мужчи́на [-ы] (masc.) — man (=male adult) (n.)

на — at, on (LOCATION); to, onto (DIRECTION) (Used with nouns/pronouns denoting open spaces or activities/events, and also with some denoting spaces normally thought of as enclosed) (prep.)

  [ЧЁМ] — [SOMEWHERE] (LOCATION)
  Мы живём на э́той у́лице. — We live on this street.
  Они́ сейча́с на уро́ке. — They are at the lesson now.
  Она́ рабо́тает на по́чте. — She works at the post office.

  [ЧТО (acc.)] — [SOMEWHERE] (DIRECTION)
  На столе́ есть каранда́ш. — There is a pencil on the desk.
  Он уже́ пошёл на уро́к. — He already went to the lesson.
  Я е́ду на заво́д. — I'm going to the factory.

называ́ться [-а́ется, -а́ются] — to be called (THING ONLY) (v.)
  Э́тот го́род называ́ется Ки́ев. — This city is called Kiev.

находи́ться [-хожу́сь, -хо́дишься] — to be located/found (v.)
  Музе́й нахо́дится на у́лице Го́рького. — The museum is located on Gorky Street.

не — not (part.)

не... — (Prefix which negates adj./adv.)
  небольшо́й — small (=not large)
  неплохо́й — (pretty) good (=not bad)
  некраси́вый — ugly (=not beautiful)
  неприя́тный — unpleasant
  неинтере́сный — uninteresting, boring

нет [PAST: не́ было; FUTURE: не бу́дет] — (There) is/are/were/will be no... ABSENCE/NON-EXISTENCE); does/do/did/will not have... (NON-POSSESSION)[SMB.-SMTH.]

  [КОГО́-ЧЕГО́]
  Там нет но́вых слов. — There are no new words there.
  У него́ не́ было вре́мени. — He didn't have (any) time.
  Их не бу́дет на уро́ке. — They won't be at the lesson.

никогда́ — never (adv.)
  Она́ никогда́ не жила́ в Со́чи. — She never lived in Sochi.

никто́ — no one (pron.)

ничего́ — nothing (*pron.*)

но — but (WHEN STATEMENT GOES AGAINST EXPECTATION) (*conj.*)
    Я хочу́ пое́хать, но я не могу́. — I want to go, but I can't.
    Он не ру́сский, но он лю́бит ру́сский язы́к. — He is not a Russian, but he loves the Russian language.

но́вый [-ая, -ое, -ые] — new (*adj.*)

ночь [-и] — night (*n.*)
    но́чью (*instr.sing.*) — (at) night

Ну, ... — Well, ... (*interj.*)

окно́ [-а́; о́кна, о́кон] — window (*n.*)

опя́ть — again (*adv.*)

о́сень [-и] — autumn, fall (*n.*)
    о́сенью — in the fall

от [КОГО́ (*gen.*)]; [КОГО́-ЧЕГО́] — from [*SMB.('S HOUSE)*]; away from [*SMB.-SMTH.*] (*prep.*)
    Мы идём домо́й от Ва́си. — We're going home from Vasya's.

о́чень — very (*adv.*)

парк [-а] — park (*n.*)
    Де́ти игра́ют в па́рке. — The children are playing in the park.

писа́ть [пишу́, пи́шешь]//на- [ЧТО][КОМУ́] — to write (*v.*) [*SMTH.*][*(TO) SMB.*]
    Серёжа написа́л мне письмо́. — Seryozha wrote me a letter.

    [ЧЕМ] — [*WITH SMTH. (INSTRUMENT)*]
    Чем вы пи́шете, карандашо́м или ру́чкой? — What are you writing with, a pencil or a pen?

письмо́ [-а́; пи́сьма, пи́сем] — letter (correspondence) (*n.*)

плохо́й [-а́я,-о́е,-и́е][+пло́хо][<ху́же] — bad (*adj.*)

Basic List

по-
    Она читает и пишет по-русски.
    Он не понимает по-английски.
	(in) (A LANGUAGE) (Used with verbs that involve communication)
	She reads and writes Russian.
	He doesn't understand English.

пожалуйста	please, you're welcome (*interj.*)

показывать [-аю, -аешь]//показать [-кажу, -кажешь]
    [ЧТО] [КОМУ]
    Покажите нам квартиру.
	to show (*v.*)
	
	    [*SMTH.*] [*TO SMB.*]
	    Show us the apartment.

покупать [-аю, -аешь]//купить [куплю, купишь] [ЧТО]	to buy [*SMTH.*] (*v.*)

помогать [-аю, -аешь]//помочь [-могу, -можешь,... -могут; помог, -могла, -могли] [КОМУ]
    Помогите ему.
	to help (*V.*)
	
	    [*SMB.*]
	    Help him.

понимать [-аю, -аешь] [КОГО-ЧТО]	to understand [*SMB.-SMTH.*] (*v.*)
потому что	because (*conj.*)
почему	why (*adv.*)
почта [-ы] (на)	post office (*n.*)
почти	almost, nearly (*adv.*)
правда [-ы] (SING.ONLY)	truth (*n.*)
приятный [-ая, -ое, -ые]	pleasant (*adj.*)
работать [-аю, -аешь]//(по-)	to work //(Perf.: "a while") (*v.*)
ребёнок [-нка; дети, детей, детям, детьми (*instr.plu.*)]	child, baby (*n.*)
редко [<реже]	rarely (*adv.*)

ресторан [-а] restaurant (n.)

русский [-ая, -ое, -ие] Russian (adj.)
    Это русские газеты. These are Russian newspapers.
    Они хорошо говорят по-русски. They speak Russian well.

русский [-ого]; русская [-ой] Russian person (male; female) (subst.)
    Виктор -- русский, а Билл -- американец. Viktor is a Russian, and Bill is an American.

ручка [-и; -чек (gen.plu.)] pen (n.)

с [со before ст-, вс-, мн-] from, off (of) (Used with nouns/pronouns denoting open spaces or activities/events, and also with some denoting spaces normally thought of as enclosed) (prep.)
    [ЧЕГО] [SOMEPLACE]
    Карандаш упал со стола. The pencil fell off the table.
    С фильма мы пошли домой. We went home from the film.
    Я иду с почты. I'm coming from the post office.

сегодня today (adv.)

сейчас (right) now (adv.)

сколько [КОГО-ЧЕГО] how many, how much? [OF SMTH.] (quant.)
    Сколько городов в Советском Союзе? How many cities are there in the Soviet Union?
    ИДИОМА: *IDIOM:*
    Сколько сейчас времени? What time is it now?

слово [-а; слова, слов] word (n.)

слушать [-аю, -аешь] [КОГО-ЧТО] to listen to [SMB.-SMTH.] (v.)

Советский Союз [-ого Союза] Soviet Union (n.phrase)

спасибо thank you (interj.)

спрашивать [-аю, -аешь]//спроси́ть to ask (=inquire) (v.)
    [спрошу́, спро́сишь]
    [КОГО (acc.)] [О КОМ-ЧЁМ]   [SMB.] [ABOUT SMB.-SMTH.]

ста́рый [-ая, -ое, -ые][<старе́е (RE- old (adj.)
    GULAR); ста́рше (PEOPLE ONLY)]

стол [-а́] table, desk (n.)

студе́нт [-а]; студе́нтка [-и; student (male; female) (n.)
    -ток (gen.plu.)]

сюда́ here (DIRECTION) (adv.)

так so, thus (adv.)
    Это так интере́сно/пло́хо.   That is so interesting/bad.

та́кже also, too (adv.)

тако́й [-а́я, -о́е, -и́е] such (adj.)
    Она́ така́я интере́сная же́нщина.   She is such an interesting woman.

там there (LOCATION) (adv.)

тепе́рь now (in contrast to before/later)

то́же also, too (adv.)

то́лько only (adv.)

туда́ there (DIRECTION) (adv.)

у [КОГО (gen.)] at [SMB.'S(HOUSE/PLACE)] (prep.)
    Вчера́ мы бы́ли у И́ры.   Yesterday we were at Ira's.

уже́ already (adv.)

университе́т [-а] university (n.)

Basic List

уро́к [-а́]	lesson, class (as activity) (*n.*)
у́тро [утра́/у́тра]	morning (*n.*)
у́тром (*instr.sing.*)	(in the) morning
учи́тель [-я; учителя́, -е́й]; учи́тельница [-ы]	teacher (male; female) (*n.*)
фами́лия [-ии]	last name (*n.*)
хоро́ший [-ая, -ее, -ие] [+хорошо́] [‹лу́чше]	good (*adj.*)
час [-а́]	hour, o'clock (*n.*)
час	one o'clock
два часа́	two o'clock
в пять часо́в	at five o'clock
ча́сто [‹ча́ще]	often (*adv.*)
челове́к [-а; лю́ди, люде́й (REGULAR)/ челове́к (WITH NUMBERS), лю́дям, людьми́, лю́дях]	person (*n.*)
Там бы́ло мно́го люде́й.	There were many people there.
чита́ть [-а́ю, -а́ешь]//про- [*ЧТО*]	to read [*SMTH.*] (*v.*)
что	what (*pron.*); (that) (*conj.*)
Что ты чита́ешь?	What are you reading?
Она́ сказа́ла, что она́ ско́ро прие́дет.	She said (that) she would arrive soon.
э́тот [э́та, э́то, э́ти]	this, that; This is/These are... (neuter only)(*pron.*)
Я не чита́ла э́ту кни́гу.	I didn't read this/that book.
Э́то така́я интере́сная кни́га.	This is such an interesting book.
Э́то о́чень интере́сные лю́ди.	These are very interesting people.
язы́к [-а́] (на)	language (*n.*)
Я люблю́ ру́сский язы́к.	I like Russian.
Э́ти кни́ги на ру́сском языке́.	These books are in Russian.
На како́м языке́ вы говори́те?	What language do you speak?

ДНИ НЕДЕЛИ

понеде́льник [-а]
    в понеде́льник

вто́рник [-а]
    во вто́рник

среда́ [-ы́]
    в сре́ду

четве́рг [-а́]
    в четве́рг

пя́тница [-ы]
    в пя́тницу

суббо́та [-ы]
    в суббо́ту

воскресе́нье
    в воскресе́нье

DAYS OF THE WEEK

Monday (n.)
    on Monday

Tuesday (n.)
    on Tuesday

Wednesday (n.)
    on Wednesday

Thursday (n.)
    on Thursday

Friday (n.)
    on Friday

Saturday (n.)
    on Saturday

Sunday (n.)
    on Sunday

МЕСЯЦЫ

янва́рь [-я́]
    в январе́

февра́ль [-я́]
    в феврале́

март [-а]
    в ма́рте

апре́ль [-я]
    в апре́ле

май [ма́я]
    в ма́е

ию́нь [-я]
    в ию́не

MONTHS

January (n.)
    in January

February (n.)
    in February

March (n.)
    in March

April (n.)
    in April

May (n.)
    in May

June (n.)
    in June

ию́ль [-я́]   July (*n.*)
    в ию́ле   in July

а́вгуст [-а]   August (*n.*)
    в а́вгусте   in August

сентя́брь [-я́]   September (*n.*)
    в сентябре́   in September

октя́брь [-я́]   October (*n.*)
    в октябре́   in October

ноя́брь [-я́]   November (*n.*)
    в ноябре́   in November

дека́брь [-я́]   December (*n.*)
    в декабре́   in December

REQUIRED VOCABULARY TO LESSON ONE

NEW WORDS

аспира́нт [-а]; аспира́нтка [-и; -ток (*gen.plu.*)]	graduate student (male; female)(*n.*)
аспиранту́ра [-ы]	graduate school (*n.*)
Ве́ра поступи́ла в аспиранту́ру.	Vera has entered graduate school.
биологи́ческий [-ая, -ое, -ие]	biology (*n.*)
биоло́гия [-ии]	biological, biology (*adj.*)
гуманита́рные нау́ки [-ых нау́к] (PLU.ONLY)	the humanities (*n.phrase*)
дипло́м [-а]	diploma (*n.*)
Когда́ вы полу́чите дипло́м, вы посту́пите в аспиранту́ру?	When you get your diploma, will you enter graduate school?
есте́ственные нау́ки [-ых нау́к] (PLU.ONLY)	the natural sciences (*n.phrase*)
Где нахо́дятся факульте́ты есте́ственных нау́к?	Where are the departments of natural sciences located?
институ́т [-а]	institute (of higher learning) (*n.*)
медици́нский институ́т	medical school
юриди́ческий институ́т	law school
истори́ческий [-ая, ое, -ие]	historical (*adj.*)
ка́федра [-ы] (на)	department (small) (subdivision of факульте́т) (*n.*)
ка́федра ру́сского языка́	Russian department
ка́федра францу́зского языка́	French department
лаборато́рия [-ии]	(science) laboratory (*n.*)
лингафо́нный кабине́т [-ого ...-а]	language laboratory (*n.phrase*)
матема́тика [-и]	mathematics (*n.*)

математи́ческий [-ая, -ое, -ие]   mathematical, mathematics (adj.)
    Они́ у́чатся на математи́ческом   They are (students) in the
    факульте́те.   math deparment.

медици́на [-ы]   medicine (field of study) (n.)

медици́нский [-ая, -ое, -ие]   medical (adj.)

общежи́тие [-ия]   dormitory (n.)
    Не все студе́нты живу́т в общежи́тии.   Not all students live in a dormitory.

обще́ственные нау́ки [-ых нау́к]   social sciences (n.phrase)
    (PLU.ONLY)

обяза́тельный [-ая, -ое, -ые]   required (adj.)
    [%-лен, -льна, -льны]
    Э́то обяза́тельный курс.   This is a required course.

ока́нчивать [-аю, -аешь]//око́нчить   to graduate (v.)
    [-чу, -чишь] [ЧТО (acc.)]   [FROM SMTH.]
    Когда́ Мари́на око́нчила медици́нский институ́т, она́ начала́ рабо́тать в больни́це.   When Marina graduated from medical school, she began to work in a hospital.

по [ЧЕМУ]   in, on [ACADEMIC SUBJECT] (prep.)
    ле́кции по хи́мии   chemistry lectures (=lectures on chemisty)
    уче́бник по ру́сскому языку́   Russian textbook (=textbook on Russian)
    курс по эконо́мике   economics course (=course in economics)

предме́т [-а]   (academic) subject (n.)
    Матема́тика -- мой люби́мый предме́т.   Mathematics is my favorite subject.

преподава́ть [-даю́, -даёшь]   to teach (in academic setting) (v.)
    [КОМУ] [ЧТО]   [SMB.] [SMTH.]
    Он преподаёт неме́цкий язы́к.   He teaches German.
    Профе́ссор Смирно́ва преподаёт нам филосо́фию.   Professor Smirnov is teaching us philosophy.

расти́ [-ту́, -тёшь; рос, росла́, росли́]//(вы-)   to grow//(Perf.: "to grow up") (v.)
    В па́рке расту́т цветы́.   Flowers grow in the park.

Lesson One

Коля ещё не вырос.	Kolya hasn't grown up yet.
слу́шать [-аю, -аешь]	to take (v.)
[*КУРС, ПРЕДМЕТ*]	[*A COURSE, A SUBJECT*]
Каки́е ку́рсы вы слу́шаете?	What courses are you taking?
Ты в про́шлом году́ слу́шал биоло́гию?	Did you take biology last year?
специа́льность [-ости]	major (academic specialization) (n.)
Моя́ специа́льность -- ру́сский язы́к.	My major is Russian.
стара́ться [-а́юсь, -а́ешься]//по-	to try, to make an effort (v.)
[*(С)ДЕЛАТЬ ЧТО*]	[*TO DO SMTH.*]
Все стара́ются хорошо́ учи́ться.	Everyone tries to be a good student.
Я постара́юсь вам позвони́ть сего́дня ве́чером.	I will try to phone you this evening.
столо́вая [-ой]	dining hall, cafeteria (subst.)
Студе́нты сейча́с обе́дают в столо́вой.	The students are having dinner now in the dining hall.
странове́дение [-ия] (SING.ONLY)	area studies (n.)
Моя́ специа́льность -- сове́тское странове́дение.	My major is Soviet area studies.
студе́нческий [-ая, -ое, -ие]	students', student (adj.)
учёный [-ого]	scientist, scholar (subst.)
Э́ти учёные изуча́ют обще́ственные нау́ки.	These scholars study the social sciences.
учи́ть [учу́, у́чишь]//на-	to teach (v.)
[*КОГО (acc.)*] [*ДЕЛАТЬ ЧТО*]	[*SMB.*] [*TO DO SMTH.*]
Она́ научи́ла нас говори́ть по-ру́сски.	She taught us to speak Russian.
[*КОГО (acc.)*] [*ЧЕМУ*]	[*SMB.*] [*SMTH.*]
Она́ у́чит нас ру́сскому языку́.	She is teaching us Russian.
факульте́т [-а] (на)	department (large) (n.)
факульте́т биоло́гии	Biology department
факульте́т исто́рии	History department
физи́ческий [-ая, -ое, -ие]	physical, physics (adj.)

филоло́гия [-ии]	philology (study of languages and literatures) (n.)
филологи́ческий [-ая, -ое, -ие] На филологи́ческом факульте́те изуча́ют литерату́ру.	philological, philology (adj.) In the Philology department (they) study literature.
филосо́фия [-ии]	philosophy (n.)
филосо́фский [-ая, -ое, -ие]	philosophical, philosophy (adj.)
хими́ческий [-ая, -ое, -ие]	chemical, chemistry (adj.)
чита́льный зал [-ого за́ла]	reading room, study hall (n.phrase)
чита́ть [-а́ю, -а́ешь] [*КУРС, ПРЕДМЕТ*] Профе́ссор Петро́в чита́ет курс по хи́мии.	to give, to teach (v.) [*A COURSE, A SUBJECT*] Professor Petrov is giving a chemistry course.
эконо́мика [-и]	economics (n.)
экономи́ческий [-ая, -ое, -ие]	economic, economics (adj.)
юриди́ческий [-ая, -ое, -ие] Она́ у́чится в юриди́ческом институ́те.	legal, law (adj.) She is (a student) in law school.

REVIEW WORDS

аудито́рия [-ии]	classroom (n.)
есть [ем, ешь, ест, еди́м, еди́те, едя́т; ел, -а, -и; ешь(те)] //(съ-) //(по-) [---; *ЧТО*]	to eat (v.) //(Perf.: "completely") //(Perf.: "a little") [---; *SMTH.*]
занима́ться [-а́юсь, -а́ешься]//(по-) Я ча́сто занима́юсь в чита́льном за́ле.	to study (to do homework)//(Perf.: "a while, a little") (v.) I often study/do homework in the reading room.

Lesson One

занятия [-ий] (на) (PLU.ONLY)	studies, classes, school (activity) (*n.*)
Веры нет дома. Она на занятиях.	Vera isn't home. She is at school/at classes.
Как у вас идут занятия?	How are your studies going?
изучать [-аю, -аешь] [*ЧТО*]	to study (analytically) [*SMTH.*] (analytically, in depth)
В медицинском институте изучают медицину.	In medical school (they) study medicine.
иностранный [-ая, -ое, -ые]	foreign (*adj.*)
история [-ии]	history (*adj.*)
клуб [-а]	(student) center/union (*n.*)
кончать [-аю, -аешь,]//кончить [-чу, -чишь] [*ЧТО*]	to finish; to graduate from [*SMTH.*](*v.*)
В каком году вы кончили университет?	In what year did you graduate from the university?
[*ДЕЛАТЬ ЧТО*]	to finish/stop [*DOING SMTH.*]
Когда вы кончите писать?	When will you finish writing?
курс [-а] (на)	(academic) course; year (at university (*n.*)
Вера на первом курсе.	Vera is a freshman (=in her first year).
Антон на третьем курсе.	Anton is a junior (=in his third year).
Николай слушает курс по русскому языку.	Nikolai is taking a Russian course.
Кто читает курс по экономике?	Who is giving (teaching) the economics course?
лекция [-ии]	lecture (*n.*)
Почему вас не было на лекции?	Why weren't you at the lecture?
любимый [-ая, -ое, -ые]	favorite (*adj.*)
начинать [-аю, -аешь]//начать [начну, начнёшь; начал, начала, начали] [*ЧТО*]	to begin, to start (*v.*)
[*ДЕЛАТЬ ЧТО*]	[*SMTH.*] [*DOING SMTH.*]

пить [пью, пьёшь; пей(те)]//(вы-) [---; ЧТО]	to drink//(Perf.: "completely")(v.) [---; SMTH.]
поступа́ть [-аю, -аешь]//поступи́ть [-ступлю́, -сту́пишь] [КУДА] Анто́н поступи́л в университе́т.	to enter (an institution, organization); to enroll (at a university) [SOMEWHERE] (v.) Anton has enrolled at the university.
преподава́тель [-я]; преподава́тельница [-ы]	instructor, teacher (univ. level) (male; female) (n.)
профе́ссор [-а; профессора́, -о́в]	professor (n.)
спать [сплю, спишь]//(по-)	to sleep//(Perf.: "a while") (v.)
танцева́ть [-цу́ю -цу́ешь]//(по-)	to dance//(Perf.: "a while") (v.)
уче́бник [-а]	textbook (n.)
уче́бный год [-ого го́да, в ...ом году́] Когда́ начина́ется уче́бный год? Каки́е ку́рсы вы слу́шаете в э́том уче́бном году́?	academic year (n.phrase) When does the academic year begin? What courses are you taking this academic year?
учени́к [-а́]; учени́ца [-ы]	pupil, student (elementary or high school) (male; female) (n.)
учи́ть [учу́, у́чишь]//вы- [ЧТО] Студе́нты хорошо́ вы́учили но́вые слова́. Ва́ня у́чит францу́зский язы́к.	to study, to learn [SMTH.] (by memorization) (v.) The students learned the new words well. Vanya is studying French.
учи́ться [учу́сь, у́чишься] [ГДЕ] Где вы у́читесь?	to study (to be a student at/in, "to go to" an institution) (n.) [SOMEPLACE] Where do you go to school?
учи́ться [учу́сь, у́чишься]//на- [ДЕЛАТЬ ЧТО] Мы у́чимся гото́вить.	to learn (v.) [TO DO SMTH.] We are learning how to cook.

Lesson One

фи́зика [-и]	physics (*n.*)
фильм [-а]	film (*n.*)
хи́мия [-ии]	chemistry (*n.*)
хоте́ть [хочу́, хо́чешь, хо́чет, хоти́м, хоти́те, хотя́т]//(за-) [*ЧТО*]	to want//(Perf.: "begin to") [*SMTH.*]

WORDS USED ON TAPE BUT NOT REQUIRED

бу́дущий [-ая, -ее, -ие]	next, following (*adj.*)
де́рево [-а; дере́вья]	tree (*n.*)
зна́чить [-ит]	to mean (*v.*)
Ле́нинские го́ры [-их гор]	Lenin Hills (*n.phrase*)
находи́ть//найти́ [найду́, найдёшь] [*КОГО-ЧТО*]	to find (*v.*) [*SMB.-SMTH.*]
юриспруде́нция [-ии]	law (field of study) (n.)

PREVIOUS VOCABULARY ON THE THEME:

University Life

библиоте́ка (1)	университе́т (11)
находи́ться (7)	уро́к (12)
писа́ть (8)	учи́тель; учи́тельница (12)
студе́нт; студе́нтка (11)	язы́к (12)

REQUIRED VOCABULARY TO LESSON TWO

NEW WORDS

буди́ть [бужу́, бу́дишь]//раз- [КОГО (acc.)]
    Разбуди́те меня́ в семь часо́в.

to wake [SMB.] up (v.)
    Wake me up at seven o'clock.

включа́ть [-а́ю, -а́ешь]//включи́ть [включу́, включи́шь] [ЧТО]
    Э́то ты включи́ла свет?

to turn on [SMTH. (APPLIANCE, UTILITY, ETC.)] (v.)
    Are you the one who turned on the light?

выключа́ть [-а́ю, -а́ешь]//вы́ключить [-ключу, -ключишь] [ЧТО]
    Кто вы́ключил телеви́зор?

to turn off [SMTH. (APPLIANCE, UTILITY, ETC.)] (v.)
    Who turned off the T.V.?

гото́виться [-влюсь, -вишься]//при- [К ЧЕМУ]
    Они́ гото́вились к конце́рту.
    Мы гото́вились к экза́мену.

to prepare, to get ready [FOR SMTH.]; to study [FOR EXAM, TEST, ETC.] (v.)
    They were preparing for a concert.
    We are studying for an exam.

гру́стный [-ая, -ое, -ые]

sad (adj.)

дво́йка [-и; дво́ек (gen.plu.)]

F (grade) (n.)

зада́ча [-и]
    Студе́нт реша́ет зада́чу.

problem (in math, logic) (n.)
    The student is trying to solve the problem.

зачёт [-а]
    В пя́тницу бу́дет зачёт по ру́сскому языку́.

(little) quiz (n.)
    On Friday there will be a little quiz on Russian.

зуб [-а; зу́бы, зубо́в, зуба́м]
    Мы почи́стим зу́бы и пойдём спать.

tooth (n.)
    We will brush our teeth and go to bed.

зубна́я щётка [-о́й ...-и; -ы́х ... щёток (gen.plu.)]

toothbrush (n.)

Как [У КОГО (gen.)] дела́?
    Как у вас дела́?

How are things [WITH SMB.] (n.)
    How are things with you?

контрольная [-ой]
    Во вторник будет контрольная по третьему уроку.

quiz, test (but not final or mid-term) (n.)
    On Tuesday there will be a test on Lesson Three.

кричать [кричу, кричишь]
    //(за-)
    //(крикнуть [-ну, -нешь])

to shout (v.)
    //(Perf.: "begin to")
    //(Perf.: "once")

мыть [мою, моешь]//по- [КОГО-ЧТО]
    Давайте помоем машину.
    Давайте помоем руки.

to wash (v.) [SMTH.]
    Let's wash the car.
    Let's wash our hands.

мыться [моюсь, моешься]//по-
    Антон сейчас моется в ванной.
    Если ты не будешь мыться, у тебя не будет друзей.

to take a bath or shower (v.)
    Anton is taking a bath now in the bathroom.
    If you don't take showers, you won't have any friends.

настроение [-ия]
    Саша в плохом настроении.

mood (n.)
    Sasha is in a bad mood.

находить [-хожу, -ходишь]//найти [-йду, -йдёшь; нашёл, -шла, -шли] [КОГО-ЧТО]
    Коля не нашёл марку.

to find (v.)
    [SMB.-SMTH.]
    Kolya didn't find the stamp.

ненавидеть [-вижу, -видишь] [КОГО-ЧТО]
    Я ненавижу экзамены.

to hate (v.)
    [SMB.-SMTH]
    I hate exams.

неправда (SING.ONLY)
    Вы говорите неправду.

untruth, falsehood (n.)
    You're not telling the truth.

одеваться [-аюсь,-аешься]//одеться [оденусь, оденешься]
    Мы оделись и пошли в школу.

to get dressed, to dress (oneself) (v.)
    We got dressed and went to school.

описывать [-аю, -аешь]//описать [опишу, опишешь][КОГО-ЧТО]
    Виктор описал свою квартиру.

to describe (v.)
    [SMTH.-SMB.]
    Viktor described his apartment.

понимать [-аю,-аешь]//понять [пойму, поймёшь; понял, -а, -и] [КОГО-ЧТО]

to understand (v.)
    [SMB.-SMTH.]

Lesson Two

посу́да [-ы] (SING.ONLY)   dishes (COLLECTIVE) (n.)
    Кто вчера́ мыл посу́ду?   Who did the dishes yesterday?

проверя́ть [-я́ю, -я́ешь]//прове́рить   to check (over) (v.)
    [-ве́рю, -ве́ришь] [ЧТО]   [SMTH.]
    Учи́тельница прове́рила его́ тетра́дь.   The teacher checked over his notebook.

пятёрка [-и; -рок (gen.plu.)]   A (grade) (n.)

ста́вить [ста́влю, ста́вишь]//по-   to give (v.)
    [КОМУ] [КАКУ́Ю ОТМЕ́ТКУ]   [SMB.] [SOME GRADE]
    Учи́тель поста́вил ему́ пятёрку.   The teacher gave him an A.

теря́ть [-я́ю, -я́ешь]//по- [КОГО́-ЧТО]   to lose (v.) [SMB.-SMTH.]
    Оле́г потеря́л но́вую ма́рку.   Oleg lost the new stamp.

тро́йка [-и; тро́ек (gen.plu.)]   C (grade) (n.)

умыва́ться [-а́юсь, -а́ешься]   to wash up (hands and face) (v.)
    //умы́ться [умо́юсь, умо́ешься]
    Она́ почи́стила зу́бы и умы́лась.   She brushed her teeth and washed up.

четвёрка [-и; рок (gen.plu.)]   B (grade) (n.)

чи́стить [чи́щу, чи́стишь]//по-   to clean, to brush, to peel (v.)
    [ЧТО]   [SMTH.]
    почи́стить о́вощи   to clean/peal vegetables
    почи́стить зу́бы   to brush ones teeth

REVIEW WORDS

брать [беру́, берёшь; брал, -а́, -и]   to take (v.)
    //взять [возьму́, возьмёшь;
    взял, -а́, -и] [КОГО́-ЧТО]   [SMB.-SMTH.]
    Кто взял мою́ ру́чку?   Who took my pen?
    Мы берём с собо́й дете́й.   We're taking children with us.

бы́стро   quickly (adv.)

весёлый [-ая, -ое, -ые] [+ве́село]   cheerful (adj.)

война́ [-ы́]	war (n.)
встава́ть [встаю́, встаёшь] //встать [вста́ну, вста́нешь] Во ско́лько ты встал?	to get up (from sitting or lying position) (v.) At what time did you get up?
доска́ [-и́; до́сок (gen.plu.)] Ната́ша пи́шет зада́чу на доске́.	blackboard (n.) Natasha is writing the problem on the blackboard.
за́втрак [-а]	breakfast (n.)
за́втракать [-аю, -аешь]//по-	to have/eat breakfast (v.)
закрыва́ть [-а́ю, -а́ешь]//закры́ть [-кро́ю, -кро́ешь][ЧТО] Кто закры́л окно́?	to close, to shut (v.) [SMTH.] Who closed the window?
ма́рка [-и; -рок (gen.plu.)]	(postage) stamp (n.)
ме́дленно	slowly (adv.)
мир [-а]	peace (n.)
неда́вно	recently (adv.)
обе́д [-а]	dinner, lunch (afternoon meal) (n.)
обе́дать [-аю, -аешь]//по-	to have/eat dinner/lunch (v.)
отдыха́ть [-а́ю, -а́ешь]//отдохну́ть [-ну́, -нёшь] Ма́ма отдыха́ет на ю́ге.	to rest, to vacation (v.) Mom is taking a vacation in the south.
открыва́ть [-а́ю, -а́ешь]//откры́ть [-кро́ю, -кро́ешь] [ЧТО]	to open; to discover (v.) [SMTH.]
отме́тка [-и; -ток (gen.plu.)] Каку́ю отме́тку ты получи́л по биоло́гии?	mark, grade (for school work) (n.) What grade did you get in biology?

по [*ЧЕМУ*]
    Мы смотре́ли переда́чу по телеви́зору.

повторя́ть [-я́ю, -я́ешь]//повтори́ть [-рю́, -ри́шь] [*ЧТО*]
    Анто́н повторя́ет фи́зику.
    Повтори́те э́то, пожа́луйста.

получа́ть [-а́ю, -а́ешь]//получи́ть [-лучу́, -лу́чишь] [*ЧТО*]
    По фи́зике Оле́г получи́л тро́йку.

портфе́ль [-я́]

пото́м
    Она́ умы́лась и пото́м оде́лась.
    Я уви́жу вас пото́м.

раз [-а; (*AVOID nom.plu.*), раз (*gen.plu.*)] (*n.*)
    Я чита́ла "Войну́ и мир" два ра́за.
    Он прочита́л письмо́ пять раз.

реша́ть [-а́ю, -а́ешь]//реши́ть [решу́, реши́шь]
    [*ЧТО*]
    Оле́г реша́л зада́чу.

    [(*С*)*ДЕЛАТЬ ЧТО*]
    Мы реши́ли не е́хать.

свет [-а] (*SING.ONLY*)
    Включи́ свет, пожа́луйста.

сдава́ть [сдаю́, сдаёшь]//сдать [сдам, сдашь, сдаст, сдади́м, сдади́те, сдаду́т; сдал, -а́, -и; сдай(те)] [*ЧТО*]
    Она́ сдала́ контро́льную на пятёрку.

on [*SOME MEANS OF COMMUNICATION*]
    We watched a program on television.

to repeat; to review (academic) [*SMTH.*]
    Anton is reviewing physics.
    Repeat that, please.

to receive (*v.*)
    [*SMTH.*]
    In physics Oleg received a C.

briefcase (*n.*)

then (after that); afterward, later (*adv.*)
    She washed up and then got dressed.
    I'll see you afterward/later.

time (instance); occasion (*n.*)
    I read *War and Peace* twice.

    He read the letter five times (in quick succession).

to solve; to decide (*v.*)

    [*SMTH.* (*PUZZLE, PROBLEM*)]
    Oleg was trying to solve the problem.

    [*TO DO SMTH.*]
    We decided not to go.

light(s) (*n.*)
    Turn on the lights, please.

to take (imperf.); to pass (perf.) (*v.*)

    [*SMTH.* (*TEST, QUIZ, EXAM*)]
    She passed the test with an A.

Не кричи́те! Студе́нты сдаю́т экза́мен.	Don't shout! The students are taking an exam.
снача́ла Снача́ла она́ почи́стила зу́бы. Пото́м она́ пошла́ на рабо́ту.	(at) first (adv.) First she brushed her teeth. Then she went to work.
собира́ть [-а́ю, -а́ешь]//собра́ть [-беру́, -берёшь; собра́л,-а́,-и] [КОГО-ЧТО] Оле́г собира́ет ма́рки.	to collect, to gather (v.) [SMB.-SMTH] Oleg collects stamps.
тетра́дь [-и]	notebook (n.)
тогда́ Тогда́ была́ война́.	then (at that time) (adv.) At the time there was a war on.
у́жин [-а]	supper (evening meal) (n.)
у́жинать [-аю, -аешь]//по-	to have/eat supper (evening meal) (v.)
хотя́ Он не повторя́л фи́зику, хотя́ говори́л, что повторя́ет.	although (conj.) He wasn't reviewing physics, although he said that he was.
шко́ла [-ы]	(elementary or high) school (PLACE ONLY) (n.)
экза́мен [-а]	exam (academic) (of major size or importance, e.g. final, midterm or entrance exam) (n.)

PREVIOUS VOCABULARY ON THE THEMES:

Daily Routine

ве́чер (2)	никогда́ (7)
всегда́ (2)	ночь (8)
день (3)	спать (20)
занима́ться (18)	у́тро (12)
иногда́ (5)	ча́сто (12)
ка́ждый (5)	

Lesson Two
Classroom Activities

бума́га (1)
каранда́ш (5)
кни́га (6)
заня́тия (19)
писа́ть (8)
преподава́тель; преподава́тельница (20)
профе́ссор (20)

ру́чка (10)
студе́нт; студе́нтка (11)
уро́к (12)
уче́бник (11)
учени́к; учени́ца (20)
учи́тель; учи́тельница (12)

REQUIRED VOCABULARY TO LESSON THREE

NEW WORDS

ве́рить [ве́рю, ве́ришь]//по-
   [*КОМУ-ЧЕМУ*]
   Они́ ему́ не пове́рили.
   Я не ве́рю ва́шим слова́м.

to believe (*v.*)
   [*SMB.-SMTH.*]
   They didn't believe him.
   I don't believe what you say.

взро́слый [-ого]; взро́слая [-ой]
   Это фильм для взро́слых.

adult (male; female) (*subst.*)
   This is a film for adults.

голубо́й [-а́я, -о́е, -ы́е]
   Де́душка купи́л голубы́е брю́ки.
   Её брю́ки голубо́го цве́та.

light blue, sky-blue (*adj.*)
   Grandfather bought light blue pants.
   Her pants are blue.

доказа́тельство [-а]
   В доказа́тельство де́душка пока́зывал ды́рки на брю́ках.

proof (*n.*)
   As a proof grandfather showed the holes in his pants.

дока́зывать [-аю, -аешь]//доказа́ть
   [-кажу́, -ка́жешь] [*ЧТО*] [*КОМУ*]

to prove (*v.*)
   [*SMTH.*] [*TO SMB.*]

ды́рка [-и; -рок (*gen.plu.*)]

hole (*n.*)

едва́
   Он пришёл едва́ живо́й от стра́ха.

barely, hardly (*adv.*)
   He arrived barely alive from fear.

живо́й [-а́я, -о́е, -ы́е] [%жив, жива́, жи́вы]

(a)live, living (*adj.*)

звук [-а]

sound (*n.*)

злой [-а́я, -о́е, -ы́е]

mean, malicious (*adj.*)

зоопа́рк [-а]
   Из зоопа́рка убежа́л пелика́н.

zoo (*n.*)
   A pelican ran away from the zoo.

кори́чневый [-ая, -ое, -ые]

brown (*adj.*)

ловить [ловлю́, ло́вишь]//пойма́ть [-а́ю, -а́ешь] [КОГО-ЧТО]
Челове́к, кото́рый прие́хал из го́рода, пойма́л пелика́на.

to catch, to capture (v.)
[SMB.-SMTH.]
The man who came from the city caught the pelican.

мёртвый [-ая, -ое, -ые]

dead (adj.)

напада́ть [-а́ю, -а́ешь]//напа́сть [-паду́, -падёшь; напа́л,-а,-и] [НА КОГО-ЧТО]
На де́душку напа́л пелика́н.

to attack (v.)
[SMB.-SMTH.]
Grandfather was attacked by a pelican.

ора́нжевый [-ая, -ое, -ые]

orange (adj.)

па́дать [-аю, -аешь]//упа́сть [упаду́, упадёшь; упа́л,-а,-и] [КУДА]
Когда́ пелика́н напа́л на него́, де́душка упа́л.

to fall (down) (v.)

[SOMEWHERE]
When the pelican attacked him, grandfather fell down.

пелика́н [-а]

pelican (n.)

перестава́ть [-стаю́, -стаёшь]//переста́ть [-ста́ну, -ста́нешь] [ДЕЛАТЬ ЧТО]
Стару́хи переста́ли ходи́ть на о́зеро за я́годами.

to stop (v.)

[DOING SMTH.]
The old women stopped going to the lake for berries.

пла́кса [-ы] (masc. or fem. by sex)

crybaby (n.)

признава́ться [-знаю́сь, -знаёшься] //призна́ться [-а́юсь, -а́ешься] [КОМУ]
Они́ не хоте́ли нам призна́ться, что они́ боя́тся черте́й.

to admit, to confess (v.)

[TO SMB.]
The didn't want to admit that they were afraid of devils.

рабо́чий [-его] (masc.only)

workman, worker (subst.)

рвать [рву, рвёшь]//по- [ЧТО]
Пелика́н порва́л его́ брю́ки.

to tear, to rip [SMTH.] (v.)
A pelican tore his pants.

револю́ция [-ии]

revolution (political upheaval)(n.)

ро́зовый [-ая, -ое, -ые]

pink, rose-colored (adj.)

Lesson Three

стари́к [-а́]	old man (n.)
стару́ха [-и]	old woman (n.)

стра́нный [-ая, -ое, -ые]
    Мы слы́шали стра́нные зву́ки.
	strange (adj.)
	    We heard strange noises.

страх [-а]	fear (n.)

[КОМУ] [бы́ло; ---; бу́дет] сты́дно
    [---; (С)ДЕЛАТЬ ЧТО]
    Им бы́ло сты́дно призна́ться,
    что они́ боя́тся черте́й.
	[SMB.] was/is/will be ashamed (IMPERSONAL) (pred.adv.)
	    [---; TO DO SMTH.]
	    They were ashamed to admit they were afraid of devils.

убега́ть [-а́ю, -а́ешь]//убежа́ть
    [убегу́, убежи́шь,... убегу́т]
    [ОТКУДА]
    Из зоопа́рка убежа́л пелика́н.
	to run away, to escape (v.)
	    [FROM SOMEWHERE]
	    A pelican escaped from the zoo.

у́мница [-ы] (masc. or fem. by sex)
    Како́й ты у́мница!
    Кака́я ты у́мница!
	bright or clever person (n.)
	    What a clever boy you are!
	    What a clever girl you are!

уже́ не ... = бо́льше не ...
    Они́ уже́ не боя́тся черте́й.
	no longer, any more (adv.)
	    They are no longer afraid of devils.

фиоле́товый [-ая, -ое, -ые]	purple, violet (adj.)
чёрт [-а; че́рти, черте́й, чертя́м]	devil (n.)

я́года [-ы]
    Э́ти я́годы кра́сного цве́та.
	berry (n.)
	    These berries are red.

REVIEW WORDS

бе́лый [-ая, -ое, -ые]
    Президе́нт живёт в Бе́лом до́ме.
	white (adj.)
	    The President lives in the White House.

бо́льше не ... = уже́ не ...	no longer, any more (adv.)

Lesson Three

боя́ться [бою́сь, бои́шься] [*КОГО́-ЧЕГО́*]
    Стару́хи боя́тся черте́й.

to be afraid (of) (v.) [*SMB.-SMTH.*]
    The old women are afraid of devils.

брю́ки [брюк] (PLU. ONLY)

trousers, pants (n.)

вещь [-и; ве́щи, веще́й]
    Где ва́ши ве́щи? Вы их потеря́ли?

thing (n.)
    Where are your things? Did you lose them?

возвраща́ться [-а́юсь, -а́ешься]//верну́ться [-ну́сь, -нёшься] [*КУДА́*]

to return, to go back (v.) [*SOMEWHERE*]

вообще́

in general (adv.)

встреча́ть [-а́ю, -а́ешь]//встре́тить [-ре́чу, -ре́тишь] [*КОГО́-ЧТО*]
    На о́зере де́душка встре́тил пелика́на.

to meet, to encounter (usually unexpectedly) [*SMB.-SMTH.*] (v.)
    At the lake grandfather encountered a pelican.

жёлтый [-ая, -ое, -ые]

yellow (adj.)

за [*КЕМ-ЧЕМ*]
    Де́душка ходи́л на о́зеро за я́годами.
    Они́ уже́ прие́хали за ва́ми.

for (=to get/pick up) [*SMB.-SMTH*] (prep.)
    Grandfather went to the lake for (to get) berries.
    They've already arrived to pick you up.

зелёный [-ая, -ое, -ые]

green (adj.)

ко́фе (INDECL.) (masc.)
    Я люблю́ чёрный ко́фе с са́харом.

coffee (n.)
    I like black coffee with sugar.

кра́сный [-ая, -ое, -ые]

red (adj.)

лес [-а, в лесу́; леса́, -о́в]

forest, woods (n.)

огро́мный [-ая, -ое, -ые]

huge, tremendous (adj.)

о́зеро [-а; озёра, озёр] (на)

lake (n.)

Lesson Three

Он ходил на озеро за ягодами. — He used to go to the lake for berries.

перо́ [-а; пе́рья, пе́рьев]	feather (n.)
приезжа́ть [-а́ю, -а́ешь]//прие́хать [-е́ду, -е́дешь; приезжа́й(те)] [КУДА]	to come/arrive (by vehicle) (v.) [SOMEWHERE]
приходи́ть [-хожу́, -хо́дишь]//прийти́ [приду́, придёшь; пришёл, -шла́, -шли́] [КУДА]	to come/arrive (by foot) (v.) [SOMEWHERE]
расска́зывать [-аю, -аешь]//рас-сказа́ть [-кажу́, -ка́жешь] [ЧТО] [О КОМ-ЧЁМ]	to tell (in detail), to recount (v.) [SMTH.] [ABOUT SMB.-SMTH.]
се́рый [-ая, -ое, -ые]	grey (adj.)
си́ний [-яя, -ее, -ие]	blue (Colloquially, usually refers only to darker shades) (adj)
слы́шать [-шу, -шишь] //у- [КОГО-ЧТО] Я тебя́ не слы́шу.	to hear, to be able to hear (v.) [SMB.-SMTH.] I can't hear you.
сосе́д [-а; сосе́ди, сосе́дей]; со-се́дка [-и; -док (gen.plu.)]	neighbor (male; female) (n.)
стул [-а; сту́лья, сту́льев]	chair (without armrests) (n.)
ходи́ть [хожу́, хо́дишь]/идти́ [иду́, идёшь; шёл, шла, шли]//пойти́ [-йду́, -йдёшь; пошёл, -шла́, -шли́] [КУДА]	to go (on foot), to walk (v.) [SOMEWHERE]
цвет [-а; цвета́, -о́в] Како́го цве́та ва́ша маши́на? Моя́ маши́на жёлтого цве́та.	color (n.) What color is your car? My car is yellow.
цвето́к [-тка́; цветы́, -о́в]	flower (n.)
часы́ [-о́в] (PLU.ONLY)	clock, watch (n.)

Lesson Three

Ско́лько сейча́с вре́мени на ва́ших часа́х?	What time do you have on your watch?
чёрный [-ая, -ое, -ые]	black (adj.)

WORDS USED ON TAPE BUT NOT REQUIRED

армяни́н [-а; армя́не]	Armenian (n.)
де́рево [-а; дере́вья]	tree (n.)
дом о́тдыха [-а о́тдыха]	rest home, sanatorium (n.phrase)

како́й [-а́я, -о́е, -и́е]-то
    Мы слы́шали каки́е-то стра́нные зву́ки.
	some (specific) (pron.)
	    We heard some strange sounds.

ко́смос [-а]	(outer) space (n.)
монтёр [-а]	electrician (n.)
откры́тие [-ия]	discovery (n.)
напи́сано	written (participle)
пла́вать	to swim (v.)
поднима́ться [-а́юсь, -а́ешься]//подня́ться	to raise (v.)
проси́ть [прошу́, про́сишь]//по-	to ask (v.)
пти́ца [-ы]	bird (n.)

сле́дующий [-ая, -ее, -ие]
    в сле́дующем году́
	next, following (adj.)
	    next year

това́рищ [-а]	comrade (n.)
я́блоко [-а; я́блоки]	apple (n.)

Lesson Three

PREVIOUS VOCABULARY ON THE THEME

"Bad Things"

война́ (25)	ненави́деть (23)
дво́йка (22)	плохо́й (8)
крича́ть (23)	теря́ть (27)

REQUIRED VOCABULARY TO LESSON FOUR

NEW WORDS

библиоте́карь [-я]	librarian (n.)
внук [-а]	grandson (n.)
вну́чка [-и; вну́чек (gen.plu.)]	granddaughter (n.)
двою́родный брат [-ого ...-а; -ые бра́тья, -ых ...бра́тьев]; двою́родная сестра́ [-ой ...-ы́; -ые ...сёстры, -ых ...сестёр]	cousin (male; female) (n.)

до того́ как
   Мы занима́лись до того́ как мы поу́жинали.
   До того́ как ты прие́хал мы гото́вились к экза́мену.
	before, until (conj.)
	   We did homework before we had supper.
	   Before you came we were studying for a exam.

досто́йный [-ая, -ое, -ые] [%-сто́ин, -сто́йна, -сто́йны] [ЧЕГО]
   Этот студе́нт досто́ин пятёрки.
	worthy, deserving (adj.)
	   [OF SMTH.]
	   This student deserves an A.

жела́ть [-а́ю, -а́ешь]//по-
   [ЧЕГО]
   Ка́ждый челове́к жела́ет сча́стья.
 	
   [ЧЕГО] [КОМУ]
   Жела́ю вам успе́ха.
	to desire, to wish (v.)
	   [(FOR) SMTH.]
	   Every person desires happiness.
	
	   [SMB.] [SMTH.]
	   1 wish you success.

избега́ть [-а́ю, -а́ешь]//избежа́ть [-бегу́, -бежи́шь, ... -бегу́т] [КОГО-ЧЕГО]
   Почему́ ты избега́ешь рабо́ты?
   Он избега́ет библиоте́каря.
	to avoid v.)
	
	   [SMB.-SMTH.]
	   Why are you avoiding work?
	   He is avoiding the librarian.

кани́кулы [кани́кул] (PLU.ONLY)
   Где вы бы́ли во вре́мя кани́кул?
	(school/university) vacation (n.)
	   Where were you during vacation?

катало́г [-а]	catalogue (n.)

контро́ль [-я]
   проходи́ть через контро́ль
	control point, check point (n.)
	   to pass through the check point

красть [краду́, крадёшь; крал,-а,-и] //у- [ЧТО] [У КОГО]
    to steal (v.)
    [SMTH.] [FROM SMB.]

лимона́д [-а/-у]
    Мы вы́пили лимона́ду.
    soda pop (n.)
    We drank some soda pop.

лук [-а/-у] (SING.ONLY)
    В магази́не я купи́ла лу́ку.
    onions (COLLECTIVE) (n.)
    I bought some onions at the store.

мно́гие [-их] (PLU.ONLY)
    Мно́гие ду́мают, что бу́дет война́.
    Мно́гие студе́нты занима́ются в библиоте́ке.
    many (but not all) (adj.); many people (but not all) (subst.)
    Many people think that there will be war.
    Many students study at the library.

не́сколько [КОГО-ЧЕГО]
    Там бы́ло то́лько не́сколько челове́к.
    Я взял не́сколько книг в библиоте́ке.
    a few, several [SMB.-SMTH.]
    There were only a few people there.
    I took several books out of the library.

племя́нник [-а]
    nephew (n.)

племя́нница [-ы]
    niece (n.)

по́лный [-ая, -ое, -ые] [%по́лон, полна́, полны́] [ЧЕГО]
    Стака́н по́лон лимона́ду.
    full (adj.)
    [OF SMTH.]
    The glass is full of soda pop.

по́льзоваться [-льзуюсь, -льзуешься] [ЧЕМ]
    Чита́тельский биле́т даёт вам пра́во по́льзоваться библиоте́кой.
    to use (v.)
    [SMTH.]
    A library card gives you the right to use the library.

по́сле того́ как
    По́сле того́ как мы умы́лись, мы пошли́ на заня́тия.
    after (conj.)
    After we washed up, we went to classes.

пра́во [-а]
    right (=a just claim) (n.)

просто́й [-а́я, -о́е, -ы́е] [+про́сто] [<про́ще]
    simple (adj.)

проходи́ть [-хожу́, -хо́дишь]//пройти́ [-йду́, -йдёшь; прошёл, -шла́, -шли́] [*ЧЕРЕЗ ЧТО*]
Без чита́тельского биле́та вы не мо́жете пройти́ че́рез контро́ль.

to go through, to pass through (*v.*)
[*SMTH.*]
Without the library card you can't go through the control point.

пуга́ться [-а́юсь, -а́ешься]//ис- [*КОГО-ЧЕГО*]
Де́душка испуга́лся пелика́на.

to be frightened (*v.*)
[*OF or BY SMB.-SMTH.*]
Grandfather was frightened by the pelican.

пусто́й [-а́я, -о́е, -ы́е] [%пуст, пуста́, пусты́] [+пу́сто]

empty (*adj.*)

ро́дственник [-а]

relative (*n.*)

рожда́ться [-а́юсь, -а́ешься]//роди́ться [рожу́сь, роди́шься; роди́лся, -а́сь, -и́сь].
Она́ родила́сь в Москве́.

to be born (*v.*)

She was born in Moscow.

рожде́ние [-ия]
Сего́дня мой день рожде́ния.
С днём рожде́ния!

birth (*n.*)
Today is my birthday.
Happy birthday!

среди́ [*КОГО-ЧЕГО*]
Среди́ вас есть врач?

among [*SMB.-SMTH.*] (*prep.*)
Is there a doctor among you?

сча́стье [-тья]

happiness, good fortune (*n.*)

у [*КОГО* (*gen.*)]
взять [*ЧТО*] у [*КОГО*]
укра́сть [*ЧТО*] у [*КОГО*]

from [*SMB.*] (taking) (*prep.*)
to take [*SMTH.*] from [*SMB.*]
to steal [*SMTH.*] from [*SMB.*]

успе́х [-а]

success (*n.*)

хвата́ть [-а́ет; -а́ло]//хвати́ть [-ит; -и́ло]
[*ЧЕГО*]
Не хвата́ет хле́ба.
Хвата́ло сы́ра, но не хвата́ло вина́.

to be enough; to have enough (IMPERSONAL) (*v.*)
[*(OF) SMTH.*]
There isn't enough bread.
There was enough cheese, but there wasn't enough wine.

[*КОМУ*] [*ЧЕГО*]
Нам не хвата́ет вре́мени.

[*SMB. HAS*] [*ENOUGH (OF) SMTH.*]
We don't have enough time.

Нам не хва́тит де́нег. We won't have enough money.

чита́тельский биле́т [-ого ...-а] library card (n.)

я́блоко [-а; я́блоки, я́блок] apple (n.)

REVIEW WORDS

ба́бушка [-и; -шек (gen.plu.)] grandmother (n.)

без [КОГО-ЧЕГО] without [SMB.-SMTH.] (prep.)

брат [-а; бра́тья, бра́тьев] brother (n.)

буты́лка [-и; буты́лок (gen.plu.)] bottle (n.)

вино́ [-а́] wine (n.)

во вре́мя [ЧЕГО] during [SMTH.] (prep.)
    во вре́мя уро́ка during the lesson
    во вре́мя войны́ during the war

де́душка [-и; -шек (gen.plu.)] grandfather (n.)

де́ньги [де́нег, деньга́м] (PLU.ONLY) money (n.)

для [КОГО-ЧЕГО] for (in the interest of, for the sake/use/purpose of) (prep.) [SMB.-SMTH.]
    Я э́то сде́лала для сестры́. I did it for (my) sister.
    стака́н для ча́я/воды́ a glass for tea/water

до [КОГО-ЧЕГО] before, until [SMB.-SMTH.] (prep.)
    до войны́ before the war
    до заня́тий before classes

дочь [до́чери; дочерьми́ (instr. plu.)] daughter (n.)

дя́дя [-и; дя́дей (gen.plu.)] uncle (n.)

Lesson Four

жена́ [-ы́; жёны, жён, жёнам]	wife (n.)
из [*ЧЕГО*]	from (out of); of (quantity)(*prep.*) [*SMTH.*]
Из магази́на мы пошли́ домо́й.	From the store we went home.
мно́гие из нас	many of us
не́сколько из них	several of them
пять из э́тих книг	five of these books
кро́ме [*КОГО-ЧЕГО*]	except, besides [*SMB.-SMTH.*] (*prep.*)
ку́хня [-и; ку́хонь (*gen.plu.*)] (на)	kitchen (n.)
магази́н [-а]	store (n.)
магази́н "Цветы́"	flower store
магази́н "Вино́"	liquor store
ма́ло [*КОГО-ЧЕГО*]	few, little [(*OF*) *SMB.-SMTH.*] (*quant.*)
У нас ма́ло са́хару.	We have little sugar.
Там бы́ло ма́ло люде́й.	Few people were there.
мать [ма́тери]	mother (n.)
мно́го [*ЧЕГО*]	much, many, alot [*OF SMTH.*] (*quant.*)
На экза́мене бы́ло мно́го люде́й.	There were many people at the (final) exam.
У нас мно́го хле́ба.	We have alot of bread.
муж [-а; мужья́, муже́й, мужья́м]	husband (n.)
мя́со [-а]	meat (n.)
немно́го [*КОГО-ЧЕГО*]	<u>a</u> little [(*OF*) *SMTH.*] (*quant.*)
У нас немно́го хле́ба.	We have a little bread.
о́вощи [-е́й] (USUALLY PLU.)	vegetables (n.)
от [*КОГО*]	from [*SMB.'S HOUSE*] (*prep.*)
Мы идём от Васи́лия Никола́евича.	We are on our way from Vasilii Nikolaevich's house.

Lesson Four

отдел [-а] | section (n.)
Там есть отделы философии, истории, литературы, и т.д. | The philosophy, history, literature, etc. sections are there.

отец [отца] | father (n.)

паспорт [-а; паспорта, -ов] | passport (n.)

платье [-тья; платьев (gen.plu.)] | dress (n.)
Пеликан порвал её платье. | A pelican tore her dress.

после [ЧЕГО] | after [SMTH.] (prep.)
После войны было много детей без родителей. | After the war there were many children without parents.

родители [-ей] (PLU.ONLY) | parents (n.)

с [со before мн-, ст-, вс-] [ЧЕГО] | from [UNENCLOSED SPACE], off of [SMTH.] (prep.)
Дедушка упал со стула. | Grandfather fell off (of) the chair.
Мы поехали домой с озера. | We drove home from the lake.

сахар [-а/-у] | sugar (n.)
Я пью кофе без сахара. | I drink coffee without sugar.

семья [-мьи; семьи, семей] | family (n.)

сестра [-ы; сёстры, сестёр, сёстрам] | sister (n.)

сколько [ЧЕГО] | how many, how much? [OF SMTH.] (quant.)
Сколько у вас яблок? | How many apples do you have?
Сколько у нас сахару? | How much sugar do we have?

стакан [-а] | (drinking) glass (n.)

суп [-а/-у] | soup (n.).

сын [-а; сыновья, сыновей] | son (n.)

Lesson Four

сыр [-а/-у]	cheese (n.)
тётя [-и; тётей (gen.plu.)]	aunt (n.)
у [КОГО-ЧЕГО] Вчера́ ве́чером мы бы́ли у Ви́ктора Фёдоровича. Учи́тельница стои́т у окна́.	at [SMB.'S HOUSE]; next to [SMTH.] (prep.) Yesterday evening we were at Viktor Fyodorovich's house. The teacher is standing next to window.
хлеб [-а]	bread (n.)
чай [-я/-ю] Вы́пейте ча́ю.	tea (n.) Drink some tea.

WORDS USED ON TAPE BUT NOT REQUIRED

больни́ца [-ы]	hospital (n.)
больно́й [-о́го]; больна́я [-о́й]	patient (male; female) (n.)
выпи́сывать [-аю, -аешь]//вы́писать [-пишу, -пишешь] [ЧТО]	to write out [SMTH.]
и так да́лее [и т.д. (abbrev.)]	et cetera (etc.)
каса́ться [-а́юсь, -а́ешься]//косну́ться [-ну́сь, -нёшься] [КОГО-ЧЕГО]	to touch (upon) (v.) [SMB.-SMTH.]
назва́ние [-ия]	name (of thing) (n.)
но́жницы [но́жниц] (PLU.ONLY)	scissors (n.)
предъявля́ть [-я́ю, -я́ешь]//предъяви́ть [-явлю́, -я́вишь] [ЧТО]	to present, to show (a pass, an identification, etc.) (v.) [SMTH.]
приноси́ть [-ношу́, -но́сишь] [ЧТО]	to bring (v.) [SMTH.]
сте́пень [-и]	degree (n.)

Lesson Four

стро́ить [стро́ю, стро́ишь]//по-   to build (v.)
    Друго́е зда́ние библиоте́ки по-   The other library building is
    стро́ено в совреме́нном сти́ле.   built in a modern style.

PREVIOUS VOCABULARY ON THE THEMES:

Library

библиоте́ка (1)   кни́га (6)
газе́та (2)   находи́ть (23)
журна́л (4)   теря́ть (24)

Food

есть (18)   обе́дать (25)
за́втрак (25)   пить (20)
за́втракать (25)   у́жин (27)
ко́фе (32)   у́жинать (27)
обе́д (25)   я́годы (31)

REQUIRED VOCABULARY TO LESSON FIVE

NEW WORDS

аквариум [-а] — aquarium (*n.*)

бог [-а; боги, богов, богам] — god (*n.*)

буква [-ы] — letter (written symbol) (*n.*)

верить [верю, веришь]//по- — to believe (*v.*)
   [В КОГО-ЧТО] — [*IN SMB.-SMTH.*]
   Они верят в бога. — They believe in God.
   Мы верим в её успех. — We believe in her success.

волк [-а] — wolf (*n.*)

детский дом [-ого дома] — orphanage (*n. phrase*)

диктант [-а] — dictation (*n.*)

жаловаться [жалуюсь, жалуешься] — to complain (*v.*)
   //по- [КОМУ] [НА КОГО-ЧТО] — [*TO SMB.*] [*ABOUT SMB.-SMTH.*]
   Эти студенты никогда не жалуются на работу. — These students never complain about (their) work.
   Коля пожаловался учителю на другого ученика. — Kolya complained to the teacher about another student.

животное [-ого] — animal (*subst.*)
   Пеликан -- интересное животное. — The pelican is an interesting animal.
   Я люблю животных. — I love animals.

за [КАКОЕ ВРЕМЯ] — in [*PERIOD OF TIME*] (needed to complete an action) (*prep.*)
   Наташа прочитала "Войну и мир" за неделю. — Natasha read *War and Peace* in a week.

задавать//задать [КОМУ] [ВОПРОС] — to ask [*SMB.*] [*A QUESTION*] (*v.*)
   [-даю, -даёшь//-дам, -дашь, -даст,-дадим, -дадите, -дадут; задал, -а, -и]
   Учитель задал нам очень трудный вопрос. — The teacher asked us a very difficult question.

Lesson Five

замечать [-а́ю,-а́ешь]//заме́тить [-ме́чу, -ме́тишь] [КОГО-ЧТО]	to notice (v.) [SMB.-SMTH.]
искать [ищу́, и́щешь]//(по-) [КОГО-ЧТО]	to look for//(Perf.: "a while")(v.) [SMB.-SMTH. (SPECIFIC, CONCRETE)]
Анто́н и́щет свою́ жену́.	Anton is looking for his wife.
[КОГО-ЧЕГО]	[SMB.-SMTH. (GENERAL, ABSTRACT)]
Анна и́щет сча́стья.	Anna is looking for happiness.
исправля́ть [-я́ю, -я́ешь]// испра́вить [-влю, -вишь] [КОГО-ЧТО] Учи́тельница испра́вила его́ оши́бку.	to correct (a mistake, etc.) (v.) [SMB.-SMTH.] The teacher corrected his mistake.
как	(After verbs of perception shows subject's apprehension of actions of others) (conj.)
ви́деть [ви́жу, ви́дишь], как слы́шать [слы́шу, слы́шишь], как смотре́ть [смотрю́, смо́тришь], как	to see [SMB.] [DOING SMTH.] to hear [SMB.] [DOING SMTH.] to watch [SMB.] [DOING SMTH.]
Мы смотре́ли, как де́ти игра́ли в па́рке.	We watched the children playing the park.
кит [-а́]	whale (n.)
коро́ва [-ы]	cow (n.)
ко́шка [-и; -шек (gen.plu.)]	cat (n.)
ку́рица [-ы; ку́ры, кур, ку́рам]	chicken (n.)
лев [льва]	lion (n.)
ло́шадь [-и; лошадьми́ (instr.plu.)]	horse (n.)
медве́дь [-я]	bear (n.)
мышь [-и]	mouse (n.)

надеяться [-деюсь, -деешься]   to hope for, to rely on (*v.*)
   [---; *НА КОГО-ЧТО*]   [---; *SMB.-SMTH.*]
   Мы надеялись на успех.   We were hoping for success.
   Мы надеемся на вас.   We are relying on you.

ни один [одна, одно]   not a single (*adj.*)
   В диктанте не было ни одной   There was not a single mis-
   ошибки.   take in the dictation.

никакой [-ая, -ое, -ие]   no(ne) at all, any at all (*pron.*)
   Никакой студент сюда не при-   No student at all came here.
   ходил.
   Я не хочу никакого супа.   I don't want any soup at all.

обезьяна [-ы]   monkey (*n.*)

обыкновенный [-ая, -ое, -ые]   ordinary (*adj.*)
   Это обыкновенная лошадь.   This is an ordinary horse.

оказываться [-аюсь, -аешься]//ока-   to turn out (to be) (*v.*)
   заться [окажусь, окажешься]
   [*КАКИМ*] [*КЕМ-ЧЕМ*]   [*SMB.-SMTH.*]
   Вечер оказался интересным.   The evening turned out to be
                                                    interesting.
   Они оказались друзьями.   They turned out to be friends.
   Оказывается, что вы уже ели.   It turns out that you've already
                                                    eaten.

перед тем, как   just before (*conj.*)
   Они приехали перед тем, как мы   They arrived just before we
   поужинали.   had supper.

перерыв [-а]   break, recess (*n.*)

под   under (*prep.*)
   [*КЕМ-ЧЕМ*]   [*SMB.-SMTH.*] (LOCATION)
   Книга лежит под столом.   The book is lying under the
                                                    table.

   [*КОГО-ЧТО*]   [*SMB.-SMTH.*] (DIRECTION)
   Книга упала под стол.   The book fell under the table.

пропускать [-аю, -аешь]//пропустить   to omit, to leave out, to miss (*v.*)
   [-пущу, -пустишь] [*КОГО-ЧТО*]   [*SMB.-SMTH.*]
   Слава пропустил букву "К".   Slava left out the letter "K".

Lesson Five

проси́ть [прошу́, про́сишь]//по-
    [ЧТО или ЧЕГО] [У КОГО]
    Она́ попроси́ла у меня́ са́хару.

    [КОГО (С)ДЕЛАТЬ ЧТО]
    Она́ попроси́ла меня́ купи́ть
    са́хару.

    [ЧТОБЫ КТО (С)ДЕЛАЛ ЧТО]
    Она́ попроси́ла Сла́ву, что́бы он
    пришёл к ней пе́ред у́жином.

to ask, to request (v.)
    [SMTH.] [FROM SMB.]
    She asked me for some sugar.

    [SMB. TO DO SMTH.]
    She asked me to buy some sugar.

    [SMB. TO DO SMTH.]
    She asked Slava to come to see
    her just before the lesson.

пти́ца [-ы]

bird (n.)

свинья́ [-ьи́; сви́ньи, свине́й]

pig (n.)

серди́ться [сержу́сь, се́рдишься]
    //(рас-) [НА КОГО-ЧТО]
    Учи́тельница рассерди́лась на
    Сла́ву Га́лкина.

to be angry//(Perf.: "to get/become
    angry") [AT SMB.-SMTH.] (v.)
    The teacher got angry at Slava
    Galkin.

слон [-а́]

elephant (n.)

соба́ка [-и]

dog (n.)

тре́бовать [тре́бую, тре́буешь]//по-
    [ЧТО]
    [У КОГО]
    Она́ потре́бовала у него́ кни́гу,
    кото́рую он у неё взял.

    [ЧЕГО]
    [У КОГО]
    Они́ потре́бовали свои́х прав.

to demand, to require (v.)
    [SMTH. (SPECIFIC, CONCRETE)]
    [FROM SMB.]
    She demanded from him the book
    he had taken from her.

    [SMTH. (GENERAL, ABSTRACT)]
    [FROM SMB.]
    They demanded their rights.

черепа́ха [-и]

turtle (n.)

чтоб(ы)
    [КТО (С)ДЕЛАЛ ЧТО]
    Учи́тельница сказа́ла, что́бы он
    пришёл пе́ред уро́ком.
    Я попроси́ла, что́бы вы откры́ли
    окно́.
    Она́ хоте́ла, что́бы мы пришли́ до
    обе́да.
    Он потре́бовал, что́бы мы переста́ли кури́ть.

(ask, tell, demand, wish) that
    [SMB. DO SMTH.] (conj.)
    The teacher told (him) to come
    just before the lesson.
    I asked you to open the window.
    She wanted us to come before
    dinner.
    He demanded that we stop
    smoking

Lesson Five

REVIEW WORDS

в (во *before* мн-, вс-)   (in)to; on, at
  [*ЧТО (acc.)*]   [*SMTH.*] (*prep.*)
  Мы пришли́ в магази́н.   We came to the store.

  в [*КАКО́Й ДЕНЬ*]   on [*DAYS OF WEEK*];
  Они́ прие́дут в сре́ду.   They will arrive on Wednesday.

  во [*СКО́ЛЬКО*]   at [*O'CLOCK*]
  Конце́рт начнётся в два часа́.   The concert will begin at two o'clock.

внима́тельный [-ая, -ое, -ые]   attentive, careful (*adj.*)
  [%-лен, -льна, льны]
  [*К КОМУ́-ЧЕМУ́*]   [---; *TO(WARD) SMB.-SMTH.*]
  Она́ внима́тельно прове́рила тетра́дь.   She corrected the notebook carefully.
  Профе́ссор Орло́в всегда́ внима́телен к нам.   Professor Orlov is always attentive to us.

вопро́с [-а]   question (*n.*)

ждать [жду, ждёшь; ждал, -а́, -и]   to wait for, to await//(Perf.: "a while") (*v.*)
  //(подо-)
  [*КОГО́-ЧТО*]   [*SMB.-SMTH. (SPECIFIC, CONCRETE)*]

  [*КОГО́-ЧЕГО́*]   [*SMB.-SMTH. (GENERAL, ABSTRACT)*]

за   for (=in exchange, in lieu) (*prep.*)
  [*КОГО́-ЧТО*]   [*SMB.-SMTH.*]
  За кни́гу я заплати́л пять рубле́й.   I paid five rubles for the book.
  За меня́ игра́ет Са́ша.   Sasha is playing for (in place of) me.

колхо́з [-а] (в)   collective farm (*n.*)
  Кла́ва рабо́тает в колхо́зе.   Klava works on a collective farm.

ли́шний [-яя, -ее, -ие]   extra (*adj.*)
  У вас нет ли́шнего карандаша́?   Do you have an extra pencil?

мечта́ть [-а́ю,-а́ешь]//(по-)   to (day)dream, to fantasize //(Perf.: "a little") (*v.*)
  [*О КОМ-ЧЁМ*]   [*ABOUT SMB.-SMTH.*]

Lesson Five 49

на [ЧТО (acc.)] (on)to [SMTH. (UNENCLOSED SPACE, ACTIVITY)] (prep.)
Вы пойдёте на этот фильм?
Will you go to that film?

на [КАКОЕ ВРЕМЯ]] for (intended)[PERIOD OF TIME]
Родственники приехали к нам на неделю, но они были у нас два месяца.
(Our) relatives came to (our) house for a week, but they were at our place for two months.
Мы едем в Ригу на несколько месяцев.
We are going to Riga for a few months.

наверно(е) probably (adv.)

ни ... ни ... (n)either ... (n)or (particle)
Я не видел ни Лары ни Наташи.
I didn't see either Lara or Natasha.

нигде nowhere, anywhere (LOCATION) (adv.)
Мы нигде не видели таких странных брюк.
We haven't seen such strange pants anywhere.

никуда nowhere, anywhere (DIRECTION) (adv.)
Мы никуда не ходили.
We didn't go anywhere.

ответ [-а] answer (n.)

ошибка [-и; -бок (gen.plu.)] mistake (n.)
по ошибке
by mistake

перед [ЧЕМ] just before [SMTH.] (prep.)
Он приехал перед ужином.
He arrived just before supper.

проверять [-яю, -яешь]//проверить [-верю, -веришь] [ЧТО] to check over, to correct (v.) [SMTH. (NOTEBOOK, ASSIGNMENT)]
Учительница проверяет тетради.
The teaching is correcting the notebooks.

рыба [-ы] (USUALLY SING.) fish (n.)

слишком too (adv.)
Это слишком трудно.
This is too difficult.
Эта машина едет слишком быстро.
This car is going too fast.

Lesson Five

смотре́ть [смотрю́, смо́тришь]//по- [КОГО-ЧТО]	to look at, to watch (v.) [SMB.-SMTH. (INTENTLY, FOR PROTRACTED PERIOD)]
Мы смо́трим телеви́зор.	We are watching television.
Хоти́те посмотре́ть мои́ фото- гра́фии?	Do you want to look through my photographs?
[НА КОГО-ЧТО]	[SMB.-SMTH. (DIRECTING VISION TOWARDS)]
Он посмотре́л на часы́ и пошёл домо́й.	He looked at his watch and went home.
спра́шивать [-аю, -аешь]// спроси́ть [спрошу́, спро́сишь] [КОГО] [О КОМ-ЧЁМ]	to ask (inquire) (v.) [SMB.] [ABOUT SMB.-SMTH.]
Мы ча́сто спра́шиваем Бори́са о Гле́бе.	We often ask Boris about Gleb.
че́рез [КАКОЕ ВРЕМЯ]	in [PERIOD OF TIME] (which will elapse) (prep.)
Тётя Мари́на прие́дет к нам че́- рез неде́лю.	Aunt Marina will come to our house in a week.
Ди́ма вернётся че́рез два дня.	Dima will return in two days.

WORDS USED ON TAPE BUT NOT REQUIRED

зна́чить [-ит]	to mean (v.)
како́й [-а́я, -о́е, -и́е] -то	some (specific) (pron.)
како́й [-а́я, -о́е, -и́е] -нибудь	any (non-specific, general) (pron.)
кто-то [кого́-то]	someone (pron.)
одна́жды	once, one time (adv.)
распи́сываться//расписа́ться	to sign one's name (v.)
то [того́, тому́...], что	the fact that (conj.)

PREVIOUS VOCABULARY ON THE THEME

Animals

зоопа́рк (29)	пелика́н (30)
огро́мный (32)	перо́ (33)

REQUIRED VOCABULARY TO LESSON SIX

NEW WORDS

ва́жный [-ая, -ое, -ые] [%ва́жен, важна́, ва́жны/важны́]
   important (adj.)

во́лосы [воло́с] (PLU.ONLY)
   hair (COLLECTIVE) (n.)

вспомина́ть [-а́ю, -а́ешь]//вспо́мнить [-по́мню, -по́мнишь]
  [КОГО́-ЧТО]
  Я не мог вспо́мнить, что он написа́л.

  [О КОМ-ЧЁМ]
  Профе́ссор вспо́мнил о его́ диссерта́ции.

   to recall, to remember (bring to mind again) (v.)
   [SMB.-SMTH.]
   I could not recall what he wrote.

   [ABOUT SMB.-SMTH.]
   The professor remembered about his (someone else's) dissertation.

входи́ть [-хожу́, -хо́дишь]//войти́ [-йду́, -йдёшь; вошёл, -шла́, -шли́] [КУДА́]
  В аудито́рию вошла́ пе́рвая студе́нтка.

   to enter, to go in(to) (v.)
   [SOMEWHERE]
   The first student entered the classroom.

грудь [-и́]
   chest, breast (n.)

губа́ [-ы́; гу́бы, губ]
   lip (n.)

диссерта́ция [-ии]
  Он неда́вно защити́л диссерта́цию о Бальза́ке.

   dissertation (n.)
   He recently defended a dissertation on Balzac.

(до тех пор), пока́ ... не
  Он говори́л (до тех пор), пока́ профе́ссор не поста́вил ему́ пятёрку.

   until (conj.)
   He spoke until the professor gave him an A.

живо́т [-а́]
  У него́ заболе́л живо́т.

   belly, stomach (n.)
   He got a belly ache.

защища́ть [-а́ю, -а́ешь]//защити́ть [-щищу́, -щити́шь] [КОГО́-ЧТО]

   to defend (v.)
   [SMB.-SMTH.]

Lesson Six

ле́вый [-ая, -ое, -ые]	left (adj.)
надева́ть [-а́ю, -а́ешь]//наде́ть [-де́ну, -де́нешь] [ЧТО]	to put on (v.) [ARTICLE OF CLOTHING, ETC.]
Де́душка наде́л но́вые брю́ки.	Grandfather put on (his) new pants.
неуже́ли=ра́зве	Really?!, Can it be that?!...
Неуже́ли/Ра́зве он не заме́тил, что все студе́нты расска́зывают о Бальза́ке?	Can it be that he didn't notice that all the students were telling about Balzac?
ока́зывать //оказа́ть влия́ние [-аю, -аешь//окажу́, ока́жешь] [НА КОГО-ЧТО]	to exert an influence (v.phrase) [ON SMB.-SMTH.]
Тво́рчество Да́нте оказа́ло огро́мное влия́ние на европе́йскую литерату́ру.	The works of Dante exerted a tremendous influence on European literature.
остана́вливать [-аю, -аешь]//останови́ть [-влю́, -вишь] [КОГО-ЧТО]	to stop (v.) [SMB.-SMTH.]
Когда́ он на́чал говори́ть, профе́ссор не мог его́ останови́ть. Останови́(те) маши́ну!	When he began to speak, the professor couldn't stop him. Stop the car!
плечо́ [-а́; пле́чи, плеч]	shoulder (n.)
подходи́ть [-хожу́, -хо́дишь]//подойти́ [-йду́, -йдёшь; подошёл, -шла́, -шли́] [К КОМУ-ЧЕМУ]	to walk/go up to (v.) [SMB.-SMTH.]
пра́вый [-ая, -ое, -ые] [%прав, права́, пра́вы]	right (on right side); right (correct) (adj.)
пра́вая рука́	right hand/arm
пра́вый глаз	right eye
Ири́на права́.	Irina is right (correct).
произведе́ние [-ия]	work (of art) (n.)
"Война́ и мир" -- интере́сное произведе́ние.	*War and Peace* is an interesting work (of art).
прямо́й [-а́я, -о́е, -ы́е] [+пря́мо]	straight (adj.)
У неё прямо́й нос.	She has a straight nose.
Иди́те пря́мо.	Go straight.

Lesson Six

пусть [пускай (*colloq.*)]
    [КТО] [(С)ДЕЛАЕТ ЧТО]
    Пусть он читает.
    Пускай она придёт.

let...(*aux.v.*)
    [*SMB.*] [*DO SMTH.*]
    Let him read.
    Let her come.

рот [рта, во/на рту]

mouth (*n.*)

светлый [-ая, -ое, -ые]
    Это светлая комната.
    У неё светлые волосы.

bright, light-colored (*adj.*)
    This is a bright room.
    She has light (blond) hair.

сложный [-ая, -ое, -ые]

complex, complicated (*adj.*)

спина [-ы]

back (part of body) (*n.*)

статья [-тьи; статей (*gen.plu.*)]

article (written essay) (*n.*)

творчество [-a] (SING.ONLY)

works (of art) (COLLECTIVE) (*n.*)

тело [-a; тела, тел]

body (*n.*)

тёмный [-ая, -ое, -ые] [+темно]
    У него тёмные волосы.
    Это -- тёмная комната.

dark, dark-colored (*adj.*)
    He has dark hair.
    This is a dark room.

толстый [-ая, -ое, -ые] [<толще]

fat, overweight; thick (*adj.*)

тонкий [-ая, -ое, -ие] [<тоньше]
    У неё тонкий нос.
    У него тонкие пальцы.

thin (of particular features or part of the body) (*adj.*)
    She has a thin nose.
    He has thin fingers.

узкий [-ая, -ое, -ие] [<уже]
    узкая улица
    узкие плечи

narrow (*adj.*)
    a narrow street
    narrow shoulders

успевать [-аю, -аешь]//успеть
    [успею, успеешь]
    успевать [ДЕЛАТЬ ЧТО]
    Мы никогда не успеваем обедать.

    успеть [СДЕЛАТЬ ЧТО]
    Мы не успели приготовить

to have time (*v.*)

    [*TO DO SOMETHING*]
    We never have time to eat dinner.

    We didn't have time to pre-

Lesson Six

обе́д. | pare dinner.

худо́й [-а́я, -о́е, -ы́е] | thin (of whole person, of whole body) (*adj.*)
Ната́ша -- худа́я же́нщина. | Natasha is a thin woman.
У него́ худо́е те́ло. | He has a thin body.

ше́я [ше́и] | neck (*n.*)

широ́кий [-ая, -ое, -ие] [+широко́] [<ши́ре] | wide, broad (*adj.*)
У него́ широ́кие пле́чи. | He has broad shoulders.

REVIEW WORDS

бли́зкий [бли́зок, близка́, близки́ (*but* бли́зко *is used colloqially instead of all other short forms*)] [<бли́же] | close (by) (*adj.*)
бли́зкий друг | a close friend
Столо́вая близка́ (literary). | The dining hall is close by.
Столо́вая бли́зко (colloq.). |

боле́ть [боли́т, боля́т]//(за-) | to hurt, to ache//(Perf. "begin to") (*v.*)
[*У КОГО*] [*ЧТО (nom.)*] | [*SMB.'S*] [*SMTH.*]
У него́ боля́т у́ши. | His ears ache.
У меня́ боли́т спина́. | My back aches.
У меня́ заболе́л живо́т. | I got a stomach ache.

вели́кий [-ая, -ое, -ие] | great (outstanding) (*adj.*)

глаз [-а; в/на глазу́; глаза́, глаз] | eye (*n.*)
У него́ голубы́е глаза́. | He has (light) blue eyes.

голова́ [-ы́, го́лову (*acc.sing.*)] | head (*n.*)

дава́й(те) | Let's ...(*aux.v.*)
[*ДЕЛАТЬ ЧТО*] |
[*СДЕЛАЕМ ЧТО*] | [*DO SMTH.*]

далёкий [-ая, -ое, -ые] [%далёк, далека́, далеки́ (*but* далеко́ *is used colloquially instead of all other short forms*)] [+далеко́] [<да́льше] | far (away), distant (*adj.*)

Lesson Six

далёкий ро́дственник	distant relative
Колхо́з далёк (literary).	The collective farm is far away.
Колхо́з далеко́ (colloq.).	
дли́нный [-ая, -ое, -ые]	long (in shape, size) (adj.)
У него́ дли́нный нос.	He has a long nose
европе́йский [-ая, -ое, -ие]	European (adj.)
забыва́ть [-а́ю, -а́ешь]//забы́ть [-бу́ду, -бу́дешь]	to forget (v.)
[КОГО́-ЧТО]	[SMB.-SMTH]
[О КОМ-ЧЁМ]	[ABOUT SMB.-SMTH.]
конча́ться [-а́ется, -а́ются]//ко́нчиться [ко́нчится, ко́нчатся]	to end, to come to an end (v.)
Экза́мен ко́нчился.	The exam came to an end.
коро́ткий [-ая, -ое, -ие] [+ко́ротко] [<коро́че]	short (adj.)
литерату́ра [-ы]	literature (n.)
лицо́ [-а́; ли́ца, лиц]	face (n.)
Его́ лицо́ ста́ло холо́дным.	His face became cold (in expression).
мочь [могу́, мо́жешь, ... мо́гут; мог, -гла́, -гли́; (no imperative); (no imperfective future)] //с- [(С)ДЕЛАТЬ ЧТО]	to be able to (can) (v.) [DO SMTH.]
начина́ться [-а́ется, -а́ются] //нача́ться [-чнётся, -чну́тся; начался́, -а́сь, -и́сь]	to begin, to start (v.)
Контро́льная начала́сь.	The test/quiz began.
нога́ [-и́; но́ги, ног]	foot, leg (n.)
нос [-а; в/на носу́]	nose (n.)
осо́бенно	especially (n.)

Lesson Six

отвечать [-аю, -аешь]//ответить [-вечу, -ветишь]
  [КОМУ] [НА ЧТО]
  Почему ты не ответил отцу?

  Я должна ответить на её письмо.

to answer (v.)
  [SMB.] [SMTH.]
  Why didn't you answer your father?
  I ought to answer her letter.

отличный [-ая, -ое, -ые]
  Это -- отличный чай.

excellent (adj.)
  This is excellent tea.

палец [пальца]
  большой палец

finger, toe (n.)
  thumb, big toe

помнить [-ню, -нишь]
  [КОГО-ЧТО]

to remember (retain in memory) (v.)
  [SMB.-SMTH.]

пора [было; ---; будет]
  [КОМУ] [ДЕЛАТЬ ЧТО]
  Нам пора ехать.
  Вам пора будет заниматься.

  Пора было думать.

it was/is/will be time (IMPERSONAL) (pred.adv.)
  [FOR SMB.] [TO DO SMTH.]
  It's time for us to go.
  It will be time for you to study.
  It was time to think.

продолжать [-аю, -аешь]
  [ДЕЛАТЬ ЧТО]

to continue (v.)
  [DOING SMTH.]

разве=неужели

Really?! Can it be that?!...(part.)

рассказ [-а]

story (n)

роман [-а]

novel (n.)

рука [-и; руки, рук]

hand, arm (n.)

стихи [-ов] (PLU.ONLY)

poem, poetry (n.)

уметь [умею, умеешь]//с-
  уметь [ДЕЛАТЬ ЧТО]
  Она умеет читать по-русски.

to know how//(Perf.: "to manage") (v.)
  [TO DO SMTH.]
  She knows how to read Russian.

Lesson Six

суме́ть [СДЕЛАТЬ ЧТО] [TO DO SMTH.]
Он не суме́л откры́ть окно́. He didn't manage to open the window.

у́хо [-а; у́ши, уше́й, уша́м] ear (n.)

часть [-и] part (n.)

WORDS USED ON TAPE BUT NOT REQUIRED

каса́ться//косну́ться to touch (upon), to concern (v.)
    [КОГО-ЧЕГО] [SMB.-SMTH.]

очки́ [-о́в] (PLU.ONLY) (eye)glasses (n.)

пла́вать [-аю, -ешь] to swim (v.)

предъявля́ть [-я́ю, -я́ешь]//предъ- to show/present [SMTH. (OFFICIAL
    яви́ть [-явлю́, -я́вишь] [ЧТО] DOCUMENT)] (v.)

с удово́льствием with pleasure (n.phrase)

PREVIOUS VOCABULARY ON THE THEME:
Parts of the Body

зуб (22)

REQUIRED VOCABULARY TO LESSON SEVEN

NEW WORDS

А́нглия [-ии] — England (*n.*)

А́фрика [-и] — Africa (*n.*)

африка́нец [-нца]; африка́нка [-и; -нок (*gen.plu.*)] — African person (male; female) (*n.*)

африка́нский [-ая, -ое,-ие] — African (*adj.*)

благода́рный [-ая, -ое -ые] [%-рен, -рна, -рны] [*КОМУ*] [*ЗА ЧТО*]
Она́ благода́рна нам за цветы́.
— grateful, thankful (*adj.*)
  [*TO SMB.*] [*FOR SMTH.*]
  She is grateful to us for the flowers.

броса́ть [-а́ю, -а́ешь]//бро́сить [бро́шу, бро́сишь] [*ЧТО*] [*КУДА*]
Он бро́сил кни́гу на стол.
— to throw (*v.*)
  [*SMTH.*] [*SOMEWHERE*]
  He threw the book on the table.

[*КОМУ*] везёт/повезло́
Нам повезло́. Мы сда́ли экза́мен.
— [*SMB.*] is/was lucky (IMPERSONAL)
  We got lucky. We passed the exam.

возмо́жно
Возмо́жно, что она́ не придёт.
— it is possible that (*pred.adv.*)
  It is possible that she won't come.

всю́ду — everywhere (*adv.*)

Герма́ния [-ии] — Germany (*n.*)

доверя́ть [-я́ю, -я́ешь]//дове́рить [-ве́рю, -ве́ришь] [*КОМУ*]
Все им доверя́ют.
— to trust (*v.*)
  [*SMB.*]
  Everybody trusts them.

зави́довать [-ви́дую, -ви́дуешь][*КОМУ*]
Я вам не зави́дую.
— to envy [*SMB.*] (*v.*)
  I don't envy you.

Lesson Seven

звать [зову́, зовёшь]//по-   to call (by name), to summon (v.)
   [*КОГО (acc.)*]   [*SMB.*]
   Мы тебя́ зва́ли, но ты нас не   We called you, but you didn't
   слы́шал.   hear us.

Испа́ния [-ии]   Spain (n.)

Ита́лия [-ии]   Italy (n.)

кита́ец [-а́йца]; китая́нка [-и;   Chinese person (male; female) (n.)
   -нок (*gen.plu.*)]

Кита́й [-а́я]   China (n.)

кита́йский [-ая, -ое, -ие]   Chinese (adj.)
   говори́ть по-кита́йски   to speak Chinese

меша́ть [-а́ю, -а́ешь]//по-   to bother, to hinder (v.)
   [*КОМУ-ЧЕМУ*]   [*SMB.-SMTH.*]
   Я вам меша́ю?   Am I bothering you?

   [*КОМУ*] [*ДЕЛАТЬ ЧТО*]   [*SMB.*] [(*FROM DOING SMTH.*)]
   Они́ меша́ют нам рабо́тать.   They are keeping us from working.

невозмо́жно   it is impossible (pred.adv.)
   Невозмо́жно бы́ло ду́мать.   It was impossible to think.

не́мец [-мца]; не́мка [-и;   German person (male; female) (n.)
   -мок (*gen.plu.*)]

[*КОМУ*] необходи́мо   it was/is/will be absolutely nec-
   [бы́ло; ---; бу́дет]   essary [*FOR SMB.*] (IMPERSONAL)
   [*СДЕЛАТЬ ЧТО*]   [*TO DO SMTH.*](pred.adj.)

[*КОМУ*] ну́жен [-жна́, -жно, -жны][%]   [*SMB.*] needed/needs/will need
   [бы́ло/а/о/и; ---; бу́дет/бу́дут]   (IMPERSONAL) (pred.adj.)
   [*КТО-ЧТО*]   [*SMB.-SMTH.*]
   Мне ну́жен портфе́ль.   I need a briefcase.
   Мне нужна́ была́ ру́чка.   I needed a pen.

ну́жный [-ая, -ое, -ые]   necessary (adj.)
   Мы купи́ли ну́жные кни́ги.   We bought the necessary books.

Lesson Seven

[*КОМУ*] обязательно
    [было; ---; будет]
    [(С)ДЕЛАТЬ ЧТО]

it was/is/will be absolutely necessary, required [*FOR SMB.*] (IMPERSONAL) [*TO DO SMTH.*] (*pred.adj.*)

одежда [-ы] (SING. ONLY)

clothes, clothing (COLLECTIVE) (*n.*)

плакать [плачу, плачешь]
    //(за-)
    //(по-)

to cry, to weep
    //(Perf.: "begin to")
    //(Perf.: "a while") (*v.*)

принадлежать [-жу, -жишь]
    [*КОМУ*]
    Все животные принадлежат колхозу.

    [*К ЧЕМУ*]
    Сколько человек принадлежит к Союзу писателей?

to belong (*v.*)
    [*TO SMB.*] (OWNERSHIP)
    All the animals belong to the collective farm.

    [*TO SMTH.*] (MEMBERSHIP)
    How many people belong to the Writers Union?

[*КОМУ*] приходиться [-ходится; -ходилось]//прийтись [придётся; пришлось]
    [(С)ДЕЛАТЬ ЧТО]

[*SMB.*] (due to unforeseen, often unpleasant events) needs to, has to, must (IMPERSONAL) (*v.*) [*DO SMTH.*]

путешествовать [-вую, -вуешь]
    //(по-) [*ПО ЧЕМУ*]
    Я хочу попутешествовать по Италии.

to travel//(Perf.: "a while") (*v.*)
    [*AROUND SOMEPLACE*]
    I want to travel around Italy for a while.

Россия [-ии]

Russia (*n.*)

служить [служу, служишь][*КОМУ-ЧЕМУ*]

to serve [*SMB.-SMTH.*] (*v.*)

солдат [-а; солдат (*gen.plu.*)]

soldier (*n.*)

удивляться [-яюсь, -яешься]//удивиться [удивлюсь, удивишься]
    [*КОМУ-ЧЕМУ*]

to be amazed, surprised (*v.*)

    [*AT SMB.-SMTH.*]

узнавать [-знаю, -знаёшь]//узнать [-знаю,-знаешь] [*КОГО-ЧТО*]

to find out, to learn, to recognize [*SMB.-SMTH.*] (*v.*)

Франция [-ии]

France (*n.*)

Lesson Seven

хозя́ин [-а; хозя́ева, хозя́ев]; хозя́йка [-и; -я́ек (*gen.plu.*)]	owner (male; female) (*n.*)
хозя́ин/хозя́йка до́ма	landlord/landlady
[*КОМУ*] хоте́ться [хо́чется; хоте́лось] //(за-) [*ЧЕГО́*]	[*SMB.*] feels like// (Perf.: "begins to") (IMPERSONAL) [(*HAVING*) *SMTH.*] (*v.*)
Мне хо́чется лимона́ду.	I feel like some soda pop.
(С)ДЕ́ЛАТЬ ЧТО	[*DOING SMTH.*]
Нам хо́чется посмотре́ть э́тот фильм.	We feel like seeing that film.
Ему́ хо́чется пить.	He's thirsty (=feels like drinking).
Ей хо́чется есть.	She's hungry (=feels like eating).
Им вдруг захоте́лось пить.	Suddenly they got thirsty.
цвести́ [цвету́, цветёшь; цвёл, цвела́, цвели́]//(за-)	to blossom, to bloom//(Perf.: "begin to") (*v.*)
Весно́й зацвели́ ро́зы.	In the spring the roses began to bloom.
шампа́нское [-ого]	champagne (*subst.*)
шить [шью, шьёшь]//с- [---; *ЧТО*]	to sew [---; *SMTH.*](*v.*)
эне́ргия [-ии]	energy (*n.*)
япо́нец [-нца]; япо́нка [-и; -нок (*gen.plu.*)]	Japanese person (male; female) (*n.*)
Япо́ния [-ии]	Japan (*n.*)
япо́нский [-ая, -ое, -ие]	Japanese (*adj.*)
говори́ть по-япо́нски	to speak Japanese

REVIEW WORDS

Аме́рика [-и]	America (*n.*)
америка́нский [-ая, -ое, -ие]	American (*adj.*)

англича́нин [-а; англича́не, англича́н, англича́нам]; англича́нка [-и; -нок (gen.plu.)]	English person (male; female) (n.)
гро́мкий [-ая, -ое, -ие] [<гро́мче] Мы услы́шали гро́мкий звук.	loud (adj.) We heard a loud noise.
[КТО] до́лжен [-жна́, -жны́] [%] [БЫТЬ(ALL TENSES)] [(С)ДЕЛАТЬ ЧТО] Он до́лжен был позвони́ть. Она́ должна́ прийти́.	[SMB.] should/ought/has (in all tenses), must, was/is supposed (DUTY, OBLIGATION) [(TO) DO SMTH.] (pred.adj.) He ought to have called. She is supposed to come.
иностра́нец [-нца]; иностра́нка [-и; -нок (gen.plu.)]	foreigner (male; fem.) (n.)
испа́нец [-нца]; испа́нка [-и; -нок (gen.plu.)]	Spanish person (male; female) (n.)
испа́нский [-ая, -ое, -ие]	Spanish (adj.)
италья́нец [-нца]; италья́нка [-и; -нок (gen.plu.)]	Italian person (male; female) (n.)
италья́нский [-ая, -ое, -ие]	Italian (adj.)
люби́ть [люблю́, лю́бишь]//(по-) [КОГО-ЧТО]	to like, to love//(Perf: "fall in love with") [SMB.-SMTH.](v.)
мир [-а]	world (n.)
мо́жет быть	maybe (conj.)
мо́жно [бы́ло; ---; бу́дет] [---;КОМУ (RARELY)] [(С)ДЕЛАТЬ ЧТО] Где мо́жно пое́сть? Мо́жно сказа́ть "до за́втры"?	it was/is/will be possible or permissible (pred.) [---; FOR SMB. (RARELY)] [TO DO SMTH.] (IMPERSONAL) Where can (you) get something to eat? Can one say "до за́втры"?
[КОМУ] на́до [бы́ло; ---; бу́дет] [(С)ДЕЛАТЬ ЧТО]	[SMB.] had/has/will have (pred.) [TO DO SMTH.] (IMPERSONAL)

Lesson Seven

не на́до
  [ДЕЛАТЬ ЧТО]
Не на́до открыва́ть окно́.

Please don't, don't bother
  [DO SMTH.]
Please don't open the window.

[КОМУ] нельзя́
  [бы́ло; ---; бу́дет]

it was/is/will be impossible or impermissible [FOR SMB.] (IMPERSONAL) (adv.)[

  [СДЕЛАТЬ ЧТО]

[TO DO SMTH.] (POSSIBILITY ONLY)

Нельзя́ бы́ло подойти́ к нему́.

It was impossible to approach him.

  [ДЕЛАТЬ ЧТО]

[TO DO SMTH.] (POSSIBILITY OR PERMISSIBILITY)

Ему́ нельзя́ слу́шать.
Нельзя́ бы́ло да́же ду́мать.

He is not allowed to listen.
It was impossible even to think.

неме́цкий [-ая, -ое, -ие]

German (adj.)

но́вость [-и]

(piece of) news (n.)

[КОМУ] нра́виться [нра́влюсь, нра́вишься]//по-
  [КТО-ЧТО]
Он ей понра́вился.
Мне нра́вится э́тот суп.

[SMB.] likes (superficial or short term impression) (IMPERSONAL) [SMB.-SMTH.] (v.)
She liked him.
I like this soup.

[КОМУ] ну́жно [бы́ло; ---; бу́дет]
[КОМУ] на́до [бы́ло; ---; бу́дет]
[(С)ДЕЛАТЬ ЧТО]

[SMB.] had/has/will have to, must, IMPERSONAL) (pred.adj.)
[DO SMTH.]

петь [пою́, поёшь]//с- [---;ЧТО]

to sing [---;SMTH.](v.)

помога́ть [-а́ю, -а́ешь]//помо́чь
  [-могу́, -мо́жешь, -мо́гут; -мо́г, -могла́, -могли́] [КОМУ]

to help (v.)

  [SMB.]

привыка́ть [-а́ю, -а́ешь]//привы́кнуть
  [-ну, -нешь; привы́к, -вы́кла, -вы́кли] [К КОМУ-ЧЕМУ]

to get accustomed/used (v.)

  [TO SMB.-SMTH.]

рад [ра́да, ра́ды] [ЧЕМУ]

glad, happy [ABOUT SMTH.] (pred.adj.)

роя́ль [-я]

(grand or baby grand) piano (n.)

Lesson Seven

[*КОМУ*] ску́чно [бы́ло; ----; бу́дет]	[*SMB.*] was/is/will be bored (IMPERSONAL) (*pred.adv.*)
сове́товать [-тую, -туешь]//по- [*КОМУ*] [(*С*)*ДЕЛАТЬ ЧТО*]	to advise (*v.*) [*SMB.*] [*TO DO SMTH.*]
страна́ [-ы́]	country (a nation's territory) (*n.*)
ти́хий [-ая, -ое, -ие] Он ти́хо пел пе́сню.	quiet, not loud (*adj.*) He softly sang a song.
францу́з [-а]; францу́женка [-и; -нок (*gen.plu.*)]	French person (male; female) (*n.*)
францу́зский [-ая, -ое, -ие]	French (*adj.*)

WORDS USED ON TAPE BUT NOT REQUIRED

Арме́ния [-ии]	Armenia (*n.*)
выходи́ть//вы́йти [вы́шел, вы́шла]	to go out (*v.*)
конце́рт [-а]	concerto (*n.*)
но́жницы [но́жниц] (PLU.ONLY)	scissors (*n.*)
по-армя́нски	Armenian (*adv.*)
по-по́льски	Polish (*adv.*)
по-эсто́нски	Estonian (*adv.*)
По́льша [-и]	Poland (*n.*)
сире́нь [-и] (SING.ONLY)	lilacs (COLLECTIVE) (*n.*)
со́рок [-а]	forty (*num.*)
сою́зник [-а]	ally (*n.*)

Lesson Seven

старомо́дный [-ая, -ое, ые]	old fashioned (adj.)
тако́е [-а́я, -о́е, -и́е] же	the same (pron.)
эсто́нец [-нца]; эсто́нка [-и; -нок (gen.plu.)]	Estonian (person) (male; female) (n.)
Эсто́ния [-ии]	Estonia (n.)

PREVIOUS VOCABULARY ON THE THEME:

Nationalities, Countries

americáнец; americáнка (1) мир (25)
англи́йский (1) по- (9)
война́ (25) понима́ть (9)
европе́йский (55) ру́сский (10)
говори́ть (2) ру́сский; ру́сская (10)
иностра́нный (19) Сове́тский Сою́з (10)

REQUIRED VOCABULARY TO LESSON EIGHT

NEW WORDS

арифме́тика [-и]	arithemetic (n.)
арти́ст [-а]; арти́стка [-и; -ток (gen.plu.)]	performer (male; female) (n.)
архите́ктор [-а]	architect (n.)
архитекту́ра [-ы]	architecture (n.)
бе́дный [-ая, -ое, -ые]	poor (pitiful/impoverished) (n.)
в [СКОЛЬКО ЛЕТ] В пятна́дцать лет он на́чал изуча́ть грамма́тику.	at [SOME AGE] (prep.) At fifteen he began to study grammar.
горди́ться [горжу́сь, горди́шься] [КЕМ-ЧЕМ] Ру́сский наро́д горди́тся Ломоно́совым.	to be proud (v.) [OF SMB.-SMTH.] The Russian people are proud of Lomonosov.
домохозя́йка [-и; -хозя́ек(gen.plu.)]	housewife (n.)
жела́ние [-ия] У него́ о́чень ра́но появи́лось жела́ние учи́ться.	desire, wish (n.) The desire to learn appeared in him very early.
за грани́цей; за грани́цу Я хочу́ учи́ться за грани́цей. Через ме́сяц мы пое́дем за грани́цу.	abroad (prep.phrase) (LOCATION);(DIRECTION) I want to study abroad. In a month we will go abroad.
занима́ться [-а́юсь, -а́ешься] [КЕМ-ЧЕМ]	to be occupied (v.) [WITH SMB.-SMTH.]
зубно́й врач [-ого ...-а́]	dentist (n.)

Lesson Eight

Russian	English
интересова́ться [-су́юсь, -су́ешься] //(за-) [*КЕМ-ЧЕМ*] Она́ интересу́ется му́зыкой. В во́семь лет Макси́м заинтересова́лся матема́тикой.	to be interested //(Perf.:"to get interested") [*IN SMB.SMTH.*] She is interested in music. At eight years old Maksim got interested in mathematics.
лени́вый [-ая, -ое, -ые][%лени́в, -а, -ы]	lazy (*adj.*)
медбра́т [-а; -бра́тья, -бра́тьев]; медсестра́ [-ы; -сёстры, -сестёр]	nurse (male; female) (*n.*)
называ́ть [-аю, -аешь]//назва́ть [-зову́, -зовёшь; -звал, -а́, -и] [*КОГО-ЧТО ... КТО-ЧТО (nom.)*] Соколо́вы назва́ли дочь Аня. Он назва́л рома́н "Война́ и мир". [*КОГО-ЧТО ... КЕМ-ЧЕМ(instr.)*] Пу́шкин назва́л Ломоно́сова "пе́рвым ру́сским университе́том".	to name, to call (*v.*) [*SMB.-SMTH. ... SMB.-SMTH. (NAME, TITLE)*] The Sokolovs named (their) daughter Anya. He called the novel *War and Peace*. [*SMB.-SMTH. ... SMB.-SMTH. (CHARACTERIZATION)*] Pushkin called Lomonosov "the first Russian university."
наро́д [-а]	people, nation (*n.*)
нау́чный [-ая, -ое, -ые] Он интересова́лся после́дними нау́чными откры́тиями.	scientific (*adj.*) He was interested in the latest scientific discoveries.
образова́ние [-ия] Ломоно́сов продолжа́л своё образова́ние за грани́цей.	education (*n.*) Lomonosov continued his education abroad.
о́пыт [-а](SING.ONLY)	experience (*n.*)
основа́тель [-я] Ломоно́сов явля́ется основа́телем Моско́вского университе́та.	founder (*n.*) Lomonosov is the founder of Moscow University.
остава́ться [остаю́сь, остаёшься]//оста́ться [оста́нусь, оста́нешься] [*КАКИМ*][*КЕМ-ЧЕМ*] Она́ оста́лась бли́зким дру́гом.	to stay, to remain (*v.*) [*(OF) SOME KIND*][*SMB.-SMTH.*] She remained a close friend.

Мы останемся дома. — We will remain at home.

отказываться [-аюсь, -аешься]// — to refuse (v.)
  отказаться [-кажусь,-кажешься]
  [ОТ ЧЕГО]
  Виктор отказался от работы. — [SMTH.] Viktor refused the job.

  [(С)ДЕЛАТЬ ЧТО]
  Нина отказывается слушать. — [TO DO SMTH.] Nina refuses to listen.

открытие [-ия] — discovery (n.)

отправляться [-яюсь, -яешься]// — to set off, to go off (v.)
  отправиться [-правлюсь,
  -правишься] [КУДА] — [SOMEWHERE]

официант [-а] — waiter (n.)

официантка [-и; -ток (gen.plu.)] — waitress (n.)

пенсия [-ии] (на) — pension, retirement benefits (n.)
  Она получает пенсию. — She is receiving a pension.
      ИДИОМЫ: — IDIOMS:
  быть на пенсии — to be retired
  уходить//уйти на пенсию — to retire
  [-ожу,-одишь//уйду, уйдёшь;
  ушёл, ушла, ушли]

почтальон [-а] — mailman, mail carrier (n.)

появляться [-яюсь, -яешься]// — to appear, to emerge (v.)
  появиться [-явлюсь,-явишься]
  У него очень рано появилось — The desire to learn appeared
  желание учиться. — in him very early.

профессия [-ии] — profession (n.)

работать [-аю, -аешь]//(по-) — to work //(Perf.: "a while") (v.)
  [НАД ЧЕМ] — [ON SMTH.]
  Чехов долго работал над этим — Chekhov worked on this story
  рассказом. — for a long time.

  [КЕМ] — [AS SMB.]
  Анна работает журналисткой. — Anna works as a journalist.

Lesson Eight

ра́зница [-ы] (SING.ONLY)
    Кака́я ра́зница ме́жду ко́шкой и челове́ком?
— difference (n.)
    What is the difference between a cat and a human being?

руководи́ть [-вожу́, -води́шь] [*ЧЕМ*]
— to be in charge of, to manage (v.) [*SMTH.*]

ря́дом [---; *С КЕМ-ЧЕМ*]
— beside, next to [---; *SMB.-SMTH.*] (adv./prep.)

спортсме́н [-а]; спортсме́нка [-и; -нок (gen.plu.)]
— athlete (male; female) (n.)

счита́ться [-а́юсь, -а́ешься] [*КАКИМ*][*КЕМ-ЧЕМ*]
    Он счита́ется трудолюби́вым.
    Она́ счита́ется у́мницей.
— to be considered (v.) [*(OF) SOME KIND*][*SMB.-SMTH.*]
    He is considered hard-working.
    She is considered a clever person.

трудолюби́вый [-ая, -ое, -ые] [%-би́в, -би́ва, -би́вы]
— hard-working, industrious (adj.)

умира́ть [-а́ю,-а́ешь]//умере́ть [умру́, умрёшь; у́мер, умерла́, у́мерли]
    Они́ у́мерли во вре́мя войны́.
— to die (v.)
    They died during the war.

худо́жник [-а]; худо́жница [-ы]
— artist (male; female) (n.)

член [-а]
— member (n.)

шофёр [-а]
— driver (n.)

юри́ст [-а]
— lawyer (n.)

явля́ться [-я́юсь,-я́ешься] [*КАКИМ*][*КЕМ-ЧЕМ*]
    Кто явля́ется основа́телем университе́та?
— to be (FORMAL/OFFICIAL STYLE) (v.) [*(OF) SOME KIND*][*SMB.-SMTH.*]
    Who is the founder of the university?

REVIEW WORDS

бога́тый [-ая, -ое, -ые][<бога́че]
— rich (adj.)

вме́сте [С КЕМ] together [WITH SMB.-SMTH.] (adv.)

врач [-а́] doctor (n.)

грамма́тика [-и] grammar (n.)

дире́ктор [-а; директора́, -ро́в] director, manager (n.)
    дире́ктор колхо́за   director of a collective farm

дово́льный [-ая, -ые][%-лен, -льна́, -льны] [КЕМ-ЧЕМ] satisfied, pleased (adj.) [WITH SMB.-SMTH.]
    Он дово́лен ва́шей рабо́той?   Is he satisfied with your work?

журнали́ст [-а]; журнали́стка [-и; -ток (gen.plu.)] journalist (male; female)(n.)

за [КЕМ-ЧЕМ] behind [SMB.-SMTH.] (prep.)
    Шко́ла нахо́дится за э́тим до́мом.   The school is located behind this building.
    ИДИО́МА: IDIOM:
    идти́/е́хать [ЗА КЕМ-ЧЕМ]   to go for (=to get/pick up) [SMB.-SMTH.]

инжене́р [-а] engineer (n.)

иску́сство [-а] art (n.)

каза́ться [кажу́сь, ка́жешься]//по- [КАКИМ][КЕМ-ЧЕМ] to seem (to be) (v.) [(OF) SOME KIND][SMB.-SMTH.]

крестья́нин [-а; крестья́не, -ья́н, -ья́нам]; крестья́нка [-и;-нок (gen.plu.)] peasant (male; female) (n.)

ме́жду [КЕМ-ЧЕМ] between [SMB.-SMTH.]

му́зыка [-и] music (n.)

музыка́нт [-а] musician (n.)

над [КЕМ-ЧЕМ] over, above [SMB.-SMTH.]

Lesson Eight

недовольный [-ая, -ые][%-лен, -льна, -льны][*КЕМ-ЧЕМ*]	dissatisfied, displeased (*adj.*) [*WITH SMB.-SMTH.*]
оказываться [-аюсь, -аешься]//оказаться [окажусь, окажешься] [*КАКИМ*] [*КЕМ-ЧЕМ*]	to turn out (to be) (*v.*) [(*OF) SOME KIND*][*SMB.-SMTH.*]
Вечер оказался интересным.	The evening turned out interesting.
Они оказались друзьями.	They turned out to be friends.
Оказывается, вы ещё не ели.	It turns out you haven't eaten yet.
перед [*КЕМ-ЧЕМ*]	in front of; just before (*prep.*) [*SMB.-SMTH.*]
Она стояла перед нами.	She was standing in front of us.
Он кончил работу перед обедом.	He finished work just before dinner.
писатель [-я]	writer (*n.*)
последний [-яя, -ее, -ие]	last (in series); latest (*adj.*)
Сегодня последний день занятий.	Today is the last day of classes.
Мы говорили о последних научных открытиях.	We talked about the latest scientific discoveries.
поэтому	therefore (*adv.*)
работа [-ы] (USUALLY SING.)	work; job (*n.*)
с [со *before* ст-, мн-, вс-, зл-] [*КЕМ-ЧЕМ*]	with [*SMB.-SMTH.*]
смеяться [смеюсь, смеёшься]//(по-) [*НАД КЕМ-ЧЕМ*]	to laugh //(Perf.: "a little") (*v.*) [*AT SMB.-SMTH.*]
спорт [-а] (SING.ONLY)	sports (*n.*)
Вы любите спорт?	Do you like sports.
способный [-ая,-ое,-ые][%-бен,-бна, -бны]	talented, capable (*adj.*)

становиться [-влю́сь, -вишься]
    //стать [стану, станешь]
    [КАКИМ][КЕМ-ЧЕМ]
    Ве́ра хо́чет стать врачо́м.
	to become (v.)
	
	    [(OF) SOME KIND][SMB.-SMTH.]
	    Vera wants to become a doctor.

стюарде́сса [-ы]	stewardess (n.)

счита́ть [-а́ю, -а́ешь]
    [КОГО-ЧТО ... КЕМ-ЧЕМ]
    Я счита́ю его́ отли́чным писа́телем.
	to consider (v.)
	    [SMB.-SMTH. ... SMB.-SMTH.]
	    I consider him an excellent writer.

WORDS USED ON TAPE BUT NOT REQUIRED

Акаде́мия нау́к [-ии нау́к]	Academy of Sciences (n.phrase)
вы́йти за́муж [-йду, -йдешь; вы́шла]	to get married (v.phrase) (FEMALE SUBJECT ONLY)

госуда́рственный [-ая, -ое, -ые]
    Моско́вский госуда́рственный университе́т (МГУ).
	state (adj.)
	    Moscow State University (MGU).

кандида́тская сте́пень [-ой ...-и]	Ph.D., doctorate (n.)
лека́рство [-а]	medicine, medication (n.)

намно́го
    намно́го лу́чше
    намно́го ча́ще
	much (WITH COMPARATIVE) (adv.)
	    much better
	    much more often

но́жницы [но́жниц] (PLU.ONLY)	scissors (n.)
пожени́ться [-жену́сь,-же́нишься]	to get married (v.)

посыла́ть [-а́ю,-а́ешь]//посла́ть
    [КОГО-ЧТО][КУДА]
	to send (v.)
	    [SMB.-SMTH.] [SOMEWHERE]

спекта́кль [-я]	(stage) show, performance (n.)
сре́дняя шко́ла [-ей ...-ы]	high school (n.phrase)

Lesson Eight

успе́хи [-ов] (PLU.ONLY)   progress (*n.*)

юриспруде́нция [-ии]   law (as academic discipline) (*n.*)

PREVIOUS VOCABULARY ON THE THEME
Occupations

библиоте́карь (36)
преподава́тель; преподава́тельница (20)
профе́ссор (20)

рабо́чий (30)
учёный (17)
учи́тель; учи́тельница (12)

REQUIRED VOCABULARY TO LESSON NINE

NEW WORDS

башня [-и; -шен (*gen.plu.*)]   tower (*n.*)

Во сколько = В котором часу   At what time? (*interrog.phrase*)
    Во сколько вы приедете?   At what time will you arrive?

ворота [ворот] (PLU.ONLY)   gate (*n.*)
    В Кремль можно пройти через   You can go into the Kremlin
    большие ворота.   through a large gate.

враг [-а́]   enemy (*n.*)

двое   two [*SPECIAL CASES: CHILDREN/PEO-*
    [КОГО-ЧЕГО (*gen.plu.*)]   *PLE, PLURAL ONLY NOUNS, PER-*
       SONAL PRONOUNS] (*collect.num.*)
      двое детей   two children
      двое часов   two watches

дворец [-рца́]   palace (*n.*)

деревянный [-ая, -ое, -ые]   wooden (*adj.*)
    До 14-ого века Москва была   Before the 14th century Mos-
    деревянной.   cow was made of wood.

древний [-яя, -ее, -ие]   ancient (*adj.*)
    В Кремле много памятников   In the Kremlin there are many
    древней архитектуры.   monuments of ancient architec-
       ture.

каменный [-ая, -ое, -ые]   stone (*adj.*)

княгиня [-и]   princess (*n.*)

князь [-я; князья́, князе́й]   prince (*n.*)

колокол [-а; колокола́, -о́в]   (large) bell (*n.*)

мастер [-а; мастера́, мастеро́в]   craftsman (*n.*)

Lesson Nine

нападе́ние [-ия]
   Э́ти сте́ны защища́ли го́род от нападе́ний враго́в.

attack (n.)
   These walls protected the city from enemy attacks.

о́ба (masc. or neut.); о́бе (fem.) [КОГО́-ЧЕГО́ (gen.sing.)]
   о́ба ма́стера
   о́бе пу́шки

both [TWO SIMILAR PEOPLE OR OBJECTS] (collect.num.)
   both craftsmen
   both cannons

осма́тривать [-аю, -аешь]//осмотре́ть [осмотрю́, осмо́тришь] [КОГО́-ЧТО]

to look around, to look at (from various angles) (v.)
   [SMB.-SMTH.]

осно́вывать [-аю, -аешь]// основа́ть [-ну́ю, -нуёшь] [ЧТО]
   Москву́ основа́л Ю́рий Долгору́кий в 1147 году́.

to found (v.)
   [SMTH.]
   Moscow was founded by Yurii Dolgorukii in 1147.

переноси́ть [-ношу́, -но́сишь]//перенести́ [-несу́,-несёшь; перенёс, -несла́, -несли́] [ЧТО] [КУДА́]
   Пётр Пе́рвый перенёс столи́цу в Петербу́рг.

to transfer, to move (v.)
   [SMTH.] [SOMEWHERE]
   Peter the First moved the capital to Petersburg.

по́лдень [-дня]
   в по́лдень

noon (n.)
   at noon

по́лночь [-и]
   в по́лночь

midnight (n.)
   at midnight

полови́на [-ы] [ЧЕГО́]
   Я прочита́л то́лько полови́ну э́той кни́ги.
   Сейча́с полови́на шесто́го.
   Он прие́дет в полови́не шесто́го.

half [OF SMTH.] (n.)
   I have read only half of this book.
   It's half past five (4:30).
   He will arrive at half past five.

превраща́ться [-а́юсь, -а́ешься]//преврати́ться [-вращу́сь,-врати́шься] [В КОГО́-ЧТО]
   Москва́ преврати́лась в столи́цу страны́.

to turn, to change (v.)
   [INTO SMB.-SMTH.]
   Moscow turned into the country's capital.

пу́шка [-и; -шек (gen.plu.)]

cannon (n.)

Lesson Nine

с [КАКОГО ЧАСА] до [КАКОГО ЧАСА]
    Здесь переры́в с ча́су до двух.

from [WHAT HOUR] until/to [WHAT HOUR] (prep.phrase)
    There is a break here from one (o'clock) until two.

сле́дующий [-ая, -ее, -ие]
    (в) сле́дующий раз
    в сле́дующем году́

next (following) (adj.)
    the next (following) time
    next year

собо́р [-а]

cathedral, large church (n.)

стро́ить [стро́ю, стро́ишь]//по-[ЧТО]
    Храм Васи́лия Блаже́нного постро́или в 1555 году́.

to build [SMTH.] (v.)
    (They) built St. Basil's Cathedral in 1555.

тро́е
    [КОГО-ЧЕГО (gen.plu.]
    тро́е дете́й
    тро́е воро́т

three [SPECIAL CASES: CHILDREN/PEOPLE, PLURAL ONLY NOUNS, PERSONAL PRONOUNS] (collect.num.)
    three children
    three gates

универма́г [-а]

department store (n.)

храм [-а] = собо́р

cathedral, large church (n.)

цари́ца [-ы]

tsarina (n.)

царь [-я́]

tsar (n.)

че́тверо
    [КОГО-ЧЕГО (gen.plu.)]
    че́тверо люде́й
    Вас бы́ло че́тверо?

four [SPECIAL CASES: CHILDREN/PEOPLE, PLURAL ONLY NOUNS, PERSONAL PRONOUNS] (collect.num.)
    four people
    Were there four of you?

че́тверть [-и]
    че́тверть тре́тьего
    без че́тверти три

a quarter, one fourth of (n.)
    a quarter after two (2:15)
    a quarter to three (2:45)

REVIEW WORDS

быва́ть [-а́ю, -а́ешь]
    Перед мавзоле́ем быва́ет больша́я о́чередь.

to be (frequently, usually) (v.)
    In front of the mausoleum there is usually a long line.

Lesson Nine

век [-а; века́, -о́в]
    в пятна́дцатом ве́ке

century (n.)
    in the Fifteenth Century

ве́чер [-а]
    во́семь часо́в ве́чера

p.m. (n.)
    8:00 p.m.

высо́кий [-ая, -ое, -ие] [+высоко́]
    Вы уви́дите широ́кие у́лицы, высо́кие дома́.

tall, high (adj.)
    You will see wide streets and tall buildings.

год [-а; года́/го́ды, лет]
    в [КАКОМ] году́

year (n.)
    in [SOME] year

день [дня]
    два часа́ дня

a.m./p.m. (n.)
    2:00 p.m.

зда́ние [-ия]

building (n.)

и ... и ...
    Там бу́дут и Анто́н и Ве́ра.

both ... and ... [TWO DIFFERENT PEOPLE OR OBJECTS] (conj.)
    Both Anton and Vera will be there.

и́мени [КОГО (gen.)]
    Библиоте́ка и́мени Ле́нина

named after (in honor of) [SMB.] (in titles of official institutions, often not translated)
    Lenin Library (=library named after/in honor of Lenin)

коне́ц [-нца́]
    в конце́ девятна́дцатого ве́ка

end (n.)
    at the end of the Nineteenth Century

мавзоле́й [-е́я]
    Мавзоле́й Ле́нина

mausoleum (n.)
    The Lenin Mausoleum

ме́сяц [-а]

month (n.)

мину́та [-ы]

minute (n.)

музе́й [-е́я]
    Истори́ческий музе́й

museum (n.)
    The Historical Museum

Lesson Nine

нача́ло [-а]	beginning (n.)
в нача́ле двадца́того ве́ка	at the beginning of the Twentieth Century
неде́ля [-и]	week (n.)
на э́той неде́ле	this week
на про́шлой неде́ле	last week
на бу́дущей/сле́дующей неде́ле	next week
ночь [-и]	p.m./a.m. (n.)
два часа́ но́чи	2:00 a.m.
отсю́да	from here (adv.)
Отсю́да уви́дишь мавзоле́й Ле́нина.	From here you will see the Lenin Mausoleum.
отту́да	from there (adv.)
Отту́да ничего́ нельзя́ ви́деть.	From there you can't see anything.
о́чередь [-и]	line, queue (n.)
стоя́ть в о́череди [стою́, стои́шь]	to stand in/on line
па́мятник [-а] [КОМУ]	monument [TO SMB.] (n.)
В це́нтре го́рода стои́т па́мятник Пу́шкину.	In the center of the city stands a monument to Pushkin.
пло́щадь [-и] (на)	(city) square (n.)
на Кра́сной пло́щади	in/on Red Square
про́шлый [-ая, -ое, ые]	last (preceeding) (adj.)
(в) про́шлый раз	the last (preceeding) time
в про́шлом году́	last year
сего́дня	this [WITH TIMES OF DAY]
сего́дня ве́чером	this evening
сего́дня у́тром	this morning
сего́дня днём	this afternoon
сего́дня но́чью	tonight (after 11:30 p.m.)
Ско́лько сейча́с вре́мени? = Кото́рый сейча́с час?	What time is it? (interrog.phrase)
совреме́нный [-ая, -ое, -ые]	modern, contemporary (adj.)

Lesson Nine

стена́ [-ы́; сте́ны, стен, стена́м]	wall (n.)
столи́ца [-ы]	capital (of country, state) (n.)
у́тро [-а]	a.m. (n.)
во́семь часо́в утра́	8:00 a.m.
центр [-а]	center, downtown (n.)
Храм нахо́дится в це́нтре Москвы́.	The cathedral is located in the center of Moscow.
час [-а́ (-у when час means one o'clock]	hour, o'clock (n.)
час	one o'clock
три часа́	three o'clock
в семь часо́в	at seven o'clock
с ча́су до пяти́	from one to five
число́ [-а́]	date, number (n.)
Како́е сего́дня число́?	What is today's date?
Како́го числа́ он прие́дет?	On what date will he arrive?

WORDS USED ON TAPE BUT NOT REQUIRED

ГУМ (=Госуда́рственный универса́льный магази́н)	GUM (Moscow department store) (abbrev.)
знамени́тый [-ая, -ое, ые]	famous (adj.)
зна́чить [-ит]	to mean, signify (v.)
остано́вка [-и]	(bus, trolley) stop (n.)
пожа́р [-а]	fire, congflagration (n.)
страда́ть//по-	to suffer (v.)
Что за [КТО-ЧТО] ?	What kind of [SMTH.] is that? (interrog.phrase)

Lesson Nine

PREVIOUS VOCABULARY ON THE THEME:

The City (Moscow)

аква́риум (44)
архитекту́ра (66)
библиоте́ка (1)
го́род (2)
дом (3)
заво́д (4)
зоопа́рк (29)
Кремль (6)

магази́н (6)
Москва́ (6)
нахо́ди́ться (7)
парк (8)
рестора́н (10)
университе́т (11)
шко́ла (27)

REQUIRED VOCABULARY TO LESSON TEN

NEW WORDS

аэродро́м [-а] (на)
    Мы е́дем на аэродро́м.

airport (n.)
    We are going to the airport.

бага́ж [-а́] (SING.ONLY)
    Скажи́те, пожа́луйста, где сдаю́т багаж?

baggage (n.)
    Tell me please, where do (they) check baggage?

бе́гать [-аю, -аешь]/бежа́ть [бегу́ бежи́шь, ... бегу́т]//побежа́ть [КУДА]

to run (v.)
    [SOMEWHERE]

беспоко́иться [-ко́юсь, -ко́ишься] [О КОМ-ЧЁМ]
    Он беспоко́ился о бо́ли в уша́х.

to worry, to be worried [ABOUT SMB.-SMTH.]
    He was worried about the pain in (his) ears.

боль [-и]
    боль в животе́
    боль в уша́х

pain, ache (n.)
    stomach ache
    earache

вверх
    Самолёт лети́т вверх.

up(ward) (adv.)
    The plane is flying upward.

велосипе́д [-а]
    Ма́льчик научи́лся е́здить на велосипе́де.

bicycle (n.)
    The (little) boy learned how to ride a bicycle.

взлёт [-а]
    Нельзя́ кури́ть во вре́мя взлёта.

take-off (of airplane) (n.)
    You can't smoke during the take-off.

взлета́ть [-аю, -аешь]//взлете́ть [-лечу́, -лети́шь]
    Самолёт взлете́л во́время.

to take off (of airplane) (v.)
    The plane took off on time.

вниз
    Самолёт сейча́с лети́т вниз.

down(ward) (adv.)
    The plane is flying down now.

грузови́к [-а́]
    Осторо́жно, е́дет грузови́к.

truck (n.)
    Careful, a truck is coming.

занимать//занять место
  [-аю, -аешь//займу, займёшь; занял, -а, -и]

to take a seat (v.phrase)

земля [-и]
  Он посмотрел вниз на землю.
  Земля была похожа на огромную географическую карту.

earth, ground (n.)
  He looked down at the ground.
  The earth looked like a huge geographical map.

конфета [-ы]

(piece of) candy (n.)

летать [-аю, -аешь]/лететь [лечу, -летишь]//полететь [КУДА]

to fly (v.)
  [SOMEWHERE]

неудобный [-ая, -ое, ые]
  У нас были неудобные места.

uncomfortable (adj.)
  We had uncomfortable seats.

облегчать [-аю, -аешь]//облегчить [-чу, -чишь] [ЧТО]
  Конфеты облегчают боль в ушах.

to ease, to relieve (v.)
  [SMTH.]
  The candies relieve earache.

обращать//обратить внимание
  [-аю, -аешь//-ращу, -ратишь]
  [НА КОГО-ЧТО]

to pay attention (v.phrase)
  [TO SMB.-SMTH.]

объявлять [-яю, -яешь]//объявить [-влю, -вишь] [ЧТО]
  Объявили посадку на самолёт.

to announce (v.)
  [SMTH.]
  (They) announced the boarding of the plane.

осторожный [-ая, -ое, -ые]
  Осторожно, едет машина.

careful (adj.)
  Careful, a car is coming.

отменять [-яю, -яешь]//отменить [-меню, -менишь] [ЧТО]
  Он беспокоился, что отменят его рейс.

to cancel (v.)
  [SMTH.]
  He was worried that (they) would cancel his flight.

ощущение [-ия]
  неприятное ощущение в ушах

feeling, sensation (n.)
  an unpleasant sensation in the ears

пароход [-а]

ship, steamer (n.)

Lesson Ten

пла́вать [-аю, -аешь]/плыть [плыву́, плывёшь; плыл, -а́, -и]//по-плы́ть [КУДА́]
    Ма́льчик уже́ пла́вает.

    Э́тот парохо́д плывёт бы́стро.
    Ве́ра поплы́ла на друго́й бе́рег.

to swim, to sail (v.)
    [SOMEWHERE]
    The boy already knows how to swim.
    This ship is sailing fast.
    Vera swam to the other shore.

полёт [-а]

flight (action of flying) (n.)

поса́дка [-и; -док (gen.plu.)]
    поса́дка на самолёт
    поса́дка самолёта

(Noun used in certain expressions)
    boarding of a plane
    landing of a plane

приземля́ться [-я́юсь, -я́ешься]//приземли́ться [-лю́сь, -ли́шься] [ГДЕ]
    Самолёт приземли́лся на Шереме́тьевском аэродро́ме.

to land (v.)
    [SOMEWHERE]
    The plane landed at Sheremet'evo Airport.

принима́ть [-а́ю, -а́ешь]//приня́ть [приму́, при́мешь; при́нял, -а́, -и] [ЧТО]
    ИДИО́МЫ:
    принима́ть лека́рство
    принима́ть душ
    принима́ть ва́нну
    принима́ть уча́стие [В ЧЁМ]

to take (IN CERTAIN IDIOMS); to accept (v.)
    [SMTH.]
    IDIOMS:
    to take medicine
    to take a shower
    to take a bath
    to take part [IN SMTH.]

раздава́ть [-да́ю, -даёшь]//разда́ть [-да́м, -да́шь, -да́ст, -дади́м, -дади́те, -даду́т; ро́здал, -а́, -и] [ЧТО][КОМУ́]
    Стюарде́сса раздала́ конфе́ты пассажи́рам.

to hand out, to distribute (v.)
    [SMTH.][TO SMB.]
    The stewardess handed out candies to the passengers.

разреша́ться [-а́ется; -а́лось]//разреши́ться [-реши́тся; -и́лось]
    Фотографи́ровать не разреша́ется во вре́мя полёта.

to be allowed/permitted (v.)
    It is not allowed to take photographs during the flight.

рейс [-а]

(scheduled) flight (n.)

сдава́ть//сдать бага́ж
    [сдаю́, сдаёшь//сдам, сдашь, сдаст, сдади́м, сдади́те, сдаду́т; сдал, -а́, -и; сдай(те)]

to check (=submit) baggage (v.phrase)

Борис сдал багаж и прошёл через контроль.	Boris checked the baggage and went through the control point.
сосать [сосу, сосёшь] [ЧТО] Эти конфеты надо сосать.	to suck (on) [SMTH.] (v.) You have to suck on these candies.
удобный [-ая, -ое, -ые]	comfortable (adj.)
фотографировать [-рую, -руешь]//с- [---; КОГО-ЧТО] Здесь можно фотографировать? Я хочу тебя сфотографировать.	to take photos, to photograph (v.) [---; SMB.-SMTH.] May one take photos here? I want to take your picture.
электричка [-и; -чек (gen.plu.)]	commuter train (n.)

REVIEW WORDS

автобус [-а]	bus (n.)

брать [беру, берёшь; брал, -а, -и]
//взять [возьму, возьмёшь; взял, -а, -и]
[КОГО-ЧТО]
Кто взял газету?
Берите конфету.
    ИДИОМА:
брать машину/такси
	to take (v.)
	
	[SMB.-SMTH.]
	Who took the newspaper.
	Take a piece of candy.
	    IDIOM:
	to take a car/a taxi

быстрый [-ая, -ое, -ые] Какой самолёт летит быстрее?	fast, quick (adj.) Which plane flies faster?
ездить [езжу, ездишь]/ехать [еду, едешь; поезжай(те)(imperative)]//поехать [КУДА]	to go (by vehicle) (v.) [SOMEWHERE]
карта [-ы]	map (n.)
машина [-ы]	car, automobile (n.)
медленный [-ая, -ое, -ые] Этот трамвай идёт медленно.	slow (adj.) This trolley moves slowly.

Lesson Ten

ме́сто [-а]	seat, place (*n.*)
метро́ (INDECL.)	subway (*n.*)
мы́ться [мо́юсь, мо́ешься]//по-	to take a bath (or shower) (*v.*)
пассажи́р [-а]	passenger (*n.*)

пешко́м
    Анто́н е́дет на тролле́йбусе, а Ве́ра идёт пешко́м.
	on foot (FOR EMPHASIS) (*adv.*)
	    Anton is going by trolleybus, and Vera is going on foot.

по [ЧЕМУ́]
    Де́ти бе́гают по па́рку.
	around [*SMTH.*] (*prep.*)
	    (WITH MULTIDIRECTIONAL VERBS)
	    The children are running around the park.

по́езд [-а; поезда́, -о́в]	train (*n.*)

похо́ж, похо́жа, похо́же, похо́жи [%]
    [НА КОГО́-ЧТО]
    Пе́тя совсе́м не похо́ж на отца́.
    Э́ти де́ти похо́жи на свои́х роди́телей.
	to look like, to resemble (*pred.adj.*)
	    [*SMB.-SMTH.*]
	    Petya doesn't look like his father at all.
	    These children look like their parents.

самолёт [-а]	airplane (*n.*)
сдава́ть [сдаю́, сдаёшь] [ЧТО] (IMPERF.ONLY)	to take [*A TEST/EXAM*] (*v.*)
ско́ро	soon (*adv.*)
слу́шать курс [-аю, -аешь]	to take a course (*v.phrase*)
такси́ (INDECL.)	taxi (*n.*)
трамва́й [-ая]	trolley (*n.*)
тролле́йбус [-а]	trolleybus (*n.*)

Lesson Ten

у́лица [-ы] (на) — street (n.)
    Кто живёт на э́той у́лице? — Who lives on this street?
    ИДИОМЫ: — *IDIOMS:*
    на у́лице — outside (LOCATION)
    на у́лицу — outside (DIRECTION)

ходи́ть [хожу́, хо́дишь]/идти́ [иду́, -ёшь; шёл, шла, шли]//пойти́ [пойду́, -ёшь; пошёл, -шла́, -шли́] [*КУДА*] — to go (on foot or by unspecified means) (v.)
    [*SOMEWHERE*]

WORDS USED ON TAPE BUT NOT REQUIRED

аэропо́рт [-а, в аэропорту́] — airport (n.)

това́рищ [-a] — comrade, buddy (n.)

PREVIOUS VOCABULARY ON THE THEME:

Airplane Travel

за грани́цей; за грани́цу (66)
па́спорт (41)
путеше́ствовать (60)

проходи́ть (через) контро́ль (36, 38)
стюарде́сса (72)
/names of countries (58-61)

REQUIRED VOCABULARY TO LESSON ELEVEN

NEW WORDS

бельё [-я́] (SING.ONLY) — laundry (clothing washed or to be washed) (*n.*)

броса́ться [-а́юсь, -а́ешься]//бро́ситься [бро́шусь, бро́сишься] [*КУДА*]
Ви́ктор бро́сился в во́ду.
— to jump, to leap (*v.*)
[*SOMEWHERE*]
Viktor jumped into the water.

быть
[*В ЧЁМ*]
Оля была́ в кра́сном пла́тье.
Андре́й в се́ром костю́ме.
— to be wearing (at a given moment) [*SMTH.*] (*v.phrase*)
Olya was wearing a red dress.
Andrei is wearing a grey suit.

вели́к, велика́, велико́, велики́ [%]
[*КОМУ или ДЛЯ КОГО*]
Эти штаны́ ему́ велики́.

Эта блу́зка велика́ для неё.
— too large (of clothing) (*pred.adj.*)
[*FOR SMB.*]
These pants are too large for him.
This blouse is too large for her.

води́ть [вожу́, во́дишь]/вести́ [веду́, ведёшь; вёл, вела́, вели́] // повести́ [*КОГО-ЧТО*] [*КУДА*]
Ле́на ведёт сы́на домо́й.
  ИДИОМЫ:
вести́ себя́
води́ть маши́ну (грузови́к, авто́бус, и т.д.)
— to lead, to take (by leading) (*v.*)
[*SMB.-SMTH.*] [*SOMEWHERE*]
Lena is taking her son home.
  IDIOMS:
to behave (oneself) (*v.phrase*)
to drive a car (truck, bus, etc.)

вози́ть [вожу́, во́зишь]/везти́ [везу́, везёшь; вёз, везла́, везли́] //повезти́ [*КОГО-ЧТО*] [*КУДА*]
Анто́н везёт пассажи́ров на аэродро́м.
— to transport, to take, to convey (by vehicle) (*v.*)
[*SMB.-SMTH.*] [*SOMEWHERE*]
Anton is taking passengers to the airport.

гря́зный [-ая, -ое, -ые] — dirty, not clean (*adj.*)

за́ городом; за́ город
Мы всегда́ отдыха́ем за́ городом.
Че́рез два дня мы е́дем за́ город.
— in the country; to the country (*adv.*)
(LOCATION); (DIRECTION)
We always vacation in the country.
In two days we are going to the country.

Lesson Eleven

засыпа́ть [-а́ю, -а́ешь]//засну́ть [-сну́, -снёшь]	to fall asleep (v.)
как раз [КОМУ или ДЛЯ КОГО́] Э́та ю́бка мне как раз.	just the right fit (of clothing) [FOR SMB.] (pred.adv.) This skirt fits me just right.
как то́лько Как то́лько Ви́ктор нашёл удо́бное ме́сто, он разде́лся.	as soon as (conj.) As soon as Viktor found a comfortable spot, he undressed.
крик [-а]	shout (n.)
ло́дка [-и; -док (gen.plu.)] Мы сиде́ли в ло́дке. Ло́дка плыла́ вниз по реке́.	boat (n.) We were sitting in the boat. The boat was sailing down stream.
мал, мала́, мало́, малы́ [%] [КОМУ или ДЛЯ КОГО́] Э́ти ту́фли тебе́ малы́.	too small (of clothing) (pred.adj.) [FOR SMB.] These shoes are too small for you.
[КОГО́-ЧЕГО́] не ви́дно [бы́ло; ---; бу́дет] Сего́дня со́лнца не ви́дно. Ба́бушки не́ было ви́дно.	[SMB.-SMTH.] could/can/will not be seen, was/is/will be nowhere in sight (pred.adj.) Today the sun cannot be seen. Grandma was nowhere in sight.
ни́жнее бельё [-его ...-ья́]	underwear (n.phrase)
носи́ть [ношу́, но́сишь]/нести́ [несу́, несёшь; нёс, несла́, несли́] //понести́ [КОГО́-ЧТО] [КУДА́] ИДИО́МА: носи́ть [ОДЕ́ЖДУ]	to carry (on foot), to take (by carrying) (v.) [SMB.-SMTH.] [SOMEWHERE] IDIOM: to wear (habitually)[CLOTHING]
носки́ [-о́в]	socks (n.)
объясня́ть [-я́ю, -я́ешь]//объясни́ть [-ню́, -ни́шь] [КОМУ́] [ЧТО]	to explain (v.) [SMTH.] [TO SMB.]
очки́ [-о́в] (PLU.ONLY)	(eye)glasses (n.)

песо́к [-ска́] (на)
    Я люблю́ лежа́ть на песке́ и загора́ть.

пиджа́к [-а́]

плащ [-а́]
    Он был в плаще́.

по-
    (PERFECTIVE ONLY)
    побе́гать [-аю, -аешь]
    попла́вать [-аю, -аешь]
    пое́здить [-е́зжу, -е́здишь]
    походи́ть [-хожу́, -хо́дишь]
    полета́ть [-аю, -аешь]

по́мощь [-и]
    звать//по- [КОГО (асс.)] на по́мощь [зову́, зовёшь; звал, -а́, -и]

пра́чечная [-ой]

просыпа́ться [-а́юсь, -а́ешься]//просну́ться [-ну́сь, -нёшься]
    Анто́н просну́лся и встал с крова́ти.

раздева́ться [-а́юсь, -а́ешься]//разде́ться [-де́нусь, -де́нешься]
    Ви́ктор разде́лся и бро́сился в во́ду.
    Мари́на вошла́ и разде́лась.

сбе́гать [-аю, -аешь] (PERF.)

    [КУДА] [ЗА ЧЕМ]
    Я сбе́гаю в магази́н за молоко́м.

симпати́чный [-ая, -ое, -ые]

sand (n.)
    I like to lie on the sand and tan myself.

suit jacket (n.)

raincoat (n.)
    He was in a raincoat.

(Prefix added to multidirectional verbs to indicate "a while")
to run around a while
to swim/sail around a while
to drive/ride around a while
to walk around a while
to fly around a while

help (n.)
    to call, to summon [SMB.] to come/for help

laundry(room) (subst.)

to wake up (v.)
    Anton woke up and got out of bed.

to get undressed, to take one's coat off (v.)
    Viktor got undressed and jumped into the water.
    Marina entered and took off (her)coat.

to run down/over (and back) (single round trip with specific purpose) (v.)
    [SOMEWHERE] [TO GET/FOR SMTH.]
    I'll run down/over to the store to get/for some milk.

cute (of clothing) (adj.)

Lesson Eleven

снимать [-аю, -аешь]//снять [сниму, снимешь; снял, -а, -и] [ЧТО (ОДЕЖДУ)]
Серёжа снял рубашку и начал работать.
: to take off (v.) [SMTH. (CLOTHING)]
Seryozha took off his shirt and got to work.

спасать [-аю,-аешь]//спасти [спасу, спасёшь; спас, спасла, спасли] [КОГО (acc.)]
Антон тонул, но жена его спасла.
: to save (from peril) (v.) [SMB.]
Anton was drowning, but (his) wife saved him.

стирать [-аю, -аешь]//по- [---; ЧТО]
Я не люблю стирать.
Кто стирает моё бельё?
: to wash, to launder (v.) [---; SMTH.(CLOTHING, LINEN)]
I don't like to do laundry.
Who is washing (doing) my laundry?

сходить [схожу, сходишь] (PERF.)
[КУДА] [ЗА ЧЕМ]
Вера сходила на почту за марками.
: to go/walk down/over (and back) (single round trip with specific purpose) (v.)
[SOMEWHERE] [TO GET/FOR SMTH.]
Vera went down/over to the post office for stamps.

съездить [-езжу, -ездишь] (PERF.)
[КУДА] [ЗА ЧЕМ]
Давайте съездим к нему за тетрадью.
: to go/ride down/over (and back) (single round trip with specific purpose) (v.)
[SOMEWHERE] [TO GET/FOR SMTH.]
Let's go down/over to his place to pick up the notebook.

тонуть [тону, тонешь]//у-
: to drown (v.)

чистый [-ая, -ое,-ые] [<чище]
: clean (adj.)

чулки [чулок] (USUALLY PLU.)
Эти женщины редко носят чулки.
: stockings (n.)
These woman rarely wear stockings.

шапка [-и; -пок (gen.plu.)]
: hat, cap (without brim) (n.)

REVIEW WORDS

берег [-а, на берегу; берега, -ов]
: shore (n.)

Lesson Eleven

блу́зка [-и; -зок (*gen.plu.*)]	blouse (*n.*)
ве́тер [-тра]	wind (*n.*)
га́лстук [-а]	necktie (*n.*)

ещё не
    Та́ня ещё не прие́хала из Москвы́.
	not ... yet, still ... not (*adv.*)
	    Tanya has not arrived yet from Moscow.

костю́м [-а]	suit (*n.*)
пальто́ (INDECL.)	overcoat (*n.*)

прохла́дный [-ая, -ое, -ые]
    в прохла́дную пого́ду
    прохла́дная вода́
	cool, chilly (*adj.*)
	    in chilly weather
	    cool water

река́ [-и; ре́ки, рек, река́м]	river (*n.*)
руба́шка [-и; -шек (*gen.plu.*)]	shirt (*n.*)
слу́чай [-ая]	incident, case, instance (*n.*)
со́лнце [-а]	sun (*n.*)

то́лько что
    Та́ня то́лько что прие́хала из Москвы́.
	just (*adv.*)
	    Tanya just arrived from Moscow.

ту́фля [-и]	shoe (*n.*)
шля́па [-ы]	hat (with brim) (*n.*)
ю́бка [-и; -бок (*gen.plu.*)]	skirt (*n.*)

WORDS USED ON TAPE BUT NOT REQUIRED

кто́-то [кого́-то]	someone (*pron.*)

куда́-нибудь	somewhere (or other) (adv.)
обра́доваться (PERF.)	to rejoice (v.)
переплыва́ть//переплы́ть [(ЧЕРЕЗ)ЧТО] [КУДА]	to swim across [SMTH.] [SOMEWHERE]
по́чта [-ы]	mail (n.)

свети́ть [-ит]
    Свети́ло со́лнце.
	to shine (v.)
	    The sun was shining.

утону́вший [-шего]	a drowning person (n.)

PREVIOUS VOCABULARY ON THE THEME:

Clothing

брю́ки (32)	пла́тье (41)
ды́рка (29)	покупа́ть (9)
надева́ть (52)	часы́ (33)
одева́ться (23)	шить (9)
оде́жда (60)	/colors (29-33)/

REQUIRED VOCABULARY TO LESSON TWELVE

NEW WORDS

бу́лочная [-ой] — bread store, bakery (*subst.*)

ветчина́ [-ы́] — ham (*n.*)

ве́шалка [-и; -лок (*gen.plu.*)] — hanger (*n.*)
  Она́ пове́сила пальто́ на ве́шалку.
  She hung (her) coat on the hanger.

ве́шать [-аю, -аешь]//пове́сить [-ве́шу, -ве́сишь]
  [*ЧТО*][*КУДА*] — to hang (up) (*v.*)
  Он ве́шает руба́шку на стул.
  [SMTH.][SOMEWHERE]
  He hangs the shirt on a chair.

висе́ть [вишу́, виси́шь] [*ГДЕ*] — to hang (*v.*) [SOMEWHERE]
  Ка́рта виси́т на стене́ в большо́й ко́мнате.
  The map is hanging on the wall in the living room.

выбира́ть [-а́ю, -а́ешь]//вы́брать [вы́беру, вы́берешь][*КОГО-ЧТО*] — to choose, to select (*v.*)
  [SMB.-SMTH.]

гастроно́м [-а] — grocery store (*n.*)

грамм [-а; *GEN.PLU.*: гра́ммов (*literary*), грамм (*colloquial*)] — gram (*n.*)
  Та́ня купи́ла две́сти гра́ммов/ грамм пече́нья.
  Tanya bought two hundred grams of cookies.

еда́ [-ы́] (SING.ONLY) — food (*n.*)

за
  [*КОГО-ЧТО*] — behind (DIRECTION) (*prep.*)
  Кни́га упа́ла за стол.
  [SMB.-SMTH.]
  The book fell behind the desk.
    ИДИОМА:
    сади́ться//сесть за стол
    IDIOM:
    to sit down at a table

из-за́ [*КОГО-ЧЕГО*] — out from behind (*prep.*)
  Она́ взяла́ газе́та из-за две́ри.
  [SMB.-SMTH.]
  She took the newspaper out from behind the door.

из-под [*КОГО-ЧЕГО*]
    Он взял ру́чку из-под бума́г.

out from under [*SMB.-SMTH.*] (*prep.*)
    He took the pen out from under the papers.

как раз
    Гастроно́м нахо́дится как раз напро́тив.

directly, exactly (*adv.*)
    The grocery store is located directly across the street.

капу́ста [-ы]

cabbage (*n.*)

карто́фель [-я] (SING.ONLY)

potatoes (COLLECTIVE) (*n.*)

килогра́мм [-а; *GEN.PLU.*: килогра́ммов (*literary*), килогра́мм (*colloquial*)]

kilogram (*n.*)

класть [кладу́, кладёшь; клал, -ла, -и]//положи́ть [-ложу́, -ло́жишь] [*ЧТО*][*КУДА*]
    Я не по́мню, куда́ я положи́л очки́.

to put (in a flat, lying or indefinite position) (*v.*) [*SMTH.*][*SOMEWHERE*]
    I don't remember where I put (my) eyeglasses.

кусо́к [-ска́]

piece (*n.*)

морко́вь [-и] (SING.ONLY)

carrots (COLLECTIVE) (*n.*)

мука́ [-и́]

flour (*n.*)

напро́тив [---; *КОГО-ЧЕГО*]
    Наде́жда Па́вловна живёт напро́тив.
    Ната́ша се́ла напро́тив нас.

across the way/street (*adv.*); opposite [*SMB.-SMTH.*] (*prep.*)
    Nadezhda Pavlovna lives across the street.
    Natasha sat down opposite us.

огуре́ц [-рца́]

cucumber, pickle (*n.*)

пельме́ни [-ей] (PLU.ONLY)

meat dumplings (*n.*)

пече́нье [-ья] (USUALLY SING.)
    Де́ти лю́бят пече́нье.

cookie(s) (USUALLY COLLECTIVE) (*n.*)
    Children love cookies.

пи́во [-а]

beer (*n.*)

Lesson Twelve

покупка [-и; -пок (gen.plu.)]	purchase, something bought (n.)
ИДИОМЫ:	IDIOMS:
ходить/идти//пойти за покупками	to go shopping
делать//с- покупки	to shop
помидор [-а]	tomato (n.)
при [КОМ-ЧЁМ]	in [SMB.'S] presence; attached to [SMTH. (PLACE)]; under [SMB. (RULER, LEADER)] (prep.)
Не говорите об этом при мне.	Don't speak about this in my presence.
При университете есть медицинский институт.	Attached to the university there is a medical school.
при Сталине/Горбачёве	under Stalin/Gorbachov
рис [-а/-у]	rice (n.)
сажать [-аю, -аешь]//посадить [-сажу, -садишь] [КОГО (acc.)][КУДА]	to sit [SMB.] down, to seat (v.) [SMB.][SOMEWHERE]
Мама посадила ребёнка на стул.	Mom sat the child down on a chair.
сдача [-и]	change (=money returned) (n.)
В кассе Маша получила чек и сдачу.	At the cashier's booth Masha got a receipt and change.
сметана [-ы]	sour cream (n.)
ставить [ставлю, ставишь]//по- [КОГО-ЧТО][КУДА]	to put (in upright position)(v.) [SMB.-SMTH.][SOMEWHERE]
Он поставил бутылку на стол.	He put the bottle on a table.
Поставь тарелку туда, пожалуйста.	Put the plate there, please.
сумка [-и; -мок (gen.plu.)]	(carrying) bag (n.)
Мы положили продукты в сумку и пошли домой.	We put the groceries into a carrying bag and went home.
тарелка [-и; -лок (gen.plu.)]	plate (n.)
Я ставлю тарелки на стол.	I'm putting plates on the table.
торт [-а]	cake (n.)

Lesson Twelve

чек [-а]	receipt (n.)
яйцо́ [-а́; я́йца, яи́ц]	egg (n.)

REVIEW WORDS

ви́лка [-и; -лок (gen.plu.)]
    Он ест ры́бу ви́лкой.

fork (n.)
    He is eating fish with a fork.

вку́сный [-ая, -ое, -ые]

good tasting, delicious (adj.)

во́дка [-и]

vodka (n.)

встава́ть [встаю́, встаёшь]//встать [вста́ну, вста́нешь]
    Алёша встал с дива́на.
    Вста́ньте с по́ла.

to get up (from a sitting/lying position) (v.)
    Alyosha got up from the sofa.
    Get up off the floor.

гото́вить [-влю,-вишь]//при- [---; ЧТО]
    Мой де́душка хорошо́ гото́вит.
    Вы уме́ете гото́вить пельме́ни?

to cook, to prepare (v.)
    [---; SMTH.]
    My grandfather cooks well.
    Do you know how to cook meat dumplings?

за
    [КЕМ-ЧЕМ]
        ИДИО́МА:
    сиде́ть за столо́м

behind (LOCATION) (prep.)
    [SMB.-SMTH.]
        IDIOM:
    to be sitting at a table

заку́ска [-и] (USUALLY SING.)
    Кто гото́вит заку́ску?

hors d'oeuvre(s), snack(s) (n.)
    (USUALLY COLLECTIVE)
    Who is preparing the hors d'oeuvres?

ка́сса [-ы] (в)
    Заплати́те в ка́ссу, пожа́луйста.

cashier's booth, cash box (n.)
    Please pay the cashier.

колбаса́ [-ы́]
    Мы купи́ли три́ста грамм колбасы́.

salami, sausage (n.)
    We bought three hundred grams of salami.

лежа́ть [-жу́, -жи́шь]//(по-) [ГДЕ]
    Газе́та лежи́т под роя́лем.

to lie (LOCATION)//(Perf.: "a while")[SOMEWHERE](v.)
    The newspaper is lying under the piano.

Lesson Twelve

Почему́ вы лежи́те на спине́?
Why are you lying on (your) back?

ложи́ться [-жу́сь, -жи́шься]//лечь [ля́гу, ля́жешь, ... ля́гут; лёг, легла́, легли́; ляг(те)(*imperative*)] [КУДА́]
Соба́ка легла́ на пол.
Па́па лёг на крова́ть.

to lie down (DIRECTION) (*v.*)
[*SOMEWHERE*]
The dog lay down on the floor.
Dad lay down on the bed.

ло́жка [-и; -жек (*gen.plu.*)]
То́лик ест суп ло́жкой.

spoon (*n.*)
Tolik is eating soup with a spoon.

ма́сло [-a]
butter; oil (*n.*)

молоко́ [-a]
milk (*n.*)

моро́женое [-ого]
ice cream (*subst.*)

нож [-а́]
knife (*n.*)

о [об *before* a-, э-, о-, у-, и-; *usually* обо *before* вс-, мн-] [КОМ-ЧЁМ]
Мы говори́ли о Росси́и/об Афри́ке.
Тепе́рь пи́шут обо всём.

about (=on the subject of) (*prep.*)
[*SMB.-SMTH.*]
We talked about Russia/about Africa.
Now (they) write about everything.

о́чередь [-и] [ЗА ЧЕМ]
о́чередь за хле́бом
стоя́ть в о́череди

line (=queue) (*n.*)
[*FOR (TO BUY/GET) SMTH.*]
bread line (=line for bread)
to stand in/on line

плати́ть [-ачу́, -а́тишь]//за- [КОМУ́][ЗА ЧТО]
За морко́вь она́ заплати́ла два рубля́.

to pay (*v.*)
[*SMB.*][*FOR SMTH.*]
She paid two rubles for the carrots.

пол [-а́, на полу́]
floor (*n.*)

посу́да [-ы] (SING.ONLY)
Кто мо́ет посу́ду?

dishes (COLLECTIVE)(*n.*)
Who is washing the dishes?

Lesson Twelve

продава́ть [-даю́, -даёшь]//прода́ть [-да́м, -да́шь, -да́ст, -дади́м, -дади́те, -даду́т] [ЧТО][КОМУ]
    to sell (v.)
        [SMTH.][TO SMB.]

проду́кты [-ов] (PLU.ONLY)
    ИДИО́МА:
    ходи́ть/идти́//пойти́ за проду́ктами
    groceries (n.)
        IDIOM:
        to go grocery shopping

сади́ться [сажу́сь, сади́шься]//сесть [ся́ду, ся́дешь; сел, -а, -и; сядь(те)] [КУДА́]
    Оля села на дива́н.
    to sit down (DIRECTON) (v.)
        [SOMEWHERE]
        Olya sat down on the sofa.

сиде́ть [сижу́, сиди́шь]//(по-)
    [ГДЕ]
    Он сиде́л на сту́ле и игра́л.
    to sit, to be sitting//(Perf.: "a while")(LOCATION)(v.)
        [SOMEWHERE]
        He was sitting on the chair and playing.

стоя́ть [стою́, стои́шь]//(по-)
    [ГДЕ]
    Они́ стоя́ли на углу́.
    to stand, to be standing//(Perf.: "a while")(LOCATION)(v.)
        [SOMEWHERE]
        They were standing on the corner.

у́гол [угла́, в/на углу́]
    Жди́те меня́ на углу́.
    corner (n.)
        Wait for me on the corner.

фру́кты [-ов] (USUALLY PLU.)
    fruit (USUALLY COLLECTIVE) (n.)

цена́ [-ы́; це́ны, цен]
    price (n.)

шокола́д [-а/-у]
    chocolate (n.)

WORDS USED ON TAPE BUT NOT REQUIRED

бакале́йный отде́л [-ого ...-а]
    dry goods section (n.phrase)

бара́нина [-ы]
    lamb (meat) (n.)

бато́н [-а]
    loaf of bread (n.)

борщ [-а́]
    borscht (n.)

Lesson Twelve

витри́на [-ы]	store window (*n.*)
гастрономи́ческий отде́л [-ого ...-а]	delicatessen section (*n.phrase*)
говя́дина [-ы]	beef (*n.*)
гусь [-я́]	goose (*n.*)
де́тский сад [-ого са́да, в де́тском саду́]	kindergarten (*n.phrase*)
занима́ть//заня́ть о́чередь в ка́ссу	to get on line to the cashier's booth (*n.phrase*)
зелёный лук [-ого ...-а](SING.ONLY)	scallions (COLLECTIVE)(*n.phrase*)
касси́рша [-и]	cashier (female) (*n.*)
конди́терский отде́л [-ого ...-а]	sweets section (*n.phrase*)
моло́чный магази́н [-ого ...-а] (=магази́н "Молоко́")	dairy/milk store (*n.phrase*)
овощно́й магази́н [-ого ...-а] (=магази́н "О́вощи")	vegetable store (*n.phrase*)
продава́ться [-даётся, -даю́тся]	to be sold (*v.*)
свёкла [-ы] (SING.ONLY)	beets (COLLECTIVE) (*n.*)
свини́на [-ы]	pork (*n.*)
у́тка [-и; у́ток (*gen.plu.*)]	duck (*n.*)

PREVIOUS VOCABULARY ON THE THEME

Food

бутылка (39)	мясо (40)	суп (41)
вино (39)	обед (25)	сыр (42)
есть (18)	обедать (25)	ужин (27)
завтрак (25)	овощи (40)	ужинать (27)
завтракать (25)	пить (20)	хлеб (42)
лимонад (37)	ресторан (10)	чай (42)
лук (37)	рыба (49)	шампанское (61)
конфета (82)	сахар (41)	яблоко (39)
кофе (32)	стакан (41)	ягода (31)
курица (45)	столовая (17)	

REQUIRED VOCABULARY TO LESSON 13

NEW WORDS

в- [въ- *before the letter-e;* во- *before all forms of* -йти] (PREFIX): ENTERING, MOVEMENT INTO (SHORT DISTANCE)
  [*KУДА*] [*SOMEWHERE*]
  Миша вбежал в комнату. Misha ran into the room.

вы- (вы́- *in all perfectives*) (PREFIX): EXITING, MOVEMENT OUT (SHORT DISTANCE)
  [*ОТКУДА*] [(*OF*) *SOMEWHERE*]
  Машина выезжает из гаража. A car is driving out of the garage.

при- (PREFIX): ARRIVING, COMING, MOVEMENT TO (LONG DISTANCE)
  [*КУДА*] [*SOMEWHERE*]
  Моя тётя приехала в Америку сорок лет назад. My aunt came to America forty years ago.

у- (PREFIX): DEPARTING, LEAVING, MOVEMENT FROM (LONG DISTANCE)
  [*ОТКУДА*] [*SOMEWHERE*]
  Рабочие уходят с завода. The workers are leaving the factory.

-бегать [-бегаю, -бегаешь]//-бежать [-бегу, -бежишь,...-бегут] (STEM): RUN

-водить [-вожу́, -во́зишь]//-вести [-веду; -ведёшь; -вёл, -вела, -вели] [*КОГО-ЧТО*] (STEM): LEAD
  [*SMB.-SMTH.*]

-возить [-вожу́, -во́зишь]//-везти [-везу, -везёшь; -вёз, -везла, везли] [*КОГО-ЧТО*] (STEM): TRANSPORT
  [*SMB.-SMTH.*]

-езжать [-аю, -аешь]//-ехать [-еду, -едешь] (STEM): GO (*by transport*)

-летать [-аю, -аешь]//-лететь [-лечу, -летишь] (STEM): FLY

-носить [-ношу́, -но́сишь]//-нести [-несу, -несёшь; -нёс, -несла, (STEM): CARRY (*on foot*)

Lesson Thirteen

-несли́] [КОГО́-ЧТО]	[SMB.-SMTH.]
-плыва́ть [-а́ю,-а́ешь]//-плы́ть [-плыву́, -плывёшь; -плы́л, -а́, -и]	(STEM): SAIL, SWIM, FLOAT
-ходи́ть [-хожу́, -хо́дишь]//-йти́ [-йду́,-йдёшь; -шёл,-шла́,-шли́]	(STEM): GO (by own locomotion: walking or non-specified)

+ + + + + +

води́тель [-я] води́тель авто́буса води́тель тролле́йбуса	driver (n.) bus driver trolleybus driver
возвраща́ть [-а́ю, -а́ешь]//верну́ть [-ну́, -нёшь] [ЧТО] [КОМУ́] Контролёр брал биле́ты и возвраща́л их пассажи́рам.	to return, to give back (v.) [SMTH.] [TO SMB.] The inspector took the tickets and gave them back to the passengers.
вперёд Авто́бус шёл вперёд.	forward (DIRECTION) (adv.) The bus was going forward.
впереди́ Впереди́ стоя́л пассажи́р.	in front (LOCATION) (adv.) A passenger was standing in front.
го́лос [-а; голоса́, -о́в]	voice (n.)
горе́ть [горю́, гори́шь] Когда́ гори́т кра́сный свет, нельзя́ переходи́ть у́лицу.	to burn; to be lit, to be on (of light) (v.) When the red light is on, (you) are not permitted to cross the street.
граждани́н [-а; гра́ждане, гра́ждан]; гражда́нка [-и;-нок(gen.plu.)]	citizen (male; female) (n.)
карма́н [-а]	pocket (n.)
контролёр [-а]	ticket inspector (n.)
ме́лочь [-и] (USUALLY SING.) У меня́ нет ме́лочи. Я её потеря́л.	change (coins, not bills) (n.) I don't have any change. I've lost it.

Lesson Thirteen

милиционе́р [-а]	police officer (n.)
моне́та [-ы]	coin (n.)
опуска́ть [-а́ю, -а́ешь]//опусти́ть [-пущу́, -пу́стишь] [ЧТО] [КУДА] Он опусти́л ру́ку в карма́н, но не нашёл свой биле́т. Ива́н опусти́л четы́ре копе́йки в ка́ссу.	to lower, to put (by lowering); to drop (on purpose) (v.) [SMTH.] [SOMEWHERE] He put his hand in his pocket but did not find his ticket. Ivan dropped four kopecks into the cash box.
остано́вка [-и; -вок (gen.plu.)] Я выхожу́ на сле́дующей остано́вке.	stop (n.) I am getting off at the next stop.
отрыва́ть [-а́ю, -а́ешь]//оторва́ть [-рву́, -рвёшь; оторва́л, -а́, -и] [ЧТО] Она́ опусти́ла де́ньги в ка́ссу. и оторвала́ биле́т.	to tear off (v.) [SMTH.] She dropped her money into the coin box and tore off a ticket.
перекрёсток [-тка] (на) Дава́йте встре́тимся на перекрёстке.	intersection (n.) Let's meet at the intersection.
пересе́сть [-ся́ду, -ся́дешь; пересе́л, -а, -и; переся́дь(те)] (PERF.) [НА ЧТО] Там на́до пересе́сть на авто́бус № 5.	to change (transport), to transfer [TO SMTH.(OTHER TRANSPORT)](v.) There (you) have to transfer to bus No. 5.
переходи́ть [-хожу́,-хо́дишь]//перейти́ [-йду́, -йдёшь; перешёл, -шла́, -шли́] [(ЧЕРЕЗ)ЧТО] Ива́н перешёл (че́рез) у́лицу и пошёл на остано́вку авто́буса.	to cross (on foot) (v.) [SMTH.] Ivan crossed the street and went to the bus stop.
пешехо́д [-а]	pedestrian (n.)
поднима́ть [-а́ю, -а́ешь]//подня́ть [-ниму́, -ни́мешь; по́днял, -а́, -и] [КОГО-ЧТО] Де́вушка, кото́рая сиде́ла за ним, подняла́ его́ биле́т с по́ла.	to pick up, to lift (v.) [SMTH.] The girl who was sitting behind him picked up his ticket from the floor.

Lesson Thirteen

позади́
    Позади́ сиде́ла де́вочка.

in back, behind (LOCATION) (*adv.*)
    In back sat a little girl.

по́зже

later (*comp.adj./adv.*)

предъявля́ть [-я́ю, -я́ешь]//предъ-
    яви́ть [-явлю́, -я́вишь] [*ЧТО*]
    Контролёр сказа́л, чтобы все пассажи́ры предъяви́ли свои́ биле́ты.

to present, to show
    [*SMTH. (OFFICIAL DOCUMENT)*]
    The inspector told all the passengers to present their tickets.

разме́нивать [-аю, -аешь]//разменя́ть
    [-я́ю, -я́ешь]
    [*КОМУ*] [*ДЕНЬГИ*]
    У меня́ нет ме́лочи. Вы не разменя́ете мне пять рубле́й?

to change (into smaller denominations) (*v.*)
    [*MONEY*] [*FOR SMB.*]
    I don't have any change. Could you change five rubles for me?

роня́ть [-я́ю, -я́ешь]//урони́ть [уроню́, уро́нишь] [*КОГО-ЧТО*] [*КУДА*]
    Ты урони́л биле́т на́ пол.

to drop (by accident) (*v.*)
    [*SMB.-SMTH.*]
    You dropped your ticket on the floor.

стоя́нка такси́ [-и такси́;
    -нок (*gen.plu.*) такси́] (на)
    Мы стои́м на стоя́нке такси́ час.

taxi-stand (*n.phrase*)
    We've been standing at the taxi-stand for an hour.

штраф [-а]

fine (penalty) (*n.*)

REVIEW WORDS

биле́т [-а]
    Ско́лько сто́ит биле́т в трамва́е?

ticket (*n.*)
    How much does a trolley ticket cost?

вдруг

suddenly (*adv.*)

вокза́л [-а] (на)
    Мы реши́ли встре́титься на вокза́ле.

(train) terminal, (main train) station (*n.*)
    We decided to meet at the (train) terminal.

наза́д
    Авто́бус шёл наза́д.

back(ward) (DIRECTION) (*adv.*)
    The bus was going backward.

Lesson Thirteen

[СКО́ЛЬКО ВРЕ́МЕНИ (acc.)] наза́д
   Э́то бы́ло неде́лю наза́д.
   Три го́да наза́д мы бы́ли в Москве́.

[HOW MUCH TIME] ago (adv.)
   That was a week ago.
   Three years ago we were in Moscow.

обы́чно

usually (adv.)

о́коло [КОГО́-ЧЕГО́]
   О́коло нас стоя́л милиционе́р.

near [SMB.-SMTH.]
   Near us stood a policeman.

отку́да
   Отку́да вы пришли́? С рабо́ты?

from where? (interrog.adv.)
   Where have you come from? From work?

передава́ть [-даю́, -даёшь; -дава́й(те)]//переда́ть [-да́м, -да́шь, -да́ст, -дади́м, -дади́те, -даду́т; пе́редал, -а, -и; -да́й(те)] [ЧТО] [КОМУ́]
   Переда́йте, пожа́луйста, биле́т пассажи́ру в се́ром пиджаке́.

to pass (on), to hand (over) (v.)

[SMTH.] [TO SMB.]
Please pass the ticket to the passenger in the grey jacket.

ра́ньше
   Она́ обы́чно встава́ла ра́ньше.

earlier (comp.adj./adv.)
   She usually got up earlier.

свет [-а]

light (n.)

свобо́дный [-ая, -ое, -ые]
   В авто́бусе не́ было свобо́дных мест.

free, vacant, empty (adj.)
   There were no empty seats in the bus.

спеши́ть [-шу́, -ши́шь]//по- [КУДА́]

to hurry [SOMEWHERE] (v.)

ста́нция [-ии] (на)
   Дава́йте встре́тимся на ста́нции метро́ "Октя́брьская".

train/subway station (along route) (v.)
   Let's meet at the subway station "October."

сто́ить [сто́ит, сто́ят]
   [СКО́ЛЬКО (acc.)]
   Килогра́мм помидо́ров сто́ит рубль.

to cost (v.)
   [SO MUCH]
   A kilogram of tomatoes costs a ruble.

WORDS USED ON TAPE BUT NOT REQUIRED

В чём было дело?	What was the matter? (*interrog. phrase*)
выход [-а]	exit (*n.*)
давать//дать [*КОМУ*] [*(С)ДЕЛАТЬ ЧТО*]	to let [*SMB.*] [*DO SMTH.*]
значить [-ит]	to mean, to signify (*v.*)
какой [-ая, -ое, -ие]-то	some (specific) (*pron.*)
какой [-ая, -ое, -ие]-нибудь	any (non-specific, general) (*pron.*)
кто-то [кого-то]	anybody (*pron.*)
оттого, что	on account of the fact that (*conj.*)
поблагодарить (PERF.) [*КОГО* (*acc.*)]	to thank [*SMB.*]
пожилой [-ая, -ое, -ые]	elderly (*adj.*)
сходить [-хожу, ходишь]//сойти	to get off (means of transport) (*v.*)

PREVIOUS VOCABULARY ON THE THEME:

Public Transport

брать такси (84)   медленный (84)
быстрый (84)   пешком (85)
водить машину (87)   подходить (52)
ездить (84)   улица (86)
занимать место (82)   ходить (86)
/modes of transport (81-85)/

REQUIRED VOCABULARY TO LESSON FOURTEEN

NEW WORDS

в(о)з- [в(о)с- *before a voiceless consonant*; взо- *before all forms in* -йти][*Not used with* -езжа́ть//-е́хать]
(PREFIX): UPWARD MOVEMENT

до- [*ДО КОГО-ЧЕГО*]
(PREFIX): REACHING [*SMB.-SMTH.*]

за-
[*КУДА*]
[*ЗА КЕМ-ЧЕМ*]
    ИДИО́МА:
заводи́ть//завести́ маши́ну
(PREFIX): DROPPING BY (ON LONGER TRIP)
[*SOMEWHERE*]
[*FOR* (=to pick up) *SMB.-SMTH.*]
    IDIOM:
to start a car

об- [объ- *before the letter* -е; обо- *before all forms of* -йти]
[*КОГО-ЧТО*]
Мы объе́хали коро́ву, кото́рая лежа́ла на у́лице.
На углу́ стоя́л милиционе́р. Мы обошли́ его́.
(PREFIX): MOVEMENT AROUND

[*SMB.-SMTH.*]
We drove around the cow that was lying in the street.
A policeman was standing on the corner. We walked around him.

от- [отъ- *before the letter* -е; ото- *before all forms of* -йти]
[*ОТ КОГО-ЧЕГО*]
Де́ти отошли́ от две́ри.

Она́ отвела́ меня́ от маши́ны.
    ИДИО́МЫ:
отвози́ть//отвезти́
    [*КОГО-ЧТО*] [*КУДА*]
отдава́ть//отда́ть
    [*ЧТО*] [*КОМУ*]
относи́ть//отнести́
    [*ЧТО*] [*КОМУ*]
отходи́ть//отойти́
(PREFIX): MOVEMENT AWAY (SHORT DISTANCE)

[*FROM SMB.-SMTH.*]
The children walked away from the door.
She led me away from the car.
    IDIOMS:
to take (by vehicle)
    [*SMB.-SMTH.*] [*SOMEWHERE*]
to hand over, to give back
    [*SMTH.*] [*TO SMB.*]
to deliver (on foot)
    [*SMTH.*] [*TO SMB.*]
to depart (of train)

пере-
[(*ЧЕРЕЗ*) *ЧТО*]
Мы перешли́ (через) у́лицу.
Мы перее́дем (через) мост.
    ИДИО́МА:
переезжа́ть//перее́хать
(PREFIX): CROSSING (ON SURFACE OF) [*SMTH.*]
We crossed the street.
We'll drive across the bridge.
    IDIOM:
to move (=change residence)

под- [подъ- *before the letter -e;* подо- *before all forms of -йти*]
    [*К КОМУ-ЧЕМУ*]
    Виктор подъехал к дому.
    Ира подошла к учителю.

(PREFIX): APPROACHING, GOING UP TO
    [*SMB.-SMTH.*]
    Victor drove up to the house.
    Ira walked up to the teacher.

про-
    [*ЧЕРЕЗ КОГО-ЧТО*]
    Мы прошли через лес.
    Они проехали через Украйну.

    [*МИМО КОГО-ЧЕГО*]
    Маша прошла мимо нас.

    [*КОГО-ЧТО*]
    Мы проехали нашу остановку.

(PREFIX): MOVEMENT THROUGH or PAST
    [*THROUGH SMB.-SMTH.*]
    We walked through the forest.
    We drove through the Ukraine.

    [*PAST SMB.-SMTH.*]
    Masha walked past us.

    [*PAST SMB.-SMTH.(by accident)*]
    We passed (missed) our stop.

раз- [рас- *before voiceless consonant;* разъ- *before the letter -e;* разо- *before all forms of -йти;* ...ся *with intransitive verbs*]
    После этого все разошлись.

    После занятий студенты разъезжаются.

    Рабочие разнесли мебель по комнатам.

(PREFIX): MOVEMENT IN DIFFERENT DIRECTIONS

    After that everybody went off in different directions.
    After school students go off (by vehicle) in different directions.
    The workers carried the furniture to the (various) rooms.

с- [съ- *before the letter -e;* со- *before all forms of -йти*]
    [*С ЧЕГО*]
    Птица слетела с балкона.

    Виктор сходит с горы.

(PREFIX): MOVEMENT DOWNWARD
    [*FROM/OFF SMTH.*]
    The bird flew down off the balcony.
    Viktor is walking down (from) the mountain.

+   +   +   +   +   +

балкон [-а] (на)
    Петя пьёт чай на балконе.

balcony (*n.*)
    Petya is drinking tea on the balcony.

дорога [-и]

road (*n.*)

записка [-и; -сок (*gen.plu.*)]
    Олег отнёс записку матери.

note (*n.*)
    Oleg delivered the note to (his) mother.

Lesson Fourteen

звони́ть [звоню́, звони́шь]//по- — to ring a doorbell (v.)
 Копы́ткин звони́л, но никто́ не подходи́л к две́ри.
 Kopytkin rang the doorbell, but no one came to the door.

ключ [-а́] [ОТ ЧЕГО] — key [TO SMTH.] (n.)
 Я не могу́ откры́ть дверь. Я потеря́ла ключ от неё.
 I can't open the door. I lost the key to it.

ковёр [-вра́] — rug, carpet (n.)

коридо́р [-а] — corridor, hallway (n.)

ле́стница [-ы] — stairs, staircase (n.)
 Ве́ра поднима́ется и спуска́ется по ле́стнице.
 Vera goes up and down by the stairs.

лифт [-а] (на) — elevator (n.)

пере́дняя [-ней] — entrance way, lobby (n.)
 Почему́ вы стои́те в пере́дней? Раздева́йтесь и входи́те.
 Why are you standing in the entrance way? Take your coat off and come in.

по [ЧЕМУ] — along, by [SMTH.(PATHWAY)]
 Мы е́хали по у́зкой у́лице.
 We were driving along a narrow street.
 Я поднима́юсь по ле́стнице.
 I go up (by) the stairs.

подва́л [-а] — basement (n.)
 На́ши ве́щи в подва́ле.
 Our things are in the basement.

поднима́ться [-а́юсь, -а́ешься]//подня́ться [-ниму́сь, -ни́мешься; подня́лся, -а́сь, -и́сь] — to go/come up (v.)
 Мы подняли́сь на ли́фте.
 We went up by elevator.

по́лка [-и; -лок (gen.plu.)] — shelf (n.)

посыла́ть [-а́ю, -а́ешь]//посла́ть [пошлю́, пошлёшь, ... пошлю́т] [КОГО-ЧТО] [КУДА] — to send (v.)
 [SMB.-SMTH.] [SOMEWHERE]
 Я посла́л Са́шу в магази́н за хле́бом.
 I sent Sasha to the store for bread.

потолóк [-лкá] — ceiling (n.)

путь [-и, путём (instr.sing.)] (masc.) — journey; path, way (n.)
    Онá сейчáс в пути́. — She is on her way now.
    Это нелёгкий путь. — This is not an easy path.

ровéсник [-а]; ровéсница [-ы] — person of the same age (male; female)(n.)
    Тáня и Аня ровéсницы. — Tanya and Anya are the same age.
    Они́ ровéсники. — They are the same age.

соглáсен [-сна, -сны] [%] [С КЕМ-ЧЕМ] — to agree, to be in agreement [WITH SMB.-SMTH.] (pred.adj.)
    Макси́м соглáсен со мной. — Maksim agrees with me.
    Они́ бы́ли соглáсны с Ольгой. — They agreed with Ol'ga.

спáльня [-и; спáлен (gen.plu.)] — bedroom (n.)

спускáться [-áюсь, -áешься]//спусти́ться [спущу́сь, спу́стишься] — to go/come down (v.)
    Вы спусти́лись на ли́фте или по лéстнице? — Did you come down on the elevator or by the stairs?

стрóгий [-ая, -ое, -ие][<стрóже] — strict (adj.)

стучáть [-чу́, -чи́шь]//по- [В(О) ЧТО] — to knock (v.) [ON SMTH.]
    Вы постучáли в дверь. — Did you knock on the door?

    [К КОМУ] — [ON SMB.S DOOR]
    Не стучи́те к ней. Онá рабóтает. — Don't knock on her door. She's working.

так же, как и ... — just like (conj.)
    Кóля отнёс запи́ску так же, как и Юра. — Kolya delivered the note, just like Yura.

убóрная [-ой] — (American style) bathroom (toilet + bath/shower)(subst.)

чердáк [-á] (на) — attic (n.)
    Неприя́тно жить на чердакé. — It's unpleasant to live in the attic.

Lesson Fourteen

REVIEW WORDS

ва́нная [-ой] (European style) bathroom (bath/shower only)(*subst.*)

во́время on time (*adv.*)
    Мы прие́хали во́время. We arrived on time.

гара́ж [-а́] garage (*n.*)

гора́ [-ы́; го́ры, гор] hill, mountain (*n.*)
    Ле́том мы отдыха́ем в гора́х. In the summer we vacation in the mountains.

гость [-я] guest (*n.*)
    ИДИО́МЫ: *IDIOMS:*
    быть [*У КОГО́*] в гостя́х to be visiting [*AT SMB.'S HOUSE*]
    ходи́ть/идти́//пойти́ [*К КОМУ́*] в го́сти to go visiting [*TO SMB.'S HOUSE*]
    [*У КОГО́ (gen.)*] го́сти [*SMB.*] is having a party

дверь [-и] door (*n.*)

двор [-а́] (в) courtyard (*n.*)
    Де́ти игра́ют во дворе́. The children are playing in the courtyard.

дива́н [-а] sofa (*n.*)

до [*КОГО́-ЧЕГО́*] up to, as far as [*SMB.-SMTH.*] (*prep.*)

друг дру́га each other (*pron.*)
    Они́ лю́бят друг дру́га. They love each other.
    Они́ согла́сны друг с дру́гом. They agree with each other.
    Мы ча́сто хо́дим друг к дру́гу. We often go to each other's house.

друго́й [-а́я, -о́е, -и́е] (an)other, a different (*adj.*)
    Мне не нра́вится э́та ру́чка. Я куплю́ другу́ю. I don't like this pen. I'll buy another one.

звони́ть [-ню́, -ни́шь]//по- [*КОМУ́*] to call (on the telephone)(*v.*) [*SMB.*]
    Я позвоню́ ма́ме. I will phone mother.

Lesson Fourteen

[КУДА] Я позвонил в музей/на почту.	[SOMEWHERE] I called the museum/the post office.
кабинет [-а]	study, office (n.)
комната [-ы] большая комната	room (n.) living room
копейка [-и; -пеек (gen.plu.)]	kopeck (n.)
кресло [-а; -сел (gen.plu.)] (в) Лена сидит в кресле.	armchair (n.) Lena is sitting in an armchair.
кровать [-и]	bed (n.)
лампа [-ы]	lamp (n.)
мебель [-и] (SING.ONLY)	furniture (n.)
мимо [КОГО-ЧЕГО] Автобус прошёл мимо нас.	by, past [SMB.-SMTH.] The bus went past us.
мост [-а, на мосту]	bridge (n.)
наконец	finally (adv.)
обратно Когда вы поедете обратно в Ленинград?	back (DIRECTION: RETURN TRIP)(adv.) When are you going back to Leningrad?
переводить [-вожу, -водишь]//перевести [-веду, -ведёшь; перевёл, -вела, -вели][ЧТО] [С ЧЕГО НА ЧТО] Кто переведёт ваше письмо на английский (язык)?	to translate (v.) [SMTH.] [FROM ... INTO ...] Who will translate your letter into English?
проводить [-ожу, -одишь]//провести [-веду, -ведёшь; -вёл, -вела, -вели] [ВРЕМЯ (acc.)] Где вы проводите свободное	to spend (v.) [TIME] Where do you spend (your) free

Lesson Fourteen

вре́мя?	time?
ра́дио (INDECL.)	radio (*n.*)
ра́зный [-ая, -ое, -ые]	different (in kind), various (*adj.*)
Пётр и Анто́н -- ра́зные лю́ди.	Pyotr and Anton are different (kinds of) people.
Мари́на и её мать лю́бят ра́зную еду́.	Marina and her mother like different food.
рубль [-я́]	ruble (*n.*)
совсе́м	completely, absolutely (*adv.*)
Э́та маши́на совсе́м но́вая.	This car is absolutely new.
совсе́м не	not at all (*adv.*)
Э́то совсе́м не пло́хо.	This is not bad at all.
Мы вас совсе́м не ви́дели.	We didn't see you at all.
сра́зу	immediately, right away (*adv.*)
Она́ сра́зу нашла́ очки́.	She found (her) eyeglasses right away.
столо́вая [-ой]	dining room (*subst.*)
телеви́зор [-а]	television, TV (*n.*)
Что сего́дня по телеви́зору?	What's on TV today?
телефо́н [-а]	telephone (*n.*)
говори́ть по телефо́ну	to talk on the telephone
эта́ж [-а́] (на)	floor (=level of a building)(*n.*)
Мы живём на тре́тьем этаже́.	We live on the third floor.

WORDS USED ON TAPE BUT NOT REQUIRED

бульва́р [-а]	boulevard (*n.*)
кинотеа́тр [-а]	movie theater (*n.*)
ожида́ть [-а́ю, -а́ешь]	to expect (*v.*)

113

Lesson Fourteen

о́стров [-а]	island (*n.*)
пожило́й [-а́я, -о́е, -ы́е]	elderly (*adj.*)
устава́ть//уста́ть	to become/get tired (*v.*)

PREVIOUS VOCABULARY ON THE THEME
Home, Apartment

дом (3)	стена́ (79)
жить (4)	сосе́д; сосе́дка (33)
зда́ние (77)	стол (11)
кварти́ра (5)	стул (33)
ку́хня (40)	у́гол (98)
окно́ (8)	

REQUIRED VOCABULARY TO LESSON FIFTEEN

NEW WORDS

благодаря́ [*КОМУ-ЧЕМУ*]
    Не поги́бли ме́лкие живо́тные благодаря́ тому́, что они́ жи́ли под землёй.

thanks to [*SMB.-SMTH.*] (*prep.*)
    Tiny animals did not perish thanks to the fact that they lived under ground.

вид [-а]
    Все ви́ды диноза́вров исче́зли.

type, kind (*n.*)
    All types of dinosaurs disappeared.

вла́жный [-ая, -ое, -ые]
    На у́лице вла́жно.

humid (*adj.*)
    It's humid outside.

во́дный [-ая, -ое, -ые]

aquatic, water (*adj.*)

во́здух [-а]
    Здесь во́здуха нет.

air (*n.*)
    There's no air (in) here.

восто́к [-а] (на)

east (*n.*)

ги́бнуть [-ну, -нешь; гиб, ги́бла, ги́бли]//по-
    Не все живо́тные поги́бли.

to perish (*v.*)
    Not all the animals perished.

гра́дус [-а]
    70 гра́дусов тепла́ по Фаренге́йту
    3 гра́дуса моро́за по Це́льсию

degree (*n.*)
    70 degrees above zero Farenheit
    3 degrees below zero Centigrade

гроза́ [-ы́]
    Начала́сь гроза́.

thunderstorm (*n.*)
    A thunderstorm began.

диноза́вр [-а]

dinosaur (*n.*)

до сих пор
    Это до сих пор остаётся зага́дкой.

until now, to this day (*adv.*)
    This remains a riddle to this day.

дуть [ду́ю, ду́ешь]
    Дул тёплый ве́тер.

to blow (*v.*)
    A warm wind was blowing.

Lesson Fifteen

загáдка [-и] — riddle (n.)

зáпад [-а] (на) — west (n.)

землетрясéние [-ия] — earthquake (n.)
    В э́тот периóд нé бы́ло никакúх землетрясéний.
    In this period there were no earthquakes at all.

из-за — on account of (prep.)
    [КОГО-ЧЕГО] [SMB.-SMTH. (BAD)]
    Мы не поéхали зá гóрод из-за дождя́.
    We didn't go to the country on account of the rain.

изменéние [-ия] — change (n.)

исчезáть [-áю, -áешь]//исчéзнуть [-ну, -нешь; исчéз, -чéзла, -чéзли] — to disappear (v.)
    В э́то врéмя исчéзли все динозáвры.
    At this time all the dinosaurs disappeared.

кáмень [-ня] — stone (n.)
    Онá брóсила кáмень в вóду.
    She threw a stone into the water.

катастрóфа [-ы] — catastrophe, disaster (n.)

кость [-и] — bone (n.)
    Учёные провéрили кóсти динозáвров.
    Scientists checked the bones of the dinosaurs.

крýпный [-ая, -ое, -ые] — large (in size or magnitude) (adj.)
    Погúбли все крýпные живóтные.
    All the large animals perished.
    В э́то врéмя бы́ли крýпные геологúческие катастрóфы.
    At that time there were great geological catastrophes.

лёд [льда, на льдý] — ice (v.)

мéлкий [-ая, -ое, -ие] — small, tiny (in size or magnitude) (adj.)
    мéлкий дождь — a fine rain
    мéлкое живóтное — small/tiny animal

Lesson Fifteen

мороз [-а]
    Сейчас пятнадцать градусов мороза.
    На улице мороз.

freezing temperature (*n.*)
    Right now it is fifteen degrees below zero.
    It is freezing outside.

небо [-а]
    В небе нет ни одного облака.

sky (*n.*)
    There is not a single cloud in the sky.

облако [-а; облака, -ов]
    В небе плывут облака.

cloud (*n.*)
    Clouds are floating (along) in the sky.

океан [-а]

ocean (*n.*)

оттого, что
    Динозавры исчезли оттого, что они были плохо защищены?

on account of the fact that (*conj.*)
    Did the dinosaurs disappear on account of the fact that they were poorly protected?

отчего
    Отчего погибли динозавры?

why (on what account) (*interrog.adv.*)
    Why did the dinosaurs perish?

очевидно

apparently (*adv.*)

по сравнению с [*КЕМ-ЧЕМ*]
    Слон -- маленькое животное по сравнению с динозавром.

by comparison with [*SMB.-SMTH.*]
    An elephant is a small animal by comparison with a dinosaur.

по Фаренгейту

Farenheit (*n.phrase*)

по Цельсию

Centigrade (*n.phrase*)

причина [-ы]
    по этой причине
    Очевидно, динозавры погибли по двум причинам.

reason (*n.*)
    for this reason
    Apparently, the dinosaurs perished for two reasons.

продолжаться [-ается, -аются]
    Работа учёных продолжается.

to continue (*v.*)
    The scientists' work continues.

происходи́ть [-хо́дит, -хо́дят] / произойти́ [-йдёт, -йду́т; произошёл, -шла́, -шло́, -шли́]
    Катастро́фа произошла́ из-за землетрясе́ния.

to occur (v.)

    The disaster occurred on account of the earthquake.

пусты́ня [-и] (в)

desert (n.)

свети́ть [-ит, -ят]
    Свети́ло со́лнце.

to shine (v.)
    The sun was shining.

си́льный [-ая, -ое, -ые]
    Е́сли вы тако́й си́льный челове́к, откро́йте э́то окно́.

strong (adj.)
    If you are such a strong person, open this window.

сла́бый [-ая, -ое, -ые]
    У меня́ сла́бые но́ги.

weak (adj.)
    I have weak legs.

срок [-а]
    Все диноза́вры поги́бли в/за о́чень коро́ткий срок.

period (of time) (n.)
    All the dinosaurs perished in a very brief period of time.

тепло́ [-а́]
    Ка́ждому челове́ку ну́жно тепло́.
    Сейча́с де́сять гра́дусов тепла́.

warmth; above freezing temperature (n.)
    Every person deserves warmth.
    Right now it is ten degrees above zero.

то [того́], что
    Э́то произошло́ благодаря́ тому́, что вы им помогли́.
    Э́то произошло́ из-за того́, что вы не хоте́ли нам помо́чь.

the fact that (conj.)
    This occurred thanks to the fact that you helped them.
    This occurred on account of the fact that you didn't want to help us.

тума́н [-а]

fog, haze (n.)

REVIEW WORDS

ве́тер [-тра]
    Ду́ет лёгкий ве́тер.

wind (n.)
    A light wind is blowing.

вода́ [-ы́]

water (n.)

Lesson Fifteen

время [времени] года — season (n.)
В какое время года бывает прохладно? — In what season is it usually chilly?

действительно — really, truly (adv.)

дождь [-я] — rain (n.)
Пошёл дождь. — It started to rain.
Идёт дождь. — It is raining.

жаркий [-ая, -ое, -ие] [<жарче] — hot (of weather, air) (adj.)
На улице жарко. — It's hot outside.
Летом бывает жаркая погода. — In the summer there is usually hot weather.

климат [-а] — climate (n.)

море [-я; морей (gen.plu.)] — sea (n.)

например — for example (parenthetic word)

погода [-ы] — weather (n.)
в [КАКУЮ] погоду — in [SOME KIND OF] weather
в холодную/тёплую погоду — in cold/warm weather

прекрасный [-ая, -ое, -ые] — wonderful (adj.)
Какая прекрасная погода! — What wonderful weather!

север [-а] (на) — north (n.)

снег [-а, в/на снегу] — snow (n.)
Идёт снег. — It is snowing.

солнце [-а] — sun (n.)
Светит солнце. — The sun is shining.

температура [-ы] — temperature (n.)
Какая сейчас температура? — What is the temperature now?

тёплый [-ая, -ое, -ые] [+тепло] — warm (adj.)
Завтра будет тепло. — Tomorrow it will be warm.
Хорошо плавать в тёплой воде. — It is good to swim in warm water.

Lesson Fifteen

холо́дный [-ая, -ое, -ые] [+хо́лодно]	cold (adj.)
юг [-а] (на)	south (n.)

WORDS USED ON TAPE BUT NOT REQUIRED

аку́ла [-ы]	shark (n.)
армяни́н [-а; армя́не]	Armenian (n.)

бо́лее [+ adj./adv.]
    Это бо́лее интере́сная кни́га.
	more (comp.adv.)
	    This is a more interesting book.

возмо́жность [-и]	possibility (n.)
выжива́ть//вы́жить	to survive (v.)

выходи́ть//вы́йти за́муж
    [ЗА КОГО́ (acc.)]
	to marry, to get married (v.phrase)
	    (FEMALE SUBJECT ONLY)
	    [(TO) SMB.]

выступа́ть [-а́ю, -а́ешь]//вы́ступить	to perform, to appear (v.)
ги́бель [-и]	(unnatural) death (n.)
игру́шка [-и]	toy (n.)
интересова́ть [-су́ю, -су́ешь]	to interest
како́й [-а́я, -о́е, -и́е]-то	some (pron.)
како́й [-а́я, -о́е, -и́е]-нибудь	any (pron.)
камене́ть//о-	to become petrified (v.)
млекопита́ющее [-его]	mammal (subst.)
облуче́ние [-ия]	irradiation (n.)

Lesson Fifteen

одновреме́нно	simultaneously (*adv.*)
преиму́щественно	primarily (*adv.*)
убива́ть//уби́ть [*КОГО* (*acc.*)]	to kill [*SMB.*] (*v.*)

PREVIOUS VOCABULARY ON THE THEME
Weather

весна́ (1)
зима́ (4)
ле́то (6)
на у́лице (86)

о́сень (8)
прохла́дный (91)
со́лнце (91)
/clothing (87-92)/

REQUIRED VOCABULARY TO LESSON SIXTEEN

NEW WORDS

бо́дрый [-ая, -ое, -ые] — lively, energetic (*adj.*)

бо́лее — more, -er (first part of compound comparative)(*adv.*)
    бо́лее глубо́кое мо́ре — a deeper sea
    бо́лее интере́сный челове́к — a more interesting person

велика́н [-а] — giant (*n.*)

вре́дный [-ая, -ое, -ые] — harmful, dangerous (*adj.*)
    Они́ реши́ли, что Да́нко вре́дный челове́к. — They decided that Danko was a dangerous person.
    Не на́до кури́ть. Это вре́дно. — (You) shouldn't smoke. It's harmful.

вырыва́ть [-а́ю, -а́ешь]//вы́рвать [вы́рву, вы́рвешь][ЧТО ИЗ ЧЕГО] — to tear (out) (*v.*) [*SMTH. OUT OF SMTH.*]
    Да́нко вы́рвал се́рдце из груди́. — Danko tore (his) heart out of (his) chest.

гора́здо (=намно́го) — much (with comparatives) (*adv.*)
    Эти часы́ гора́здо точне́е. — This watch is much more accurate.

го́рький [-ая, -ое, -ие] — bitter (*adj.*)

давны́м-давно́ — long, long ago (*adv.*)

де́рево [-а; дере́вья, дере́вьев] — tree; wood (as material)(*n.*)

дру́жный [-ая, -ое, -ые] — friendly, congenial (*adj.*)
    Они́ жи́ли счастли́во и дру́жно. — They lived happily and in a friendly way.

лу́чший [-ая, -ее, -ие] — better, best (*adj.*)

ме́нее — less (first part of compound comparative) (*adv.*)
    Это ме́нее ва́жно. — This is less important.

Lesson Sixteen

намно́го (=гора́здо) Э́то намно́го интере́снее.	much (with comparatives) (adv.) This much more interesting.
освеща́ть [-а́ю, -а́ешь] [КОГО́-ЧТО] Его́ се́рдце горе́ло и освеща́ло доро́гу.	to illuminate [SMB.-SMTH.](v.) His heart glowed and illuminated the road.
по́здний [-яя, -ее, -ие][+по́здно] [<по́зже] Та́ня прие́хала по́здно, но Андре́й прие́хал ещё по́зже.	late (adj.) Tanya arrived late, but Andrei arrived still later.
разрыва́ть [-а́ю, -а́ешь]//разорва́ть [-рву́, -рвёшь] [ЧТО] Соба́ка разорва́ла кни́гу. Он разорва́л себе́ грудь и вы́рвал своё се́рдце.	to tear open; to tear up (into pieces)[SMTH.](v.) The dog tore up the book. He tore open his chest and tore out his heart.
ра́нний [-яя, -ее, -ие][+ра́но] [<ра́ньше] Кто пришёл ра́ньше, Ви́ктор и́ли Ната́ша?	early (adj.) Who arrived earlier, Viktor or Natasha.
ро́бкий [-ая, -ое, -ие] [<ро́бче]	timid, shy, bashful (adj.)
све́жий [-ая, -ее, -ие] Они́ купи́ли све́жие о́вощи. Я люблю́ све́жий во́здух.	fresh (adj.) They bought fresh vegetables. I love fresh air.
се́рдце [-а; серде́ц (gen.plu.)]	heart (n.)
сла́дкий [-ая, -ое, -ие][<сла́ще]	sweet (adj.)
сме́лый [-ая, -ое, -ые] Данко́ сме́ло шёл вперёд.	brave (adj.) Danko walked forward bravely.
течь [течёт, теку́т; тёк, текла́, текли́] Здесь река́ течёт ме́дленно.	to flow (v.) The river flows slowly here.
то́чный [-ая, -ое, -ые] Ва́ши часы́ точне́е мои́х.	precise, exact, accurate (adj.) Your watch is more accurate than mine.

Lesson Sixteen

тяжёлый [-ая, -ое, -ые][+тяжело] — heavy; difficult, hard (adj.)
Где вы нашли такую тяжёлую книгу? — Where did you find such a heavy book?
Нам было тяжело. — It was hard for us.

убивать [-аю, -аешь]//убить [убью, убьёшь] [КОГО(acc.)] — to kill (v.) [SMB.]
Они хотели убить его. — They wanted to kill him.

уставать [устаю, устаёшь]//устать [устану, устанешь] — to get tired, to become exhausted (v.)
Мы устаём после работы. — We get tired after work.
Садитесь. Вы устали. — Sit down. You're tired (=got tired).

усталый [-ая, -ое, -ые] — tired, weary, exhausted (adj.)
Эти усталые люди не могут встать. — These weary people can't stand up.

худший [-ая, -ее, -ие] — worse, worst (adj.)

чем — than (conj.)
Этот мужчина сильнее, чем я. — This man is stronger than I am.

шум [-а] — noise (n.)
Они боялись шума. — They were afraid of the noise.

яркий [-ая, -ое, -ие][<ярче] — bright (adj.)
Его сердце горело ярче, чем солнце. — His heart glowed more brightly than the sun.

REVIEW WORDS

близкий [-ая, -ое, -ие][<ближе] — close, near (adj.)

богатый [-ая, -ое, -ые][<богаче] — rich, wealthy (adj.)

высокий [-ая, -ое, -ие][+высоко] [<выше] — high, tall (adj.)
Юрий выше Максима. — Yury is taller than Maksim.

глубокий [-ая, -ое, -ие][<глубже] — deep, profound (adj.)

Lesson Sixteen

глу́пый [-ая, -ое, -ые] [%глуп, -а́,-ы]	stupid (*adj.*)
гро́мкий [-ая, -ое, -ие][<гро́мче]	loud (*adj.*)
далёкий [-ая, -ое, -ие][+далеко́] [<да́льше]	far (away), distant (*adj.*)
дешёвый [-ая, -ое, -ые][+дёшево] [<деше́вле]	inexpensive, cheap (*adj.*)
Она́ купи́ла бо́лее дешёвую блу́зку.	She bought the cheaper blouse.
до́брый [-ая, -ое, -ые]	kind, good (*adj.*)
дорого́й [-а́я, -о́е, -и́е][+до́рого] [<доро́же]	expensive; dear (*adj.*)
Си́ние брю́ки доро́же чёрных.	The blue pants are more expensive than the black (ones).
Это мой о́чень дорого́й друг.	This is my very dear friend.
жизнь [-и] (SING.ONLY)	life (*n.*)
здоро́вый [-ая, -ое, -ые] [%здоро́в, -а, -ы]	healthy (*adj.*)
изве́стный [-ая, -ое, -ые] [%изве́стен, изве́стна, изве́стны]	well-known (*adj.*)
лёгкий [-ая, -ое, -ие][+легко́] [<ле́гче]	light (in weight); easy (*adj.*)
мла́дший [-ая, -ие]	younger (of person) (*adj.*)
Это моя́ мла́дшая сестра́.	This is my younger sister.
молодо́й [-а́я, -о́е, -ы́е][<моло́же]	young (*adj.*)
мя́гкий [-ая, -ое, -ие][<мя́гче]	soft (*adj.*)
ни́зкий [-ая, -ое, -ые][<ни́же]	low (*adj.*)
Около нашего до́ма есть ни́зкий мост.	Near our building there is a low bridge.

плохо́й [-а́я, -о́е, -и́е][+пло́хо]　　　　bad (adj.)
　　[<ху́же]

просто́й [-а́я, -о́е, -ы́е][+про́сто]　　　simple (adj.)
　　[<про́ще]

симпати́чный [-ая, -ое, -ые]　　　　　nice; cute (of clothing) (adj.)
　　Она́ о́чень симпати́чная же́нщина.　　She is a very nice woman.
　　Это симпати́чная блу́зка.　　　　　　That is a cute blouse.

споко́йный [-ая, -ое, -ые]　　　　　　calm, peaceful (adj.)

ста́рший [-ая, -ие]　　　　　　　　　elder, older (of person) (adj.)
　　Это мой ста́рший брат.　　　　　　　This is my elder brother.

ста́рый [-ая, -ое, -ые][<старе́е (RE-　old (adj.)
　　GULAR); ста́рше (PEOPLE ONLY)]

стро́гий [-ая, -ое, -ие] [<стро́же]　　strict (adj.)

сухо́й [-а́я, -о́е, -и́е][+су́хо][<су́ше]　dry (adj.)

счастли́вый [-ая, -ое, -ые][%сча́ст-　happy; lucky (adj.)
　　лив, -а, -ы][+сча́стливо]
　　Да́нко умира́л, но он был сча́ст-　　Danko was dying, but he was
　　лив.　　　　　　　　　　　　　　　happy.

твёрдый [-ая, -ое, -ые][<твёрже]　　hard (to the touch), firm (adj.)
　　твёрдый хлеб　　　　　　　　　　　hard bread

ти́хий [-ая, -ое, -ие][<ти́ше]　　　　quiet (adj.)

тру́дный [-ая, -ое, -ые]　　　　　　difficult, hard (adj.)

у́зкий [-ая, -ое, -ые][<у́же]　　　　narrow (adj.)
　　у́зкая у́лица　　　　　　　　　　　narrow street

у́мный [-ая, -ое, -ые]　　　　　　　intelligent, smart (adj.)

хоро́ший [-ая, -ее, -ие][+хорошо́]　　good (adj.)
　　[<лу́чше]

Lesson Sixteen

чи́стый [-ая, -ое, -ые] [<чи́ще]	clean (adj.)
широ́кий [-ая, -ое, -ие][+широко́] [<ши́ре]	wide, broad (adj.)

WORDS ON TAPE BUT NOT REQUIRED

игру́шка [-и; -шек (gen.plu.)]	toy (n.)
име́ть [-е́ю, -е́ешь] [ЧТО]	to have (v.)
му́жество [-а]	bravery, courage (n.)
наступа́ть //наступи́ть	to set in, to arrive (of time/event) (v.)
прогоня́ть//прогна́ть [КОГО (acc.)][КУДА]	to drive (force) (v.) [SMB.][SOMEWHERE]
свобо́да [-ы]	freedom (n.)
сия́ть [-я́ю, -я́ешь]	to shine, to glow (v.)
стать (=нача́ть) (PERF.) Же́нщины и де́ти ста́ли пла́кать.	to start, to begin (v.) The women and children began to cry.
тьма [-ы]	darkness (n.)

PREVIOUS VOCABULARY RELATED TO THE THEME:

Comparing People, Things

бе́дный [<бедне́е] (66)
большо́й [<бо́льше] (1)
весёлый [<веселе́е] (24)
гру́стный [<грустне́е] (22)
гря́зный [<грязне́е] (87)
злой [<зле́е] (29)
интере́сный [<интере́снее] (5)
краси́вый [<краси́вее] (6)
лени́вый [<лени́вее] (67)
ма́ленький [<ме́ньше] (6)
не ... (7)

прия́тный [<прия́тнее] (9)
све́тлый [<светле́е] (53)
си́льный [<сильне́е] (118)
сла́бый [<слабе́е] (118)
сло́жный [<сложне́е] (53)
стра́нный [<стране́е] (31)
тёмный [<темне́е] (53)
то́лстый [<то́лще] (53)
то́нкий [<то́ньше] (53)
трудолюби́вый [<трудолюби́вее] (69)
худо́й [<худе́е] (54)

REQUIRED VOCABULARY TO LESSON SEVENTEEN

NEW WORDS

академия [-ии] — academy (n.)

благополучно — favorably (adv.)
Всё кончилось благополучно. — Everything turned out favorably.

ве́рный [-ая, -ое, -ые] — faithful (adj.)
Анто́н Никола́евич ве́рный муж. — Anton Nikolaevich is a faithful husband.

винова́тый [-ая, -ое, -ые] [%-ва́т, -ва́та, -ва́ты] — guilty (adj.)
Я ви́жу, что он винова́т. Посмотри́ на его́ кра́сное лицо́! — I can see that he is guilty. Look at his red face!

выходи́ть//вы́йти за́муж [-хожу́, -хо́дишь//-йду,-йдешь; вы́шла,-шли] [ЗА КОГО (acc.)] — to marry, to get married (v.phrase) (FEMALE SUBJECT ONLY) [(TO) SMB.]
Ве́ра Гео́ргиевна вы́шла за́муж за Анто́на Никола́евича. — Vera Grigorievna married Anton Nikolaevich.

геро́й [-о́я] — hero, protagonist (n.)

дрожа́ть [дрожу́, дрожи́шь]//(за-) — to tremble//(Perf.:"begin to") (v.)
Ты дрожи́шь. Тебе́ хо́лодно? — You are trembling. Are you cold?
Он испуга́лся и задрожа́л. — He was frightened and started trembling.

дру́жба [-ы] — friendship (n.)

душа́ [-и́] — soul (person; center of emotions, often translated as heart) (n.)
Ве́ра Гео́ргиевна до́брая душа́. — Vera Georgievna is a good soul.
Анто́н её лю́бит всей душо́й. — Anton loves her with all (his) heart.

жена́тый [-ая, -ое, -ые] [жена́т, жена́ты] [НА КОМ] — married (of man only or of couple together) [TO SMB.] (adj.)
Анто́н Никола́евич жена́т на Ве́ре Гео́ргиевне. — Anton Nikolaevich is married to Vera Georgievna.

Lesson Seventeen

Вы говорите, что мама и папа не женаты? — Are you saying that Mom and Dad are not married?

жениться [женюсь, женишься] (IMPERF. and PERF.) [НА КОМ] — to marry, to get married (MALE SUBJECT ONLY) [(TO) SMB.] (v.)
Антон Николаевич женился на Вере Георгиевне. — Anton Nikolaevich married Vera Georgievna.

жениться [женятся]//по- — to marry, to get married (of a couple) (PLU.SUBJECT ONLY) (v.)
Антон Николаевич и Вера Георгиевна поженились в Риме. — Anton Nikolaevich and Vera Georgievna got married in Rome.

замужем (THIS FORM ONLY) [ЗА КЕМ] — married (FEMALE SUBJECT ONLY) [TO SMB.] (short adj.)
Вера Георгиевна замужем за Антоном Николаевичем. — Vera Geogievna is married to Anton Nikolaevich.

занятой [-ая, -ое, -ые] [%занят, занята, заняты] [---; ЧЕМ] — busy (adj) [---; WITH SMTH.]
Она не может подойти к телефону. Она занята. — She can't come to the phone. She's busy.
Он очень занятой человек. — He is a very busy person.

заставлять [-яю, -яешь]//заставить [-ставлю, -ставишь] [КОГО (acc.)] [(С)ДЕЛАТЬ ЧТО] — to make, to force (v.) [SMB.] [(TO) DO SMTH.]
Мама всегда заставляет меня мыть полы. — Mom always makes me wash the floors.
Профессор заставил его признаться. — The professor forced him to confess.

значить [-ит, -ат] — to mean (INANIMATE SUBJECT ONLY) (v.)
Что это значит? — What does this mean?

извиняться [-яюсь, -яешься]//извиниться [-винюсь, винишься] [КОМУ или ПЕРЕД КЕМ] — to apologize (v.) [TO SMB.]
Профессор извинился перед Алмазовым. — The professor apologized to Almazov.

молчать [-чу, -чишь]//(за-) — to be silent, to say nothing //(Perf.: "become silent, shut up") (v.)
Мы спросили её, но она молчала. — We asked her, but she said nothing.
Замолчи! — Shut up!

на днях | in a few days, a few days ago (adv.phrase)
Мы видели её на днях. | We saw her a few days ago.
Она должна приехать на днях. | She is supposed to arrive in a few days.

[КОМУ] [было; ---; будет] неловко | [SMB.] felt/feels/will feel awkward (IMPERSONAL) (pred.adv.)
Профессору было неловко. Он извинился перед Алмазовым. | The professor felt akward. He apologized to Almazov.
Им неловко об этом говорить. | They feel awkward talking about this.

несчастье [-тья] | misfortune (n.)
Случилось маленькое несчастье. | A small misfortune occurred.

обманывать [-аю, -аешь]//обмануть [-ману, -манешь] [КОГО (асс.)] | to deceive; to cheat on (v.) [SMB.]
Вы нас обманули: вы сказали, что вы русская, но ваши родители немцы. | You deceived us: you said you were Russian, but your parents are Germans.
Анна Каренина обманывала мужа, и он об этом знал. | Anna Karenina was cheating on her husband and he knew about this.

оставлять [-яю, -яешь]//оставить [оставлю, оставишь] [КОГО-ЧТО] | to leave (v.) [SMB.-SMTH.]

отношения [-ий] (USUALLY PLU.) | relationship, relations (n.)
У них хорошие отношения. | They have a good relationship.

переписывать [-аю, -аешь]//переписать [-пишу, -пишешь] [ЧТО] | to recopy (v.) [SMTH.]
Она переписывала для него чертежи. | She used to recopy drawings for him.

переписываться [-аюсь, -аешься] | to correspond (exchange letters) (v.)
Курт и Ина переписываются. | Kurt and Ina correspond (write to each other).

поддерживать [-аю, -аешь]//поддержать [-держу, -держишь] [КОГО-ЧТО] | to support (v.) [SMB.-SMTH.]
Этот стол поддерживает лампу. | This table supports a lamp.
Она поддерживала его во всём. | She used to support him in everything.

Lesson Seventeen

по́ртиться [-рчу́сь, -ртишься]//ис- Это молоко́ испо́ртилось. У них отноше́ния испо́ртились.	to go bad, to become spoiled (v.) This milk has gone bad. Their relationship has been spoiled.
постоя́нно	constantly (adv.)
представля́ть//предста́вить себе́ [-я́ю, -я́ешь//-ста́влю,-ста́вишь] [ЧТО] Предста́вьте себе́ большо́й стака́н лимона́да. Я могу́ себе́ преста́вить, что вам сейча́с тру́дно.	to imagine (v.phrase) [SMTH.] Imagine a large glass of soda pop. I can imagine that it is difficult for you right now.
разводи́ться [-вожу́сь, -во́дишься] //развести́сь [-веду́сь, -ве- дёшься; развёлся, -вела́сь, -вели́сь] [---; С КЕМ] Он опя́ть провали́лся на экза́мене и они́ развели́сь. Я слы́шал, что Ве́ра Гео́ргиевна развела́сь с му́жем.	to get divorced, to divorce (v.) [---; (FROM) SMB.] He failed the exam again and they got divorced. I heard that Vera Georgievna divorced her husband.
расходи́ться [-хожу́сь, -хо́дишься] //разойти́сь [-йду́сь, -йдёшься; разошёлся, -шла́сь, -шли́сь] [---; С КЕМ]	to get separated, to separate (BOTH SEXES) (v.) [FROM SMB.]
рисова́ть [-у́ю, -у́ешь]//на- [---; ЧТО] Алма́зов на том ме́сте реши́л нарисова́ть дере́вья.	to draw, to sketch (v.) [---; SMTH.] Almazov decided to draw trees on that spot.
рису́нок [-нка]	drawing (n.)
садо́вник [-а]	gardener (n.)
сажа́ть [-а́ю, -а́ешь]//посади́ть [-сажу́, -са́дишь] [ЧТО] [КУДА́] Жена́ Алма́зова реши́ла посади́ть туда́ цветы́.	to plant (v.) [SMTH.] [SOMEWHERE] Almazov's wife decided to plant flowers there.
сире́нь [-и] (SING.ONLY) Когда́ зацветёт сире́нь?	lilacs (COLLECTIVE) (n.) When will the lilacs bloom?

создава́ть [-даю́,-даёшь; -дава́й(те)] //созда́ть [-да́м, -да́шь, -да́ст, -дади́м, -дади́те, -даду́т; со́здал, -а́, -и] [КОМУ] [КОГО-ЧТО]
Жена́ Алма́зова создава́ла ему́ необходи́мые усло́вия для рабо́ты.
Снача́ла бог со́здал зе́млю, пото́м он со́здал живо́тных и люде́й.

to create (v.)

[SMB.-SMTH.] [FOR SMB.]
Almazov's wife created for him the necessary conditions for work.
First God created the earth, then He created animals and human beings.

старе́ть [старе́ю, старе́ешь]//по-
Профе́ссор сказа́л, что он наве́рное уже́ начина́ет старе́ть.

to grow old, to get old (v.)
The professor said that he was probably already beginning to get old.

усло́вие [-ия]

condition, circumstance (n.)

успе́хи [-хов] (PLU.ONLY)

progress (n.)

успе́шный [-ая, -ое, -ые]

successful (adj.)

чертёж [-а́]

(draftsman's) drawing, sketch (n.)

чтоб(ы)
[(С)ДЕЛАТЬ ЧТО]
Ве́ра купи́ла велосипе́д, чтоб(ы) на нём е́здить.

(in order) to (PURPOSE)(conj.)
[DO SMTH. (OF SUBJECT)]
Vera bought a bicycle in order to ride it.

[КТО (С)ДЕЛАЛ ЧТО]
Па́па купи́л Ве́ре велосипе́д, чтоб(ы) она́ на нём е́здила.

(in order/so) that
[SMB. (ELSE) DOES SMTH.]
Papa bought Vera a bicycle so that she would ride it.

REVIEW WORDS

бы

[КТО (С)ДЕЛАЛ ЧТО]
Если бы он встал во́время, он бы не опозда́л.
Я сказа́ла бы, что э́то о́чень интере́сно.
Вы бы хоте́ли оста́ться?

(With past tense form of verb creates hypothetical statements)
[SMB. WOULD HAVE DONE/WOULD DO SMTH.] (part.)
If he had gotten up on time, he would not have been late.
I would say that this is very interesting.
Would you like to stay?

герои́ня [-и]

heroine (n.)

Lesson Seventeen

готóвый [-ая, -ое, -ые] [%готóв, готóва, готóвы]
    Картóфель готóв. Кто бýдет есть?
    Я готóва éхать. Давáйте поéдем!

ready (adj.)
    The potatoes are ready. Who is going to eat?
    I am ready to go. Let's go!

знакóмиться [-млюсь, -мишься]//по- [С КЕМ-ЧЕМ]
    Они́ познакóмились в Итáлии.
    Вéра познакóмилась с ним во Фрáнции.

to get acquainted (v.)
    [WITH SMB.-SMTH]
    They got acquainted in Italy.
    Vera got acquainted with him in France.

знакóмый [-ая, -ое, -ые] [%знакóм, знакóма, знакóмы] [С КЕМ-ЧЕМ]
    Это — знакóмое чýвство.
    Вы знакóмы с Александрой Петрóвной?

acquainted, familiar (adj.)
    [WITH SMB.-SMTH.]
    This is a familiar feeling.
    Are you acquainted with Aleksandra Petrovna?

знакóмый [-ого]; знакóмая [-ой]
    Там живýт мои́ знакóмые.

acquaintance (male; female) (subst.)
    My acquaintances live there.

ли
    Я не знáю, захóчет ли он зайти́ к нам?

    Приéхала ли онá из Ки́ева?

whether (if) (part.)
    I don't know whether/if he'll want to drop by our place.

    indicates yes-no question
    Did she arrive from Kiev?

опáздывать [-аю, -аешь]//опоздáть [-áю, -áешь] [НА ЧТО]

to be late (v.)
    [FOR SMTH.]

провáливаться [-аюсь, -аешься]//провали́ться [-валю́сь, -вáлишься] [НА ЧЁМ]

to fail (a course, an exam, etc.)
    [SMTH.]

разговáривать [-аю, -аешь]

to converse, to talk, to speak (v.)

случи́ться [случи́тся, случáтся] (PERF.)

to happen, to occur (often unexpectedly) (v.)

собрáние [-ия]

meeting (n.)

Lesson Seventeen

чтоб(ы)   (ask, tell, demand) that (*conj.*)
[КТО (С)ДЕЛАЛ ЧТО]   [*SMB. DO SMTH.*]
     (EXERT WILL ON ANOTHER)

Учитель сказал, чтоб(ы) все ученики приготовились к экзамену.
     The teacher told all the students to prepare for the exam.

Она хочет, чтоб(ы) нам не было неловко.
     She wants us not to feel awkward.

WORDS USED ON TAPE BUT NOT REQUIRED

военный [-ая, -ое, -ые]	military (*adj.*)
вступительный экзамен [-ого ...-а]	entrance exam (*n.phrase*)
должно быть	probably (*parenth.phrase*)
конспект [-а]	outline, summary (*n.*)
куст [-а́]	bush (*n.*)
навсегда	forever (*adv.*)
неудача [-и]	failure (*n.*)
оказывать//оказать помощь	to be of help (*v.phrase*)
ответ [-а]	answer (*n.*)
подряд	in a row, in succession (*adv.*)
посадить пятно	to make/leave a spot/stain (*IDIOM*)
сейчас же	immediately, at once (*adv.*)
стадион [-а] (на)	stadium (*n.*)
чертить	to draw (line drawing) (*v.*)

Lesson Seventeen

PREVIOUS VOCABULARY ON THE THEME
Human Relations

благода́рный (58)
бли́зкий (54)
ве́рить (29)
доверя́ть (58)
дово́льный (70)
дру́жный (122)
зави́довать (58)
люби́ть (62)
меша́ть (59)

настрое́ние (23)
ненави́деть (23)
обраща́ть внима́ние (82)
помога́ть (9)
признава́ться (30)
серди́ться (47)
сове́товать (64)
сча́стье (38)
/people (36-42, 58-73)/

REQUIRED VOCABULARY TO LESSON EIGHTEEN

NEW WORDS

ангина [-ы] — (severe) sore throat (*n.*)
  У Вики ангина. Она не поедет на работу.
  Vika has a severe sore throat. She will not go to work.

аптека [-и] — drug store, pharmacy (*n.*)

больной [-ого]; больная [-ой] — patient (male; female) (*subst.*)

выставка [-и; -вок (*gen.plu.*)] (на) — exhibition (*n.*)

гитара [-ы] — guitar (*n.*)

давление [-ия] — (blood) pressure (*n.*)
  У вас высокое давление. Вам надо принимать лекарство.
  You have high blood pressure. You need to take medicine.

дышать [дышу, дышишь]//(по-) [*ЧЕМ*] — to breathe //(Perf.: "a little, a while") [*SMTH.*] (*v.*)
  Вам надо подышать свежим воздухом.
  You need to breathe a little fresh air.

здоровье [-ья] — health (*n.*)

кататься [-аюсь, -аешься]//(по-) [*НА ЧЁМ*] — to ride, to go riding //(Perf.: "to take a ride") [*ON SMTH.*] (*v.*)
  кататься на велосипеде — to go bicycle riding
  ИДИОМЫ: — *IDIOMS:*
  кататься на лодке — to go boating
  кататься на коньках — to go skating
  кататься на лыжах — to ski, to go skiing

карта [-ы] — card (*n.*)
  Вы играете в карты?
  Do you play cards?

кашель [-шля] — cough (*n.*)

коньки [-ьков] (USUALLY PLU.) — skates (*n.*)

курорт [-а] (на) — (health) resort (*n.*)

Lesson Eighteen

лагерь [-я; лагеря, -ей] (в)   camp (n.)

лечиться [лечусь, лечишься]
   [ОТ ЧЕГО]
   Врач сказал, что вам надо лечиться от ангины.

to be treated (v.)
   [FOR SMTH.)]
   The doctor said that you have to undergo medical treatment for severe sore throat.

лыжи [лыж] (USUALLY PLU.)   skis (n.)

любоваться [любуюсь, любуешься]
   [КЕМ-ЧЕМ]
   В Сочи мы любовались морем.

to admire (=look admiringly) (v.)
   [SMB.-SMTH.]
   In Sochi we admired the sea.

мерить [мерю, меришь]//из- [ЧТО]
   мерить [ЧЬЁ] давление

to measure [SMTH.] (v.)
   to measure [SMB.'S] blood pressure

-нибудь

   Вы когда-нибудь были в Италии?
   Кто-нибудь приходил, пока меня не было?
   Здесь всегда что-нибудь читают.

(Particle added to interrogative word to denote smb.-smth. non-specific)
Were you ever in Italy?

Did anyone one come by while I was gone?
(They) are always reading something here.

номер [-а; номера, -ов]   (hotel) room (n.)

операция [-ии]
   ИДИОМА:
   делать//с- [КОМУ] операцию

operation (n.)
   IDIOM:
   to operate [ON SMB.]

останавливаться [-аюсь, -аешься]//
   остановиться [-влюсь, -вишься]
   [ГДЕ]
   Мы остановились в гостинице "Космос".
   Я остановлюсь у двоюродной сестры.

to stay (=reside temporarily)(v.)

   [SOMEWHERE]
   We stayed at the hotel "Cosmos."
   I will stay at (my) cousin's house.

остров [-а; острова, -ов]   island (n.)

охотиться [охочусь, охотишься]   to hunt, to go hunting (v.)

Lesson Eighteen

пала́тка [-и; -ток (gen.plu.)] — tent (n.)

пейза́ж [-а] — landscape (n.)

поле́зный [-ая, -ое, -ые] — useful (adj.)
Вам бы́ло бы поле́зно пое́хать отдыха́ть. — It would be useful for you to go away for a vacation.

поправля́ться [-я́юсь, -я́ешься]//попра́виться [-пра́влюсь, -пра́вишься] — to get well, to recover (from an illness) (v.)

похо́д [-а] (в) — (camping) trip (n.)
Ви́ктор сейча́с в похо́де. — Viktor is on a camping trip.
идти́ в похо́д — to go on a camping trip

производи́ть//произвести́ впечатле́ние [-вожу́, -во́дишь//-веду́, -ведёшь; -вёл, -вела́, -вели́] — to make an impression (v.phrase)
[НА КОГО́ (acc.)] — [ON SMB.]
Москва́ произвела́ на неё огро́мное впечатле́ние. — Moscow made a tremendous impression on her.

простужа́ться [-а́юсь, -а́ешься]//простуди́ться [-стужу́сь, -сту́дишься] — to catch a cold (v.)

путёвка [-и; -вок (gen.plu.)] — vacation trip (n.)
[КУДА́] — [TO SOMEWHERE]
И́ра купи́ла путёвку в Испа́нию. — Ira bought a vacation trip to Spain.

пыта́ться [-а́юсь, -а́ешься]//по- — to attempt (usually without success) (v.)
[(С)ДЕ́ЛАТЬ ЧТО] — [TO DO SMTH.]

стреля́ть [-я́ю, -я́ешь]//вы́стрелить [-стрелю, -стрелишь] — to shoot (v.)
[В КОГО́-ЧТО] — [AT SMB.-SMTH.]

-то — (Particle added to interrogative words to denote smb.-smth. specific but not named)
Ве́ра что́-то сказа́ла, но мы не слы́шали её. — Vera said something, but we didn't hear her.

Lesson Eighteen

Кто-то позвонил, пока вас не́ было. Вот его́ телефо́н. — Somebody telephoned while you were gone. Here is his telephone number.

уко́л [-а] — injection, shot (n.)
  де́лать//с- [КОМУ] уко́л — to give [SMB.] an injection

экску́рсия [-ии] — excursion (n.)

REVIEW WORDS

бале́т [-а] — ballet (n.)

больни́ца [-ы] — hospital (n.)

больно́й [-а́я, -ы́е] [%бо́лен, больна́, больны́] [ЧЕМ] — ill, sick (adj.) [WITH SMTH. (ILLNESS)]

гости́ница [-ы] — hotel (n.)

грипп [-а] — flu, influenza (n.)
  У неё грипп. — She has the flu.

да́ча [-и] (на) — country home (n.)
  Ле́том мы отдыха́ем на да́че. — In the summer we vacation at (our) country home.

загора́ть [-а́ю, -а́ешь]//загоре́ть [-горю́, -гори́шь] — to go sunbathing, to get a sun tan (v.)

игра́ть [-а́ю, -а́ешь] — to play (v.)
  //(по-) — //(Perf.: "a little, a while")
  //(сыгра́ть) — //(Perf.: "one game/match")
  [В(О) ЧТО] — [SMTH. (GAME, SPORT)]
  Мы игра́ем в ка́рты/в те́ннис/в ша́хматы/в хокке́й. — We play cards/tennis/chess/hockey.

  [НА ЧЁМ] — [SMTH.(MUSICAL INSTRUMENT)]
  Ни́на игра́ет на гита́ре/на роя́ле. — Nina plays the guitar/the piano.

кино́ (INDECL.) (в) — movie theater, movies (n.)

конце́рт [-а] — concert (n.)

Lesson Eighteen

купа́ться [-а́юсь, -а́ешься]//(ис-)	to go bathing (=swimming)//(Perf.: "once, to go for a swim") (v.)
кури́ть [курю́, ку́ришь]	to smoke (v.)
ни...	(Prefix meaning "not," added to interrogative words)(Separates from stem for intervening preposition)
Никто́ не уви́дит тебя́.	No one will see you.
Мы ничего́ не купи́ли.	We didn't buy anything.
Она́ ни с кем не разгова́ривала.	She didn't talk with anyone.
о́тпуск [-а] (в)	vacation (from a job) (n.)
переда́ча [-и]	(TV or radio) program, show (n.)
пе́сня [-и; песен (gen.plu.)]	song (n.)
пляж [-а] (на)	beach (n.)
сам [сама́, само́, са́ми]	himself, herself, itself, etc. (Emphasizes noun or another pronoun)(pron.)
Я сама́ так ду́мала.	I thought so myself.
В Бе́лом До́ме мы ви́дели самого́ президе́нта.	At the White House we saw the President himself.
са́мый [-ая, -ое, -ые]	the very; the most, -est (Indicates nearness to some limit or creates superlative) (adj.)
Э́то бы́ло в са́мом нача́ле фи́льма.	This was at the very beginning of the film.
Э́то са́мый высо́кий па́мятник в Москве́.	This is the tallest monument in Moscow.
свой [своя́, своё, свои́]	one's own (poss. pron.)
себя́	himself, herself, themselves, etc. (Means the same as the grammatical subject) (pron.)
Они́ со́здали для себя́ хоро́шие усло́вия для рабо́ты.	They created good working conditions for themselves.
Ве́ра ча́сто расска́зывает о себе́.	Vera often tells about herself.

Lesson Eighteen

театр [-а]	theater (n.)
тот [та, то, те]	that, those (as opposed to this, these) (pron.)
Мы говорили о тех книгах, а не об этих.	We were speaking about those books, not about these.
чей [чья, чьё, чьи]	whose (interrog.pron.)
Чья это книга?	Whose book is this?
Чей это дом?	Whose house is this?
чемодан [-а]	suitcase (n.)
чувствовать//(по-) себя [-вую, -вуешь]	to feel (v.)//(Perf.: "begin to")
Как вы себя чувствуете?	How do you feel?
Примите это лекарство и вы почувствуете себя лучше.	Take this medicine and you will feel better.

WORDS USED ON TAPE BUT NOT REQUIRED

бороться	to struggle (v.)
борьба [-ы]	struggle (n.)
в [СКОЛЬКИХ МЕТРАХ, КИЛОМЕТРАХ, И Т.Д.] от [ЧЕГО]	[SO MANY METERS, KILOMETERS, ETC.] from [SMTH.] (prep.)
весить [ЧТО]	to weigh [SMTH. (WEIGHT)](v.)
Орёл весил четырнадцать килограмм(ов).	The eagle weighed fourteen kilograms.
вцепляться//вцепиться [В КОГО-ЧТО]	to latch onto [SMB.-SMTH.](v.)
выдра [-ы]	otter (n.)
живьём	alive (adv.)
взять [КОГО (acc.)] живьём	to take [SMB.] alive
загонять//загнать [КОГО-ЧТО][КУДА]	to drive (v.) [SMB.-SMTH.][SOMEWHERE]
коготь [-гтя]	claw (n.)

ко́жаный [-ая, -ое, -ые]	leather (adj.)
крыло́ [-а́; кры́лья, кры́льев]	wing (n.)
ла́па [-ы]	paw, claw (n.)
мешо́к [-шка́]	sack (n.)
ныря́ть//нырну́ть	to dive (v.)
орёл [орла́]	eagle (n.)
отпуска́ть//отпусти́ть [КОГО-ЧТО]	to let [SMB.-SMTH.] go (v.)
передава́ть//переда́ть [КОГО-ЧТО][КУДА]	to transfer (v.) [SMB.-SMTH.][SOMEWHERE)
пожило́й [-а́я, -о́е, -ы́е]	elderly (adj.)
положе́ние [-ия]	situation (n.)
ружьё [-ья́]	rifle (n.)
рукави́ца [-ы]	mitten (n.)
свя́зывать//связа́ть [КОГО-ЧТО]	to tie [SMB.-SMTH.] up (v.)
смёрзнуться [смёрзлись](PERF.)	to freeze together (v.)
сосу́лька [-и]	icicle (n.)
спаси́тельное реше́ние [-ого ...-ия]	saving solution (n.phrase)
схвати́ть (PERF.) [КОГО-ЧТО][ЗА ЧТО] схвати́ть орла́ за ше́ю	to grab hold of (v.) [SMB.-SMTH.] [BY SMTH.] to grab hold of the eagle by the neck
топо́р [-а́]	axe (n.)

Lesson Eighteen

PREVIOUS VOCABULARY ON THE THEMES:

Health/Illness

боле́ть (54)
боль (81)
врач (70)
вре́дный (122)
дрожа́ть (128)
здоро́вый (125)
медбра́т, медсестра́ (67)
/parts of the body (22, 51-57)/

неприя́тное ощуще́ние (82)
облегча́ть (82)
принима́ть лека́рство (83)
температу́ра (119)
умира́ть (69)
устава́ть (124)
уста́лый (124)

Vacation/Leisure

гора́ (111)
гуля́ть (2)
е́здить (84)
за́ городом (87)
за грани́цей (66)
кани́кулы (36)
лета́ть (82)
лови́ть ры́бу (30)
мо́ре (119)
музе́й (77)
о́зеро (32)
отдыха́ть (25)

парк (8)
петь (63)
пла́вать (83)
проводи́ть вре́мя (112)
путеше́ствовать (60)
река́ (91)
рисова́ть (131)
роя́ль (63)
спорт (71)
танцева́ть (20)
телеви́зор (113)
/countries (10, 58-61)/

WORD INDEX TO THE *REQUIRED VOCABULARY*

А

а (1)
август (14)
автобус (84)
академия (128)
аквариум (44)
Америка (61)
американец, -нка (1)
американский (61)
ангина (136)
английский (1)
англичанин, -чанка (62)
Англия (58)
апрель (13)
аптека (136)
арифметика (66)
артист, -тка (66)
архитектор (66)
архитектура (66)
аспирант, -тка (15)
аспирантура (15)
аудитория (18)
Африка (58)
африканец, -нка (58)
африканский (58)
аэродром (81)

Б

бабушка (39)
багаж (81)
балет (139)
балкон (108)
башня (74)
бегать (81)
-бегать (stem) (101)
бедный (66)
без (39)
белый (31)
бельё (87)
берег (90)
беспокоиться (81)
библиотека (1)
библиотекарь (36)
билет (104)
биологический (15)
биология (15)
благодарный (58)
благодаря (115)
благополучно (128)
близкий (54, 124)

блузка (91)
бог (44)
богатый (69, 124)
бодрый (122)
более (122)
болеть (54)
боль (81)
больница (139)
больной (136)
больше не (31)
большой (1)
бояться (32)
брат (39)
брать (24, 84)
брать машину/такси (84)
бросать (58)
бросаться (87)
брюки (32)
будить (22)
буква (44)
булочная (93)
бумага (1)
бутылка (39)
бы (132)
бывать (76)
быстро (24)
быстрый (84)
быть (1, 87)

В

в (1, 48, 66)
В котором часу? (74)
в- (prefix) (101)
важный (51)
ванна (83)
ванная (111)
вверх (81)
вдруг (104)
везёт (58)
век (77)
велик (87)
великан (122)
великий (54)
велосипед (81)
верить (29, 44)
верный (128)
весёлый (24)
весна (1)
вести себя (87)

Word Index

весь (1)
ветер (91, 118)
ветчина (93)
вечер (2, 77)
вешалка (93)
вешать (93)
вещь (32)
взлёт (81)
взлетать (81)
взрослый (29)
вид (115)
видеть (2)
вилка (96)
вино (39)
виноватый (128)
висеть (93)
включать (22)
вкусный (96)
влажный (115)
вместе (2, 70)
вниз (81)
внимательный (48)
внук (36)
внучка (36)
во время (39)
Во сколько? (74)
вовремя (111)
вода (118)
водитель (102)
водить (87)
водить машину, и т.д. (87)
-водить (stem) (101)
водка (96)
водный (115)
в(о)з- (prefix) (107
возвращаться (32, 102)
воздух (115)
возить (87)
-возить (stem) (101)
возможно (59)
война (25)
вокзал (104)
волк (44)
волосы (51)
вообще (32)
вопрос (48)
ворота (74)
воскресенье (13)
восток (115)
вот (2)
вперёд, впереди (102)
враг (74)
врач (70)
вредный (122)

время (2, 78)
время года (119)
всегда (2)
вспоминать (51)
вставать (25, 96)
встречать (32)
всюду (58)
вторник (13)
входить (51)
вчера (2)
вы- (prefix) (101)
выбирать (93)
выключать (22)
вырывать (122)
высокий (77, 124)
выставка (136)
выходить замуж (128)

Г

газета (2)
галстук (91)
гараж (111)
гастроном (93)
где (2)
Германия (58)
героиня (132)
герой (128)
гибнуть (115)
гитара (136)
глаз (54)
глубокий (124)
глупый (125)
говорить (2)
год (77)
голова (54)
голос (102)
голубой (29)
гора (111)
гораздо (122)
гордиться (66)
гореть (102)
город (2)
горький (122)
гостиница (139)
гость (111)
готовить (96)
готовиться (22)
готовый (133)
градус (115)
гражданин, -нка (102)
грамм (93)
грамматика (70)

145

Word Index

грипп (139)
гроза (115)
громкий (62, 125)
грудь (51)
грузовик (81)
грустный (22)
грязный (87)
губа (51)
гулять (2)
гуманитарные науки (15)

Д

да (2)
давай(те) (54)
давать (2-3)
давление (136)
давно (3)
давным-давно (122)
даже (3)
далёкий (54-55, 125)
дача (139)
дверь (111)
двое (74)
двойка (22)
двор (111)
дворец (74)
двоюродный брат (36)
двоюродная сестра (36)
девочка (3)
девушка (3)
дедушка (39)
действительно (119)
декабрь (14)
делать (3)
делать операцию (137)
делать покупки (95)
день (3, 77)
деньги (39)
деревня (3)
дерево (122)
деревянный (74)
детский дом (44)
дешёвый (125)
диван (111)
диктант (44)
динозавр (115)
диплом (15)
директор (70)
диссертация (51)
длинный (55)
для (39)
до (39, 76, 111)

до свидания (3)
до сих пор (115)
(до тех пор), пока ... не (51)
до того как (36)
до- (prefix) (107)
добрый (125)
доверять (58)
довольный (70)
дождь (119)
доказательство (29)
доказывать (29)
долго (3)
должен (62)
дом (3)
дома (3)
домой (3)
домохозяйка (66)
дорога (108)
дорогой (125)
доска (25)
достойный (36)
дочь (39)
древний (74)
дрожать (128)
друг (4)
друг друга (111)
другой (111)
дружба (128)
дружный (122)
думать (4)
дуть (115)
душ (83)
душа (128)
дырка (29)
дышать (136)
дядя (39)

Е

европейский (55)
еда (93)
едва (29)
ездить (84)
-езжать (stem) (101)
если (4)
естественные науки (15)
есть (to eat) (18)
есть (there is/are) (4)
ещё (4)
ещё не (91)

Word Index

Ж

жаловаться (44)
жаркий (119)
ждать (48)
желание (66)
желать (36)
жёлтый (32)
жена (40)
женатый (128-129)
жениться (129)
женщина (4)
живой (29)
живот (51)
животное (44)
жизнь (125)
жить (4)
журнал (4)
журналист, -тка (70)

З

за (32, 44, 48, 70, 93, 96)
за городом; за город (87)
за границей; за границу (66)
за- (prefix) (107)
забывать (55)
завидовать (58)
завод (4)
заводить машину (107)
завтра (4)
завтрак (25)
завтракать (25)
загадка (116)
загорать (139)
задавать (44)
задача (22)
закрывать (25)
закуска (96)
замечать (45)
замуж (128)
замужем (129)
занимать место (82)
заниматься (18, 66)
занятия (19)
занятой (129)
запад (116)
записка (108)
заставлять (129)
засыпать (88)
зачёт (22)
защищать (51)
звать (4, 59)

звонить (109, 111-112)
звук (29)
здание (77)
здесь (4)
здоровый (125)
здоровье (136)
здравствуй(те) (4)
зелёный (32)
земля (82)
зима (4)
злой (29)
знакомиться (133)
знакомый (133)
знать (4)
значить (129)
зоопарк (29)
зуб (22)
зубная щётка (22)
зубной врач (66)

И

и (5)
и ... и ... (77)
играть (139)
из (5, 40)
избегать (36)
известный (125)
извиняться (129)
из-за (93, 116)
изменение (116)
из-под (94)
изучать (19)
или (5)
имени (77)
имя (5)
инженер (70)
иногда (5)
иностранец, -нка (62)
иностранный (19)
институт (15)
интересный (5)
интересоваться (67)
искать (45)
искусство (70)
испанец, -нка (62)
Испания (59)
испанский (62)
исправлять (45)
исторический (15)
история (19)
исчезать (116)
Италия (59)

Word Index

итальянец, -нка (62)
итальянский (62)
июль (14)
июнь (13)

К

кабинет (112)
каждый (5)
казаться (70)
как (5, 45)
Как дела? (22)
как раз (88, 94)
как только (88)
какой (5)
каменный (74)
камень (116)
каникулы (36)
капуста (94)
карандаш (5)
карман (102)
карта (84, 136)
картофель (94)
касса (96)
каталог (36)
катастрофа (116)
кататься (136)
кататься на коньках (136)
кататься на лодке (136)
кататься на лыжах (136)
кафедра (15)
кашель (136)
квартира (5)
килограмм (94)
кино (139)
кит (45)
китаец, китаянка (59)
Китай (59)
китайский (59)
класть (94)
климат (119)
клуб (19)
ключ (109)
книга (6)
княгиня (74)
князь (74)
ковёр (109)
когда (6)
колбаса (96)
колокол (74)
колхоз (48)
комната (112)
конец (77)

конечно (6)
контролёр (102)
контроль (36)
контрольная (23)
конфета (82)
концерт (139)
кончать (19)
кончаться (55)
коньки (136)
копейка (112)
коридор (109)
коричневый (29)
корова (45)
короткий (55)
кость (116)
костюм (91)
который (6)
Который сейчас час? (78)
кофе (32)
кошка (45)
красивый (6)
красный (32)
красть (37)
Кремль (6)
кресло (112)
крестьянин, -тьянка (70)
крик (88)
кричать (23)
кровать (112)
кроме (40)
крупный (116)
кто (6)
куда (6)
купаться (140)
курить (140)
курица (45)
курорт (136)
курс (19)
кусок (94)
кухня (40)

Л

лаборатория (15)
лагерь (137)
лампа (112)
лев (45)
левый (52)
лёгкий (125)
лёд (116)
лежать (96-97)
лекарство (83)
лекция (19)

Word Index

ленивый (67)
лес (32)
лестница (109)
летать (82)
-летать (stem) (101)
лето (6)
лечиться (137)
ли (133)
лимонад (37)
лингафонный кабинет (15)
литература (55)
лифт (109)
лицо (55)
лишний (48)
ловить (30)
лодка (88)
ложиться (97)
ложка (97)
лошадь (45)
лук (37)
лучший (122)
лыжи (137)
любимый (19)
любить (62)
любоваться (137)

М

мавзолей (77)
магазин (6, 40)
май (13)
мал (88)
маленький (6)
мало (40)
мальчик (6)
марка (25)
март (13)
масло (97)
мастер (74)
математика (15)
математический (16)
мать (40)
машина (84)
мебель (112)
медбрат, медсестра (67)
медведь (45)
медицина (16)
медицинский (16)
медленно (25)
медленный (84)
между (70)
мелкий (116)
мелочь (102)

менее (122)
мерить (137)
мёртвый (30)
место (82, 85)
месяц (77)
метро (85)
мечтать (48)
мешать (59)
милиционер (103)
мимо (112)
минута (77)
мир (peace) (25)
мир (world) (62)
младший (125)
многие (37)
много (40)
может быть (62)
можно (62)
молодой (6, 125)
молодой человек (6)
молоко (97)
молчать (129)
монета (103)
море (119)
морковь (94)
мороженое (97)
мороз (117)
Москва (6)
мост (112)
мочь (6, 55)
муж (40)
мужчина (7)
музей (77)
музыка (70)
музыкант (70)
мука (94)
мыть (23)
мыться (23, 85)
мышь (45)
мягкий (125)
мясо (40)

Н

на (7, 49)
на днях (130)
на улице; на улицу (86)
наверно(е) (49)
над (70)
надевать (52)
надеяться (46)
надо (62-63)
назад (104, 105)

Word Index

называть (67)
называться (7)
наконец (112)
намного (123)
нападать (30)
нападение (75)
например (119)
напротив (94)
народ (67)
настроение (23)
научный (67)
находить (23)
находиться (7)
начало (78)
начинать (19)
начинаться (55)
не (7)
не видно (88)
не... (prefix) (7)
небо (117)
невозможно (59)
недавно (25)
неделя (78)
недовольный (71)
неловко (130)
нельзя (63)
немец, немка (59)
немецкий (63)
немного (40)
ненавидеть (23)
необходимо (59)
неправда (23)
несколько (37)
несчастье (130)
нет (7)
неудобный (82)
неужели (52)
ни ... ни ... (49)
ни один (46)
ни... (prefix) (140)
-нибудь (137)
нигде (49)
нижнее бельё (88)
низкий (125)
никакой (46)
никогда (7)
никто (7)
никуда (49)
ничего (8)
но (8)
новость (63)
новый (8)
нога (55)
нож (97)

номер (137)
нос (55)
носить (88)
носить (stem) (101-102)
носки (88)
ночь (8, 78)
ноябрь (14)
нравиться (63)
ну (8)
нужен (59)
нужно (63)
нужный (59)

о

о (97)
об- (prefix) (107)
оба (75)
обед (25)
обедать (25)
обезьяна (46)
облако (117)
облегчать (82)
обманывать (130)
образование (67)
обратно (112)
обращать внимание (82)
общежитие (16)
общественные науки (16)
объявлять (82)
объяснять (88)
обыкновенный (46)
обычно (105)
обязательно (60)
обязательный (16)
овощи (40)
огромный (32)
огурец (94)
одеваться (23)
одежда (60)
озеро (32-33)
оказывать влияние (52)
оказываться (46, 71)
оканчивать (16)
океан (117)
окно (8)
около (105)
октябрь (14)
опаздывать (133)
операция (137)
описывать (23)
опускать (103)
опыт (67)

Word Index

опять (8)
оранжевый (30)
освещать (123)
осень (8)
осматривать (75)
основатель (67)
основывать (75)
особенно (55)
оставаться (67-68)
оставлять (130)
останавливать (52)
останавливаться (137)
остановка (103)
осторожный (82)
остров (137)
от (8, 40)
от- (prefix) (107)
ответ (49)
отвечать (56)
отвозить (107)
отдавать (107)
отдел (41)
отдыхать (25)
отец (41)
отказываться (68)
открывать (25)
открытие (68)
откуда (105)
отличный (56)
отменять (82)
отметка (25)
относить (107)
отношения (130)
отправляться (68)
отпуск (140)
отрывать (103)
отсюда (78)
оттого что (117)
оттуда (78)
отходить (107)
официант, -тка (68)
охотиться (137)
очевидно (117)
очень (8)
очередь (78, 97)
очки (88)
ошибка (49)
ощущение (82)

П

падать (30)
палатка (138)

палец (56)
пальто (91)
памятник (78)
парк (8)
пароход (82)
паспорт (41)
пассажир (85)
пейзаж (138)
пеликан (30)
пельмени (94)
пенсия (68)
пере- (prefix) (107)
переводить (112)
перед (49, 71)
перед тем как (46)
передавать (105)
передача (140)
передняя (109)
переезжать (107)
перекрёсток (103)
переносить (75)
переписывать (130)
переписываться (130)
перерыв (46)
пересесть (103)
переставать (30)
переходить (103)
перо (33)
песня (140)
песок (89)
петь (63)
печенье (94)
пешеход (103)
пешком (85)
пиво (94)
пиджак (89)
писатель (71)
писать (8)
письмо (8)
пить (20)
плавать (83)
плакать (60)
плакса (30)
платить (97)
платье (41)
плащ (89)
племянник (37)
племянница (37)
плечо (52)
плохой (8, 126)
площадь (78)
-плывать (stem) (102)
пляж (140)
по (16, 26, 85, 109)

Word Index

по сравнению (117)
по Фаренгейту (117)
по Цельсию (117)
повторять (26)
погода (119)
под (46)
под- (prefix) (108)
подвал (109)
поддерживать (130)
поднимать (103)
подниматься (109)
подходить (52)
поезд (85)
пожалуйста (9)
позади (104)
поздний (123)
позже (104)
показывать (9)
покупать (9)
покупка (95)
пол (97)
полдень (75)
полезный (138)
полёт (83)
полка (109)
полночь (75)
полный (37)
половина (75)
получать (26)
пользоваться (37)
помидор (95)
помнить (56)
помогать (9, 63)
помощь (89)
понедельник (13)
понимать (9, 23)
поправляться (138)
пора (56)
портиться (131)
портфель (26)
посадка (83)
после (41)
после того как (37)
последний (71)
постоянно (131)
поступать (20)
посуда (24, 97)
посылать (109)
потолок (110)
потом (26)
потому что (9)
поход (138)
похож (85)
почему (9)

почта (9)
почтальон (68)
почти (9)
поэтому (71)
появляться (68)
правда (9)
право (37)
правый (52)
прачечная (89)
превращаться (75)
предмет (16)
представлять себе (131)
предъявлять (104)
прекрасный (119)
преподаватель (20)
преподавать (16)
при (95)
при- (prefix) (101)
привыкать (63)
приезжать (33)
приземляться (83)
признаваться (30)
принадлежать (60)
принимать (83)
принимать ванну/душ (83)
принимать лекарство (83)
принимать участие (83)
приходить (33)
приходиться (60)
причина (117)
приятный (9)
про- (prefix) (108)
проваливаться (133)
проверять (24, 49)
проводить (112-113)
продавать (98)
продолжать (56)
продолжаться (117)
продукты (98)
произведение (52)
производить впечатление (138)
происходить (118)
пропускать (46)
просить (47)
простой (37, 126)
простужаться (138)
просыпаться (89)
профессия (68)
профессор (20)
прохладный (91)
проходить (38)
прошлый (78)
прямой (52)
птица (47)

Word Index

пугаться (38)
пустой (38)
пустыня (118)
пусть (53)
путёвка (138)
путешествовать (60)
путь (110)
пушка (75)
пытаться (138)
пятёрка (24)
пятница (13)

Р

работа (71)
работать (9, 68)
рабочий (30)
рад (63)
радио (113)
раз (26)
раз- (prefix) (108)
разве (56)
разводиться (131)
разговаривать (133)
раздавать (83)
раздеваться (89)
разменивать (104)
разница (69)
разный (113)
разрешаться (83)
разрывать (123)
ранний (123)
раньше (105)
рассказ (56)
рассказывать (33)
расти (16-17)
расходиться (131)
рвать (30)
ребёнок (9)
революция (30)
редкий (9)
рейс (83)
река (91)
ресторан (10)
решать (26)
рис (95)
рисовать (131)
рисунок (131)
робкий (123)
ровесник, -ница (110)
родители (41)
родственник (38)
рождаться (38)

рождение (38)
розовый (30)
роман (56)
ронять (104)
Россия (60)
рот (53)
рояль (63)
рубашка (91)
рубль (113)
рука (56)
руководить (69)
русский (10)
ручка (10)
рыба (49)
рядом (69)

С

с (from, off of) (10, 41, 76)
с (with) (71)
с- (prefix) (108)
садиться (98)
садовник (131)
сажать (95, 131)
сам (140)
самолёт (85)
самый (140)
сахар (41)
сбегать (89)
свежий (123)
свет (26, 105)
светить (118)
светлый (53)
свинья (47)
свободный (105)
свой (140)
сдавать (26, 85)
сдавать багаж (83-84)
сдача (95)
себя (140)
север (119)
сегодня (10, 78)
сейчас (10, 78)
семья (41)
сентябрь (14)
сердиться (47)
сердце (123)
серый (33)
сестра (41)
сидеть (98)
сидеть за столом (96)
сильный (118)
симпатичный (89, 126)

Word Index

синий (33)
сирень (131)
сколько (10, 41)
Сколько сейчас времени? (78)
скоро (85)
скучно (64)
слабый (118)
сладкий (123)
следующий (76)
слишком (49)
слово (10)
сложный (53)
слон (47)
служить (60)
случай (91)
случиться (133)
слушать (10, 17)
слушать курс (17, 85)
слышать (33)
смелый (123)
сметана (95)
смеяться (71)
смотреть (50)
сначала (27)
снег (119)
снимать (90)
собака (47)
собирать (27)
собор (76)
собрание (133)
советовать (64)
Советский Союз (10)
современный (78)
совсем (113)
совсем не (113)
согласен (110)
создавать (132)
солдат (60)
солнце (91, 119)
сосать (84)
сосед, -дка (33)
спальня (110)
спасать (90)
спасибо (10)
спать (20)
специальность (17)
спешить (105)
спина (53)
спокойный (126)
спорт (71)
спортсмен, -нка (69)
способный (71)
спрашивать (11, 50)
спускаться (110)

сразу (113)
среда (13)
среди (38)
срок (118)
ставить (24, 95)
стакан (41)
становиться (72)
станция (105)
стараться (17)
стареть (132)
старик (31)
старуха (31)
старший (126)
старый (11, 126)
статья (53)
стена (79)
стирать (90)
стихи (56)
стоить (105)
стол (11)
столица (79)
столовая (17, 113)
стоянка такси (104)
стоять (78, 98)
страна (64)
странный (31)
страноведение (17)
страх (31)
стрелять (138)
строгий (110, 126)
строить (76)
студент, -тка (11)
студенческий (17)
стул (33)
стучать (110)
стыдно (31)
стюардесса (72)
суббота (13)
суметь (56-57)
сумка (95)
суп (41)
сухой (126)
сходить (90)
счастливый (126)
счастье (38)
считать (72)
считаться (69)
съездить (90)
сын (41)
сыр (42)
сюда (11)

Word Index

Т

так (11)
так же, как и ... (110)
также (11)
такой (11)
такси (85)
там (11)
танцевать (20)
тарелка (95)
твёрдый (126)
творчество (53)
театр (141)
телевизор (113)
телефон (113)
тело (53)
тёмный (53)
температура (119)
теперь (11)
тепло (118)
тёплый (119)
терять (24)
тетрадь (27)
тётя (42)
течь (123)
тихий (64)
то, что (118)
-то (138-139)
тогда (27)
тоже (11)
толстый (53)
только (11)
только что (91)
точкий (53)
тонуть (90)
торт (95)
тот (141)
точный (123)
трамвай (85)
требовать (47)
трое (76)
тройка (24)
троллейбус (85)
трудный (126)
трудолюбивый (69)
туда (11)
туман (118)
туфля (91)
тяжёлый (124)

У

у (11, 38, 42)
у- (prefix) (101)
убегать (31)
убивать (124)
уборная (110)
угол (98)
удивляться (60)
удобный (84)
уже (11)
уже не (31)
ужин (27)
ужинать (27)
узкий (53, 126)
узнавать (60)
укол (139)
улица (86)
уметь (56-57)
умирать (69)
умница (31)
умный (126)
умываться (24)
универмаг (76)
университет (11)
урок (12)
условие (132)
успевать (53-54)
успех (38)
успехи (132)
успешный (132)
уставать (124)
усталый (124)
утро (12, 79)
ухо (56)
участие (83)
учебник (20)
учебный год (20)
ученик, -ица (20)
учёный (17)
учитель, -тельница (12)
учить (17, 20)
учиться (20)

Ф

факультет (17)
фамилия (12)
февраль (13)
физика (21)
физический (17)
филологический (18)
филология (18)
философия (18)
философский (18)
фильм (21)
фиолетовый (31)

Word Index

фотографировать (84)
Франция (60)
француз, француженка (64)
французский (64)
фрукты (98)

X

хватать (38-39)
химический (18)
химия (21)
хлеб (42)
ходить (33, 86)
ходить в гости (111)
ходить за покупками (95)
-ходить (stem) (102)
хозяин, хозяйка (61)
холодный (120)
хороший (12, 126)
хотеть (21)
хотеться (61)
хотя (27)
храм (76)
художник, -ница (69)
худой (54)
худший (124)

Ц

царица (76)
царь (76)
цвести (61)
цвет (33)
цветок (33)
цена (98)
центр (79)

Ч

чай (42)
час (12, 78, 79)
часто (12)
часть (57)
часы (33-34)
чей (141)
чек (96)
человек (12)
чем (124)
чемодан (141)
чердак (110)
через (50)

черепаха (47)
чёрный (34)
чёрт (31)
чертёж (132)
четверг (13)
четвёрка (24)
четверо (76)
четверть (76)
число (79)
чистить (24)
чистый (90, 127)
читальный зал (18)
читательский билет (39)
читать (12, 17)
член (69)
что (12)
чтобы (47, 132, 134)
чувствовать себя (141)
чулки (90)

Ш

шампанское (61)
шапка (90)
шея (54)
широкий (54, 127)
шить (61)
школа (27)
шляпа (91)
шоколад (98)
шофёр (69)
штраф (104)
шум (124)

Э

экзамен (27)
экономика (18)
экономический (18)
экскурсия (139)
электричка (84)
энергия (61)
этаж (113)
этот (12)

Ю

юбка (91)
юг (120)
юридический (18)
юрист (69)

Word Index

Я

яблоко (39)
являться (69)
ягода (31)
язык (12)
яйцо (96)
январь (13)
японец, японка (61)
Япония (61)
Японский (61)
яркий (124)

WORKBOOK

Special Supplement to Lesson 1

VERB MORPHOLOGY: THE ONE-STEM VERB SYSTEM

The Problem with the Infinitive

The problem with the infinitive as a basic form is that it provides little reliable information about the conjugation of the verb. Consider, for example, the conjugation of the following verbs, all of which have an infinitive ending in *-ать*:

читáть	начáть	писáть	пожáть	лежáть
читáю	начнý	пишý	пожмý	лежý
читáешь	начнёшь	пи́шешь	пожмёшь	лежи́шь
читáет	начнёт	пи́шет	пожмёт	лежи́т
читáем	начнём	пи́шем	пожмём	лежи́м
читáете	начнёте	пи́шете	пожмёте	лежи́те
читáют	начнýт	пи́шут	пожмýт	лежáт

As one can see, the ending *-ать* tells us virtually nothing about the conjugation of these verbs. Witness that:

-- The verb may belong to either conjugation type (1st or 2nd).
-- Even the four 1st conjugation verbs appear in four different and unpredictable variations.

Consider also the following verbs, which have infinitives ending in *-еть*:

глазéть	одéть	ви́деть
глазéю	одéну	ви́жу
глазéешь	одéнешь	ви́дишь
глазéет	одéнет	ви́дит
глазéем	одéнем	ви́дим
глазéете	одéнете	ви́дите
глазéют	одéнут	ви́дят

Again, the infinitive provides no solid information about conjugation.

This circumstance has been a constant frustration for learners of Russian. The assurance of native speakers that this is simply how things ought to be is small consolation to foreigners who are attempting to master the language.

The Basic Stem

In 1948 Roman Jakobson, one of most important scholars in the history of Slavic studies, determined that the conjugation of the Russian verb can be explained most economically not by referring to the infinitive, but by constructing a theoretical *basic stem* which may or may not be derived from the infinitive. From this basic stem all forms of the verb--including past tense, gerunds and participles--could be generated by applying certain morphological (word-formation) rules.

In most cases it is easy to derive the basic stem. First, one writes down two forms side-by-side: the <u>infinitive</u> and the <u>3rd person plural</u> of the present (or perfective future). Then, one drops the grammatical ending from each. Finally, one determines which of the two is longer. <u>The longer form is the basic stem.</u>

For this purpose the endings are defined as follows:

>   -ть/-ти   INFINITIVE

>   -ут   3RD PERSON PLURAL (1st conjugation)

>   -ят/-ат   3RD PERSON PLURAL (2nd conjugation)

Let us practice finding the basic stem from some verbs you probably know already:

<u>Infinitive</u>	<u>3rd Person Plural</u>
написа́ ть	напи́ш ут
вста ть	встан ут
говори́ ть	говор я́т
ви́де ть	ви́д ят

Taking the longer form in each instance, we derive the following basic stems:

>   написа+
>   встан+
>   говори+
>   виде+

From here on, a <u>plus sign</u> (+) will be placed after the last letter of the basic stem.

Sometimes the longer form is not immediately apparent because of the Russian spelling system. For instance, the 1st conjugation ending -ут is written -ют when it follows a vowel. In finding the basic stem, however, we do not wish to drop the entire -ют (which represents phonetically -йут), but only the -ут, leaving the sound й untouched:

чита́ ть	чита́ют = чита́й ут
уме́ ть	уме́ют = уме́й ут
сове́това ть	сове́туют = сове́туй ут

Selecting the longer forms again, we derive the basic stems чита́й+, уме́й+ and сове́това+.

If the two forms are of equal length, we designate the one which carries more information as the basic stem. The forms on the right below, for example, are chosen as basic stems because they tell us which consonant appears in the verb's conjugation; their infinitives are identical:

пожа́ ть	пожн у́т	(Basic stem: пожн+)
пожа́ ть	пожм у́т	(Basic stem: пожм+)

If the two forms are identical, it makes no difference which you choose as the basic stem:

вез ти́	вез у́т	(Basic stem: вез+)
нес ти́	нес у́т	(Basic stem: нес+)

If the two forms are the same length, but one contains a mutated consonant, the one without the mutation is the basic stem (see below for a list of the most common mutations):

цвес ти́	цвет у́т	(Basic stem: цвет+)

Determining Conjugation Type

Once the basic stem has been derived (or once it is provided directly to you), determination of its conjugation type is automatic and quite simple:

-- If the basic stem ends in **и**, **e** or *HUSHING* (**ж, ч, ш, щ**)-**a**, it belongs to the 2nd conjugation. Thus all the following basic stems are of the 2nd conjugation type:

приходи́+	слы́ша+
ви́де+	боле́+
лежа́+	молча́+
тверди́+	серди́+...ся
льсти́+	говори́+

-- All other basic stems belong to the 1st conjugation:

писа́+	уме́й+
шепта́+	гуля́й+
чита́й+	мо́й+
тре́бова+	оде́н+
жда́+	коло́+

The only exceptions are basic stems ending in **йа+**, which can be either 1st or 2nd conjugation. Бойа́+...ся and стойа́+ are 2nd conjugation verbs; all others of this type (e.g., ла́йа+, смейа́+...ся, наде́йа+...ся, та́йа+, зате́йа+) are 1st conjugation verbs.

Addition Rules

Once you know the basic stem, producing the desired verb form is relatively easy. You will add endings onto the basic stem and follow the rules which govern this process. It would be helpful to review the most common endings before examining the rules of addition:

Workbook: Verb Morphology Supplement

Present (or Perfective Future)

<u>1st Conjugation</u>

-у
-ешь (-ёшь if stressed)
-ет (-ёт if stressed)
-ем (-ём if stressed)
-ете (-ёте if stressed)
-ут

<u>2nd Conjugation</u>

-ю
-ишь
-ит
-им
-ите
-ят

<u>Past Tense</u>

-л
-ла
-ло
-ли

<u>Infinitive</u>

-ть (-ти if stressed)

When adding these endings the normal spelling conventions still apply. Thus you cannot write <u>я</u> or <u>ю</u> after a hushing (you must write <u>а</u> or <u>у</u> instead). Nor would you ever write the letter й before a vowel (you must write the soft vowel letter instead: йа = я, йя = я, йу = ю, йю = ю, йе = е, йё = ё, йи = и).

If you examine the **endings** above, you see that some <u>begin with a vowel</u> (present tense and perfective future), while others <u>begin with a consonant</u> (past tense and infinitive). Similarly, all the **basic stems** either <u>end with a vowel</u> (e.g., виде+, шепта+, требова+) or <u>end with a consonant</u> (читай+, гуляй+, вез+, встан+). (Remember that the letter й is a consonant.) Hence when the ending is attached to the basic stem the following types of combinations are possible:

(1) V + C   (2) C + V

(3) V + V   (4) C + C

These four categories exhaust all the possibilities. As will become apparent, it is important to determine which category you are dealing with when combining basic stems and endings.

Simplifying further these distinctions, we can speak of <u>two types of environments</u>. Categories (1) and (2) involve joining opposites (V + C, C + V); we shall call these **stable environments**. By contrast, categories (3) and (4) involve joining like things (V + V, C + C); we shall call these **unstable environments**. (To remember which is which, recall the maxim "opposites attract" or think of such successful match-ups as bulb and socket, positive and negative poles of magnets.)

In stable environments the stem and ending are, as a rule, joined together with no change to either, except for the spelling changes required by the system of orthography. This process is called **simple addition**:

читай + у   ---------> читаю (you cannot write йу)
читай + ешь   ---------> читаешь (you cannot write йешь)
говори + л   ---------> говорил

требова + ла   ---------> требовала
боле́ + ть   ---------> боле́ть

In some unusual instances simple addition can occur in unstable environments (нес + ти, помог + ла), but such cases should be considered exceptions to the rule.

In unstable environments genuine changes usually take place at the juncture between the stem and the ending. These changes can be classified according to two essential kinds: *truncation and mutation*.

Truncation

Truncation is the elimination of one of the vowels or consonants in an unstable environment. <u>As a rule, it is the first member of the pair which is eliminated</u>:

$$\cancel{V} + C$$
$$\cancel{C} + V$$

Examine the following examples:

читаj̸ + л   -----------> чита́л
вёд̸ + л   -----------> вёл
встан̸ + ть   -----------> встать
говори̸ + ишь -----------> говори́шь
виде́ + ите   -----------> ви́дите

In some instances it is the second member of the pair which disappears, but again this should be thought of as an exception to the rule characteristic only of certain verb classes: пёк + ̸л ---> пёк, помо́г + ̸л ---> помо́г, etc.

Mutation

Truncation occurs in virtually all unstable environments, whereas <u>mutation occurs only sometimes and can be predicted only by knowing the characteristics of the verb class</u>. For example, a verb of the **писа+** class (that is, having a basic stem ending in a consonant [other than a hushing] followed by *a*) has mutation throughout the present (or perfective future) tense:

писа́+ˣ	шепта́+ˣ	вяза́+ˣ
пишу́	шепчу́	вяжу́
пи́шешь	ше́пчешь	вя́жешь
пи́шет	ше́пчет	вя́жет
пи́шем	ше́пчем	вя́жем
пи́шете	ше́пчете	вя́жете
пи́шут	ше́пчут	вя́жут

By contrast, verbs of the **виде+** and **проси+** classes have mutation only in the first person singular form:

ви́де+	зави́се+	проси́+	встре́ти+
вижу́	завишу́	прошу́	встре́чу
ви́дишь	зави́сишь	про́сишь	встре́тишь
ви́дит	зави́сит	про́сит	встре́тит
ви́дим	зави́сим	про́сим	встре́тим
ви́дите	зави́сите	про́сите	встре́тите
ви́дят	зави́сят	про́сят	встре́тят

The model verb for each class will show whether mutation occurs only in the first form or throughout the conjugation. If mutation does occur, it will conform to the following patterns:

Labial

б ---> бл'
в ---> вл'
м ---> мл'
п ---> пл'
(' indicates softness but is not written)

Dental

д ---> ж
з ---> ж
с ---> ш
ск ---> щ
ст ---> щ
т ---> ч (regular)
т ---> щ (exception)

Velar

г ---> ж
к ---> ч
х ---> ш
ск ---> щ

Special

г + ть ---> чь
к + ть ---> чь

д + ти ---> сти
т + ти ---> сти

ава + VOWEL ---> ай
ова + VOWEL ---> уй
ева + VOWEL ---> уй

Certain consonants *cannot mutate*, either because they are already the results of mutation or because they simply do not mutate:

Already mutated

ж
ч
ш
щ
ц

Simply do not mutate

й
л
н
р

If one of the non-mutating consonants appears in an environment where you expect mutation to occur (via analogy with other verbs of the same class), you must nevertheless leave the consonant unchanged:

No mutation occurs

говори́ + ю (Expect mutation, cf. проси́+) ---> говорю́
веле́ + ю (Expect mutation, cf. ви́де+) ---> велю́
стона́ + у (Expect mutation, cf. писа́+) ---> стону́

Stress Patterns

The majority of Russian verbs have *fixed stress*, that is, the syllable on which the verb is accented remains the same throughout the conjugation. The following verbs, for example, have fixed stress in both the present (or perfective future) and past tenses:

вёд́+	вёд́+	наде́н+	наде́н+
веду́	вёл	наде́ну	наде́л
ведёшь	вела́	наде́нешь	наде́ла
ведёт	вело́	наде́нет	наде́ло
ведём	вели́	наде́нем	наде́ли
ведёте		наде́нете	
веду́т		наде́нут	

In these materials an <u>acute accent mark</u> (´) is used to indicate that a verb has fixed stress throughout its conjugation (past or present). This is clear for наде́ну+ above, but вёд́+ requires special comment. The acute accent is placed over the final letter of the stem to indicate that the stress always falls on the ending (there is no other convenient place to put the stress marker). Naturally, the stem vowel ё will have the dieresis and its full sound only when it is stressed, but this can occur only by default (when there is no other syllable to accent).

Many Russian verbs have *shifting stress*, which can be one of the following two types:

(1) Ending stress in the 1st person singular; stress on the preceding syllable in all other forms (<u>PRESENT AND PERFECTIVE FUTURE</u>):

проси̽+	сказа̽+
прошу́	скажу́
про́сишь	ска́жешь
про́сит	ска́жет
про́сим	ска́жем
про́сите	ска́жете
про́сят	ска́жут

(2) Ending stress in the feminine form; stress on the preceding syllable (or one before that) in the masculine, neuter and plural forms (<u>PAST TENSE</u>):

плы̽в+	про̽жив+
плыл ⟩	про́жил ⟩
плыла́	прожила́
плы́ло	про́жило
плы́ли	про́жили

Note that the sign of a <u>tilted crossmark</u> (✗) is used to designate shifting stress. The <u>arrowlike sign</u> (⟩) relates only to forms of the past tense and indicates the stem syllable which will be stressed when a shift occurs.

Workbook: Verb Morphology Supplement

The sign (✗), however, by itself does not indicate whether the stress shift occurs in the past or the present (perfective future) tense. To determine this, you must ascertain which environment (past or present) is <u>unstable</u> because, <u>as a rule, stress shift shift occurs only in the unstable environment</u>. For the stem **проси+** the unstable environment is in the present tense, so a shift occurs in the <u>present</u>. For the stem **плыв+** the unstable environment is in the past tense, so a shift occurs in the <u>past</u>. <u>In the stable environments of both verbs the stress remains unchanged</u>:

проси́л	плыву́
проси́ла	плывёшь
проси́ло	плывёт
проси́ли	плывём
	плывёте
	плыву́т

The rules outlined above work for the vast majority of verbs. Nevertheless, specific verbs often have peculiarities. Many of the deviations can be generalized for entire verb classes. Below is an inventory of these classes and a description of the special features of each.

Inventory of Verb Classes

STEMS ENDING IN A VOWEL

⇑ 2nd Conj.

Model Verb	Class	Special features
проси+	И	Mutation in 1st pers.sing.(PRESENT)
виде+	Е	Mutation in 1st pers.sing.(PRESENT)
держа+	ЖА (Ж = any hushing)	None.
стоя+	ИА (2nd)	Only two stems: стоя+ and боя+...ся

⇐ 1st Conj.

Model Verb	Class	Special features
тая+	ИА (1st)	None.
писа+	Consonant-A	Mutation throughout PRESENT
ж/да+	n/s-A (non-syllabic root)	No mutations. Fill-vowel sometimes inserted at slash (e.g., б/ра+)
требова+	ОВА	-Ова- mutates to уй before Vowel
коло+	О	Final stem consonant softens before endings -у and -ут.
толкну+	НУ	None.

Workbook: Verb Morphology Supplement

сверг(ну)+	(НУ)	-Ну- disappears in PAST; -л truncated in PAST (masc. only)

STEMS ENDING IN A CONSONANT

Model Verb	Class	Special features
делай+	АИ	None.
умей+	ЕИ	None.
давай+	АВАИ	-Авай- becomes -ай- in PRESENT
жив+	В	None.
ден+	Н	None.
дуй+	УИ	None.
мой+	ОИ	-Ой- becomes -ый- before consonant.
пьй+	ЬИ	-Ьй- becomes -ий- before consonant.
вёд+	Д-Т	Mutation but no truncation in the INFINITIVE.
вёз+	З-С	-Л- truncated in PAST (masc. only); otherwise no truncation at all.
пёк+	Г-К	-Л- truncated in PAST (masc. only); otherwise no truncation at all; mutation throughout PRESENT, except 1st pers.sing. and 3rd pers.plu.
т/р+	/Р	-/р- becomes -ере- before -ть, -ер- before other consonant; -л truncated in PAST (masc. only).
ж/м+	/М-/Н	-М- or -н- becomes -я- before consonant.
пойм+	ИМ (With vowel prefix)	-Им- becomes -ня- before consonant.
сним+	НИМ	-Ним- becomes -ня- before consonant; shifting stress in both PAST and PRESENT.

The Inventory above was adapted from Charles E. Townsend, *Continuing with Russian* (Columbus, Ohio: Slavica Publishers, 1981), 30-31.

Workbook: Verb Morphology Supplement

Special Supplement to Lesson 1: Classroom Practices on Verb Morphology

Practice #1: Derive the **basic stem** from the forms on the left.

	INFINITIVE	3RD PERS.PLU.	BASIC STEM
1.	поступи́ть	посту́пят	_____
2.	засну́ть	засну́т	_____
3.	жела́ть	жела́ют	_____
4.	укры́ть	укро́ют	_____
5.	сия́ть	сия́ют	_____
6.	буди́ть	бу́дят	_____
7.	рассказа́ть	расска́жут	_____
8.	слы́шать	слы́шат	_____
9.	плести́	плету́т	_____
10.	поро́ть	по́рют	_____
11.	бдеть	бдят	_____
12.	рвать	рвут	_____
13.	мстить	мстят	_____
14.	глазе́ть	глазе́ют	_____
15.	повеле́ть	повеля́т	_____
16.	постри́чь	постригу́т	_____

Practice #2: Indicate the conjugation type of the following verbs.

1. храни́+ _____   8. визжа́+ _____
2. блесте́+ _____   9. плеска́+ _____
3. осты́н+ _____   10. крои́+ _____
4. кро́й+ _____   11. стоя́+ _____
5. слу́шай+ _____   12. слы́ша+ _____
6. запёк+ _____   13. горе́+ _____
7. полз+ _____   14. п/р+ _____

Workbook: Verb Morphology Supplement

Practice #3: Join the basic stem and ending and write the result as it would appear in standard Russian.

1. помрачи́+ ю _____
2. помрачи́+ ть _____
3. крича́+ ю _____
4. ма́за+ ешь _____
5. мёт+ л _____
6. боя́+ ишь ...ся _____
7. утиха́й+ ет _____
8. утиха́й+ ла _____
9. вла́ствова+ у _____
10. корми́+ ю _____
11. веле́+ ят _____
12. сме́й+ ут _____

Practice #4: Using the key, write the appropriate letter beside each stem.

    A. <u>Fixed stress throughout</u>
    B. <u>Shifting stress in present</u> (or <u>perfective future</u>)
    C. <u>Shifting stress in past</u>

1. _____ вы́говори+
2. _____ нач/н́+
3. _____ вяза́+
4. _____ ворча́+
5. _____ плати́+
6. _____ пойм́+
7. _____ жив́+
8. _____ дыша́+
9. _____ храпе́+
10. _____ кова́+

Practice #5: Using the *Inventory of Verb Classes*, give the model verb, the class and the conjugation (1st or 2nd) of the basic stems on the left. Two examples are provided below.

	MODEL VERB	CLASS	CONJUGATION
1. паха́+	писа́+	Consonant-A	1st
2. скрипе́+	ви́де+	E	2nd
3. туши́+			
4. бры́зга+			
5. в/ра́+			
6. застря́н+			
7. дрожа́+			
8. скова́+			

172 **Workbook: Verb Morphology Supplement**

Имя и фами́лия _____

Special Supplement to Lesson 1: Homework Exercises on Verb Morphology

Exercise #1: Derive the **basic stem** from the forms on the left. You will need the *Required Vocabulary* for the last six.

INFINITIVE	3RD PERS.PLU.	BASIC STEM
1. исключи́ть	исключа́т	исключи+
2. откры́ть	откро́ют	открой+
3. мета́ть	ме́чут	
4. уводи́ть	уво́дят	
5. существова́ть	существу́ют	
6. меня́ть	меня́ют	
7. смотре́ть	смо́трят	
8. проколо́ть	проко́лют	
9. звуча́ть	звуча́т	
10. цвести́	цвету́т	
11. пита́ть	пита́ют	
12. ждать (48)		
13. ве́рить (29)		
14. пла́кать (60)		
15. знать (4)		
16. мочь (6)		
17. рвать (30)		

Exercise #2: Indicate the conjugation type (1st or 2nd) of the following stems.

горе́+ _____   наде́н+ _____   лежа́+ _____

посоли́+ _____   глупе́й+ _____   вёз+ _____

вя́ну+ _____   пронёс+ _____   тай+ _____

глода́+ _____   верте́+ _____   поло́+ _____

стоя́+ _____   напряг+ _____   стуча́+ _____

Workbook: Verb Morphology Supplement 173

Exercise #3:

Circle those environments which are considered <u>stable</u>:

    V + C   C + V

    V + V   C + C

Circle those environments which are considered <u>unstable</u>:

    V + C   C + V

    V + V   C + C

In which of these environments will you usually get <u>truncation</u>?

_____

In which of these environments will <u>mutation</u> sometimes occur?

_____

In which of these enviroments will <u>simple addition</u> usually occur?

_____

Which consonants never mutate?

_____

Write the results of mutation from the following consonants or combinations:

    1. к   _____   10. х   _____

    2. г   _____   11. п   _____

    3. ова + Vowel   _____   12. с   _____

    4. м   _____   13. т + ти   _____

    5. к + ть   _____   14. д + ти   _____

    6. д   _____   15. б   _____

    7. ст   _____   16. в   _____

    8. ава + Vowel   _____   17. т   _____

    9. з   _____   18. г + ть   _____

Exercise #4: Which accent mark denotes the following?

    fixed stress _____   shifting stress _____

Workbook: Verb Morphology Supplement

Имя и фамилия _____

Exercise #5: Using the key, write the appropriate letter beside each stem.

    A. <u>Fixed stress throughout</u>
    B. <u>Shifting stress in present</u> (or perfective future)
    C. <u>Shifting stress in past</u>

1. _____	слы́ша+		6. _____	поро́ˣ+
2. _____	плеска́ˣ+		7. _____	по̀йм̀ˣ+
3. _____	дрожа́+		8. _____	спеши́+
4. _____	пѐрежи́ˣ+		9. _____	урони́ˣ+
5. _____	пьйˣ+		10. _____	плывˣ+

Exercise #6: Using the *Inventory of Verb Classes*, give the model verb, the class and the conjugation (1st or 2nd) of the basic stems on the left. Two examples are provided.

	MODEL VERB	CLASS	CONJUGATION
1. скова́+	тре́бова+	ОВА	1st
2. скрепи́+	проси́ˣ+	И	2nd
3. мча́+...ся	_____	_____	_____
4. шепта́ˣ+	_____	_____	_____
5. стын+	_____	_____	_____
6. р/ва́ˣ+	_____	_____	_____
7. сквози́+	_____	_____	_____
8. скро́й+	_____	_____	_____
9. берёг+	_____	_____	_____
10. сгоре́+	_____	_____	_____
11. плёт+	_____	_____	_____
12. вле́з+	_____	_____	_____
13. прѝйм̀ˣ+	_____	_____	_____
14. беле́й+	_____	_____	_____
15. узнава́й+	_____	_____	_____

Workbook: Verb Morphology Supplement

Exercise #7: Write the result, as it would appear in normal Russian, for each of the following stem + ending combinations.

1. лысе́й + ем _____
2. замедля́й + ть _____
3. пла́ка + ет _____
4. ка́йа + ешься _____
5. пища́ + ит _____
6. дрожа́ + ю _____
7. ду́й + ть _____
8. пьй + ть _____
9. вё́д + л _____
10. мо́й + ла _____
11. нё́с + ла _____
12. окружи́ + ят _____

Exercise #8: Write the *1st person singular* and *2nd person singular* forms of the **PRESENT TENSE** (or the perfective future); then write the **INFINITIVE**.

	1st pers. sing. (PRESENT)	2nd pers. sing. (PRESENT)	Infinitive
1. поло +			
2. ла́зи +			
3. лежа́ +			
4. лья́ +			
5. треска́ +			
6. примкну́ +			
7. лови +			
8. застря́н +			
9. знако́ми +			
10. заглуша́й +			
11. губи +			
12. черне́й +			
13. мно́жи +			
14. скорбе́ +			
15. иска +			
16. воскре́с(ну) +			
17. стесня́й +			

Using the Required Vocabulary

The exercises below will familiarize you with the way information is provided in the *Required Vocabulary*.

Exercise #1: Answer the questions about the sample verb entries below. Consult the section on *verb entries* in the *Required Vocabulary* (pages ii-iii).

1. опи́сывать [-аю, -аешь]//описа́ть
    [опишу́, опи́шешь] [*КОГО-ЧТО*]

    a. Aspect of first form? _____

    b. Aspect of second form? _____

    c. What case follows the verb? _____

2. боя́ться [бою́сь, бои́шься] [*КОГО-ЧЕГО*]

    a. Aspect? _____

    b. What case follows the verb? _____

    c. First or second conjugation? _____

3. смея́ться [смею́сь, смеёшься]//(по-)
    [*НАД КЕМ-ЧЕМ*]

    a. First or second conjugation? _____

    b. What pronoun follows the verb? _____

    c. What case follows the pronoun? _____

    d. What do the parentheses around the prefix по- indicate?
    _____

4. конча́ть [-а́ю, -а́ешь]//ко́нчишь [-чу,
    -чишь] [*ДЕЛАТЬ ЧТО*]

    a. Conjugation type of perfective verb? _____

    b. Aspect(s) of infinitive that follow(s) the verb?
    _____

5. пыта́ться [-а́юсь, -а́ешься]//по-
    [*(С)ДЕЛАТЬ ЧТО*]

    a. What is the perfective form? _____

    b. Aspect(s) of infinitive that follow(s) the verb?
    _____

Exercise #2: Answer the questions about the sample noun and substantive entries below. Consult the section on **noun and substantive entries** in the *Required Vocabulary* (pages iii-iv).

1. сире́нь [-и]

   a. Part of speech? _____   b. Gender? _____

   c. Case in brackets? _____

2. князь [-я; князья́, князе́й]

   a. Gender? _____   b. Nom.plu.? _____

3. огуре́ц [-рца́]

   a. Gender? _____   b. Nom.plu.? _____

4. столо́вая [-ой]

   a. Part of speech? _____   b. Gender? _____

5. рабо́чий [-его]

   a. Dat.sing.? _____

Exercise #3: Answer the questions about the adjective or adverb entries below. Consult the sections on **adjective** and **adverb entries** in the *Required Vocabulary* (pages iv-v).

1. си́ний [-яя, -ее, -ие]

   a. Part of speech? _____

   b. Hard or soft? _____

2. ру́сский [-ая, -ое, -ие]

   b. Hard or soft? _____

3. живо́й [-ая, -ое, -ые] [%жив, жива́, живы]

   a. Fem. short form? _____

4. плохо́й [-а́я, -о́е, -и́е] [+пло́хо]

   a. Part of speech given after plus sign? _____

5. ча́сто [<ча́ще]

   a. Part of speech? _____

   b. Comparative form? _____

Classroom Practices for Lesson 1

Practice #1: Review the 1st and 2nd conjugation endings below.

1st Conjugation Endings	2nd Conjugation Endings
-у (-ю after a vowel)	-ю
-ешь (-ёшь if stressed)	-ишь
-ет (-ёт if stressed)	-ит
-ем (-ём if stressed)	-им
-ете (-ёте if stressed)	-ите
-ут (-ют after a vowel)	-ят

Note, however, that because of a universal spelling rule, you can never write ю or я after a hushing (ж, ч, ш, щ). You must always write у or а instead. Thus учу́сь, уча́тся are the correct forms from the verb учиться.

Provide the conjugation type for each verb listed below.

1. отвеча́ть [-а́ю, -а́ешь]
2. отве́тить [-ве́чу, -ве́тишь]
3. иска́ть [ищу́, и́щешь]
4. успе́ть [успе́ю, успе́ешь]
5. спать [сплю, спишь]
6. писа́ть [пишу́, пи́шешь]
7. смотре́ть [смотрю́, смо́тришь]
8. спроси́ть [спрошу́, спро́сишь]

Practice #2: Verbs that end in **-авать**, **-овать** or **-евать** belong to the *1st conjugation*. Note, however that two different rules govern their conjugation:

1. **-авать** verbs drop the **ва** before adding *stressed endings*.

2. **-овать** and **-евать** verbs normally replace the **ова** with **у** before adding *unstressed endings*.

Give the **я, ты** and **они** forms of the following verbs:

дава́ть _____ _____ _____

сове́товать _____ _____ _____

встава́ть _____ _____ _____

танцева́ть _____ _____ _____

Practice #3: During conjugation final stem consonant(s) may mutate(s). When this occurs, the following changes take place:

б ---> бл'	д ---> ж	г ---> ж
в ---> вл'	т ---> ч (rarely щ)	к ---> ч
м ---> мл'	з ---> ж	х ---> ш
п ---> пл'	с ---> ш	
(The ' indicates softness)	ст ---> щ	
	ск ---> щ	

The consonants ж, ч, ш, щ <u>cannot</u> <u>mutate</u> because they are already mutated. The consonants й, л, н, р <u>simply</u> <u>cannot</u> <u>mutate</u>.

Note that if mutation occurs in **1st conjugation verbs**, it occurs *throughout the present or perfective future*. Whereas if mutation occurs in **2nd conjugation verbs**, it occurs *only in the я form*. For example:

писа́ть	сказа́ть	иска́ть //	чи́стить	отве́тить	ходи́ть
пишу́	скажу́	ищу́	чи́щу	отве́чу	хожу́
пи́шешь	ска́жешь	и́щешь	чи́стишь	отве́тишь	хо́дишь
пи́шет	ска́жет	и́щет	чи́стит	отве́тит	хо́дит
пи́шем	ска́жем	и́щем	чи́стим	отве́тим	хо́дим
пи́шете	ска́жете	и́щете	чи́стите	отве́тите	хо́дите
пи́шут	ска́жут	и́щут	чи́стят	отве́тят	хо́дят

Give the **я, ты** and **они́** forms of the following <u>2nd conjugation verbs</u>. The sign ✗ indicates shifting stress.

ла́зить _____ _____ _____

посади́ть _____ _____ _____

дыша́ть _____ _____ _____

корми́ть _____ _____ _____

крича́ть _____ _____ _____

мстить _____ _____ _____

соли́ть _____ _____ _____

The following <u>1st conjugation verbs</u> have mutation. Give their **я, ты** and **они́** forms.

плеска́ть _____ _____ _____

ма́зать _____ _____ _____

маха́ть _____ _____ _____

глода́ть _____ _____ _____

мета́ть _____ _____ _____

Имя и фами́лия _____

Homework Exercises to Lesson 1

Exercise #1: Write the requested ***present tense*** form of the verbs below. Consult *Making Progress* (pages 26-28) and the *Required Vocabulary* (page numbers given in parentheses). If the verb has no present tense, leave the corresponding space blank. **Do not change aspect.**

стара́ться (17)	я	_____
вы́учить (20)	они́	_____
преподава́ть (16)	он	_____
учи́ться (20)	ты	_____
нача́ть (19)	вы	_____
спать (20)	мы	_____
слу́шать (17)	они́	_____
есть (18)	вы	_____
пить (20)	она́	_____
дава́ть (2)	вы	_____
око́нчить (16)	я	_____
расти́ (16)	они́	_____
учи́ть (17)	мы	_____
танцева́ть (20)	она́	_____
изуча́ть (19)	я	_____

Exercise #2: Write the requested ***future tense*** form of the verbs below. Consult *Making Progress* (pages 27, 28 and 31) and the *Required Vocabulary* (page numbers given in parentheses). **Do not change aspect.**

ко́нчить (19)	ты	_____
занима́ться (18)	он	_____
учи́ть (17)	мы	_____
постара́ться (17)	вы	_____
захоте́ть (21)	они́	_____

потанцева́ть (20)	я	_____
научи́ться (20)	он	_____
вы́учить (20)	они	_____
танцева́ть (20)	ты	_____
есть (18)	я	_____
съесть (18)	ты	_____
дать (2)	мы	_____
поспа́ть (20)	я	_____
вы́пить (20)	они	_____
поступи́ть (20)	ты	_____
изуча́ть (19)	она	_____

Exercise #3: Circle the verbs below that are *intransitive*. Consult *Making Progress* (pages 31-32).

    пла́каться   тверди́ть   перели́ть

    жечь   ры́ться   наду́ться

What does intransitive mean? _____

_____

Exercise #4: Indicate what *tense* you would use to translate the underlined verbs. Consult *Making Progress* (pages 33-35). **Do not translate.**

1. If it **rains**, we won't go to the beach. _____

2. The doctor examined Ina and said she **was** in good health. _____

3. I'll try to be home when you **call**. _____

4. He said he **would come**. _____

5. We had a flat while we **were driving** to grandmother's. _____

6. They'll go if Misha **goes**. _____

7. We **have been studying** Russian for a year. _____

Имя и фами́лия _____

Exercise #5: Change the following sentences into ***reported speech*** or ***thought***. Consult *Making Progress* (page 35) and the *Required Vocabulary* (page numbers given in parentheses).

1. Ве́ра сказа́ла: "Когда́ я ко́нчу (19) чита́ть, я начну́ (19) отдыха́ть".

   _____

   _____

2. Ученики́ (20) ска́жут: "Мы вчера́ не занима́лись (18)".

   _____

3. Ты всегда́ говори́шь: "Я не хочу́ (21) танцева́ть".

   _____

4. Ива́н ду́мал: "Я поступлю́ (20) в университе́т".

   _____

Exercise #6: Запо́лните про́пуски.

1. Макси́м _____ в библиоте́ке.
                is studying (=doing homework) (18)

2. Э́ти студе́нты _____ эконо́мику (18).
                are studying (19 or 20)

3. Мари́на ещё _____ в университе́те.
                is studying (=is a student) (20)

4. Оле́г _____ _____ танцева́ть.
         taught (17) (PERF.)   me

5. Ви́ктор Никола́евич _____ курс _____
                       is teaching (=giving) (18)   on (16)

   _____.
     history (19)

6. Вы уже́ _____ но́вые слова́?
             learned (20)

7. Когда́ Бори́с _____ _____,
                 graduates from (16 or 19)   graduate school (15)

   он _____ исто́рию.
           will teach (16)

8. Когда́ начну́тся (55) _____?
                              classes (19)

9. Кто _____ вас _____, когда
     taught (17)   Russian (10 and 12)

    вы были _____?
              a freshman (19)

10. Эти _____ _____ нас биологии.
        graduate students (15)   are teaching (17)

11. Наташа _____ _____ _____
            entered (20)   (PREP.)   law (18)

    _____ в сентябре.
       school (15)

12. -- _____?
         What courses (19) are you taking (17)

    -- _____ _____,
         I am taking (17)   mathematics (15)

    _____ и _____.
       economics (18)   philosophy (18)

13. Толя в _____ или _____
             language laboratory (15)   in

    _____?
        study hall (18)

14. Сима живёт в _____ и _____ в
                   the dormitory (16)   eats (18)

    _____.
       dining hall (17)

15. _____ каком _____ ты учишься (20),
      In   department (17)

    на _____ или на _____?
         history (ADJECTIVE) (15)   philology (ADJECTIVE) (18)

16. В _____ _____ показывают (9)
        student (17)   center (19)

    _____ _____.
        foreign (19)   films (21)

17. _____ английского языка все говорят
      In   the department (small) (15)

    по-английски.

18. Наши ученики _____ _____ красиво.
                   make an effort (17)   to write (8)

Translation to Lesson 1

(Numbers in parentheses indicate the page in the *Required Vocabulary* where a given item can be found. Items from Lesson 1 are not so marked.)

1. When Marina graduates from the university, she will teach chemistry.

2. When I get (=receive) (26) (my) diploma, I will enter graduate school. I want to enter medical school and study medicine.

3. The (undergraduate) students aren't doing homework. They're sleeping in the dormitory.

4. The graduate students said that they had been in classes all (1) day (3). But we saw (2) them in the dining hall. They were eating and drinking.

5. The academic year starts (55) tomorrow. What courses are you taking? Will you study the humanities, the social sciences or the natural sciences?

6. You wouldn't know (=You don't know) where the physics, chemistry and math departments are located (7)?

7. -- Why are the (high school) students dancing in the language lab?
   -- The teacher (female) said that there wouldn't be (7) class (12) today.

8. -- You haven't seen (2) the textbook (that) (6) I gave you? -- No, but I'll buy (9) you a new (one).

9. The economics, philology and philosophy departments are located (7) in the center (79) of town (2).

10. Did you go to law school or medical school?

11. Anton said that he would be at the lecture.

12. Professor Petrova is teaching a new course on Soviet (10) area studies.

13. Oleg is a senior, but he doesn't have (7) a major.

14. -- These scholars are learning to dance. -- Who is teaching them?
    -- A graduate student in the Russian department (=small department of the Russian language) (10, 12).

15. When Kolya grows up he wants to study (in depth) foreign languages.

16. When we were sophomores we took only (11) required courses. We took courses in mathematics and chemistry.

17. Do the students in the biology department study philology?

18. Biology is your favorite subject?

Classroom Practices for Lesson 2

Practice #1: Answer the questions about each of the sample vocabulary entries below.

1. умыва́ться [-а́юсь, -а́ешься]//умы́ться [умо́юсь, умо́ешься]

    What is the imperfective infinitive? _____

    What is the perfective infinitive? _____

2. ненави́деть [-ви́жу, -ви́дишь]
   [*КОГО-ЧТО*]

    What is the aspect of the verb? _____

3. учи́ться [учу́сь, у́чишься]//на-
   [*ДЕЛАТЬ ЧТО*]

    What is the aspect of the infinitive
    which will follow this verb? _____

Practice #2: What aspect is indicated by the following?

  1. present tense   _____
  2. process important   _____
  3. result important   _____
  4. до́лго (3)   _____
  5. "ing" (on English verb)   _____
  6. infix -ыва-/-ива-   _____
  7. prefix по-, meaning "a while, a little"   _____
  8. result reversed/annulled   _____
  9. result remains in force   _____
 10. attempt made without achieving desired result   _____
 11. action not intended/expected   не + _____
 12. action intended/expected, but did not take place   не + _____
 13. action performed N times in quick succession   _____

14. action performed N times
    over a protracted period   _____

15. duration specified in acc.   _____

16. "used to (do smth.)"   _____

17. начина́ть//нача́ть   +   _____(infinitive)

18. конча́ть//ко́нчить   +   _____(infinitive)

19. single action, completed   _____

Practice #3:   If you were translating the underlined words only and you
               had to use a single verb, which aspect would you choose?

1. Father finished **reading** the book and returned it to the library.

2. Kira **worked** on the assignment for three hours.

3. **Did** you **read** all the poems?

4. Tanya always **wears** red dresses.

5. We began **to get dressed**.

6. We **used to visit** Viktor when he lived on Gorky Street.

7. I **will buy** a new pen. This one doesn't work.

8. Rita **read** War and Peace several times.

9. Olya **repeated** the name several times (in quick succession).

10. We **walked** around the park **a while** and then went home.

11. Sometimes I **sang** songs.

12. Who **took** the newspaper? (The newspaper is missing.)

13. Who **took** the newspaper? (The newspaper is back in its original
                                place.)

14. I **tried to write** the letter, but I couldn't because Henry kept
    bothering me.

15. I wanted **to pick up** the receiver, but then I changed my mind.

16. I **didn't pick up** the receiver. I didn't even hear the phone ring.

17. I **finished writing** the letter and went to the movies.

Имя и фамилия _____

Homework Exercises to Lesson 2

Exercise #1: Indicate the aspect of the following verbs.

закричать (23) _____   дать (2-3) _____

слушать (10) _____   описать (23) _____

умыться (24) _____   чистить (24) _____

ненавидеть (23) _____   получать (26) _____

Exercise #2: What aspect is indicated by the following.

"ing" (on the English verb)   _____

"used to (do smth.)"   _____

infix -ыва-/-ива-   _____

result important   _____

process important   _____

present tense   _____

duration specified in acc.   _____

result reversed/annulled   _____

result remains in force   _____

attempt made without
achieving desired result   _____

action not intended or
expected   не + _____

action intended/expected
but did not take place   не + _____

action repeated N number of
times in quick succession   _____

action repeated N number of
times over protracted period   _____

Prefix по- when it means
"a while, a little"   _____

"часто" (12)   _____

начина́ть//нача́ть (19) + _____ (infinitive)

конча́ть//ко́нчить (19) + _____ (infinitive)

Exercise #3: Translate the underlined portion of the sentence only, using in each instance a single verb.

1. We **tried to wake** you **up** (22), but you kept on sleeping.

2. They began (19) **to get dressed** (23).

3. Who **ate** (18) all the cupcakes?

4. Who **opened** (25) the window? (When said, the window is shut.)

5. Who **took** (24) my newspaper? (When said, the paper is missing.)

6. I **will buy** (9) lamb at the store to make shishkeebob.

7. What **did** you **do** (3) Tuesday? No one answered the phone all day.

8. Viktor **studied** (22) for the test for one hour.

9. Marina walked in while we **were taking** (26-27) an exam.

10. Galina **repeated** (26) the word four times (in quick succession).

11. They **danced for a while** (20) and then sat down.

12. We can't leave until we **decide** (26) where we're going.

Имя и фамилия _____

Exercise #4: Заполните пропуски.

1. Ира всегда _____ пятёрки _____ _____.
   receives (26)   in (26) химия (21)

2. Раньше я _____ утром, а теперь я
   used to take a shower (23)

   _____ вечером.
   take showers

3. Учитель _____ тетрадь и дал её студенту.
   checked over (24)

4. Антон _____ три часа, но он не _____.
   slept (20)   get a (real) rest (25)

5. Маша сказала, что она _____ окно, когда она
   would close (25)

   пойдёт на работу.

6. Наташа _____ зубы, _____ и пошла на
   brushed (24)   got dressed (23)

   занятия.

7. Он спит всё утро. Я не могу _____ его.
   wake up (22)

8. Кира _____ _____ . Она получила
   passed (26)   контрольная (23)

   _____ .
   a B (24)

9. Когда он начал (19) _____ русский язык?
   to study (19)

10. Учительница всегда _____ _____ пятёрки.
    used to give (24)   her

11. Толик _____ и _____ телевизор.
    got up (25)   turned off (22)

12. Олег _____ марку, но он её _____ .
    lost (24)   will find (23)

13. Таня _____ и поехала на работу.
    had breakfast (25)

14. Почему ты _____ ?
    are shouting (23)

15. Я _____ и пойду́ спать.
         will do homework a while (18)

16. Они́ сего́дня в хоро́шем _____ .
                                    mood (23)

17. Ви́ктор _____ посу́ду час. Когда́ же он ко́нчит?
              has been washing (23)

18. Кто _____ окно́? Откро́йте его́, пожа́луйста.
           closed (25)

19. Я _____ в э́том рестора́не два-три ра́за.
         had lunch/dinner (25)

20. Когда́ она́ _____ , она́ включа́ет свет.
                   gets up (25)

21. Она́ получи́ла дво́йку, потому́ что она́ не _____ ____
                                                   prepare (22)   for
    _____ . Она́ да́же не ду́мала о нём.
     зачёт (22)

22. Он всегда́ _____ зубну́ю щётку. А я её всегда́
                 loses (24)
    _____ .
      find (23)

23. Мы пое́дем (FUTURE), когда́ ты _____ маши́ну.
                                        wash (23)

24. Е́сли он не _____ экза́мен, он _____
                  pass (26)   will get (receive)(26)
    дво́йку.

25. Ле́на _____ бума́гу и написа́ла письмо́ своему́ дру́гу.
            bought (9)

26. Оле́г _____ кни́ги по исто́рии. Вот они́. Смо-
           used to collect (27)
    три́те каку́ю большу́ю библиоте́ку он _____ !
                                            gathered (together)(26)

27. Где ты _____ э́ту _____ ?
             found (23)   notebook (27)

28. Аспира́нтка _____ свою́ ка́федру, и мы наконе́ц по-
                 described (23)
    ня́ли, почему́ она́ всегда́ хоте́ла там учи́ться.

Translation to Lesson 2

(Numbers in parentheses indicate the page in the *Required Vocabulary* where a given item can be found. Items from Lesson 2 are not so marked.)

1. This morning (78) I got up, turned on the lights, got dressed, had breakfast and brushed (my) teeth. Then (=after that) I studied for an economics (18) test for one hour.

2. -- How are things with you? -- Good. I got (=received) a good grade in Russian. -- What (5) grade did you get? -- An A. -- That's why (=Here's why)(2, 9) you are in a cheerful mood!

3. -- Did you find the briefcase that you lost yesterday? -- No, and I lost (my) toothbrush too.

4. Last year (78) I took (17) a physics (21) course (19) (=course on physics)(16). I didn't understand then that physics is a very interesting subject (16).

5. -- Petya is in a sad mood because he received an F in math (15). -- That's not true (=That is an untruth). He received a C, although recently he received an F in philosophy (18).

6. I will wash up and brush (my) teeth quickly. Then I will go (86) to class(es) (19).

7. First we will have supper, then we shall wash the dishes.

8. -- Did you watch (50) the film (21) "The Foreign (19) Postage Stamp."
   -- No, I was eating (18) in the cafeteria then (at that time).
   -- (They) are showing (9) the film again (8) tomorrow (4) (in the) evening (2).

9. I read *War and Peace* five times.

10. Olya is solving a problem on the blackboard.

11. Who took my postage stamp? I don't know where it is. I wanted (21) to write a letter, but now (11) I can't.

12. Who took (and put back) (USE ONE VERB) my newspaper?

13. -- Who turned on the TV (113)? (TV IS OFF WHEN THIS IS ASKED.)
    -- I turned it on and Vera turned it off.

14. The teacher (12, 20) will give you an A if if you prepare for the final exam.

15. Elena tried to open (USE ONE VERB) the window, but she could (6) not open it.

16. The boy (6) began to shout (USE ONE VERB) because he hates quizzes.

17. When we finish (19) studying (18), we will rest for two-three hours.

Classroom Practices for Lesson 3

Practice #1: Indicate the *gender* of the following nouns.

1. ра́дость _____
2. злосло́вие _____
3. Чи́ли /страна́/ _____
4. анало́й _____
5. семе́йство _____
6. глава́рь _____
7. И́жма /го́род/ _____
8. жильё _____
9. те́мя _____
10. вошь _____
11. смири́тель _____
12. Босто́н /го́род/ _____
13. око́нце _____
14. Со́чи /го́род/ _____
15. шестерня́ _____
16. край _____
17. Ога́йо /река́/ _____
18. Ога́йо /штат/ _____
19. кисея́ _____
20. ра́дий _____

Practice #2: Give the *nominative plural* of the following nouns or substantives.

1. нововведе́ние _____
2. врата́рь _____
3. слепе́ц /е/ _____
4. печене́г _____
5. учёный _____
6. столо́вая _____
7. мысли́тель _____
8. живо́тное _____
9. ра́дость _____
10. израильтя́нин _____
11. планета́рий _____
12. ли́ния _____
13. жильё _____

14. такси́ _____
15. хоре́й _____
16. спица́ _____
17. ло́гово _____
18. пальто́ _____
19. кро́вля _____
20. больно́й _____
21. се́мя _____
22. резня́ _____

Practice #3: Fill in the blanks with the appropriate *colors*. Consult *Making Progress* (page 91) and the *Required Vocabulary* (page numbers given in parentheses).

1. Мы купи́ли _____ сту́лья (33).
         brown (29)

2. Он хо́чет _____ портфе́ль (26).
         grey (33)

3. -- Како́го цве́та ваш дом? -- _____.
                                    It's light blue (29, 33)

4. Учи́тель проверя́ет рабо́ту _____ карандашо́м.
                               red (32)

5. Каки́е _____ зу́бы!
         yellow (32)

6. В лесу́ де́ти нашли́ _____, _____ и
                         orange (30)   blue (33)

   _____ цветы́.
       purple (31)

7. Оле́г потеря́л _____ ма́рку.
                  pink (30)

8. Кто писа́л "_____ но́чи"?
                White (31)

9. -- Како́го цве́та доска́? -- _____.
                                 It's black (34, 33)

Имя и фами́лия _____

Homework Exercises to Lesson 3

Exercise #1: Indicate the **gender** of the nouns below. Consult *Making Progress* (pages 74-77) and the *Required Vocabulary* (page numbers given in parentheses).

1. со́лнце (91) _____   10. челове́к (12) _____
2. мужчи́на (7) _____   11. у́мница (31) _____
3. ко́фе (32) _____   12. Миссиси́пи /штат/ _____
4. вре́мя (2) _____   13. апре́ль (13) _____
5. ночь (8) _____   14. семья́ (41) _____
6. трамва́й (85) _____   15. о́чередь (78) _____
7. но́вость (63) _____   16. мавзоле́й (77) _____
8. Миссиси́пи /река́/ _____ 17. преподава́тель (20) _____
9. пла́тье (41) _____   18. ра́дио (113) _____

Exercise #2: Fill in the blanks below. Pay attention to **gender**. Consult *Making Progress* (pages 74-77) and the *Required Vocabulary* (page numbers given in parentheses).

1. Ака́кий -- _____ и́мя (5).
                  стра́нный (31)

2. А́нна Ива́новна _____ друг (4).
                       мой

3. Профе́ссор Смирно́ва _____, что она́ бу́дет чита́ть
                            said (2)

   курс по биоло́гии.

4. На столе́ (11) _____ пальто́ (91).
                      ста́рый (11)

5. Григо́рий Ива́нович -- _____ библиоте́карь (36).
                              но́вый (8)

6. _____ он пла́кса (30)!
   Како́й (5)

7. Мари́я Алекса́ндровна -- _____ учёный (17).
                                молодо́й (6)

8. _____ де́душка (39) живёт в Москве́.
   Наш

9. Мари́на -- _____ у́мница (31)!
                    большо́й (1)

10. Скульпту́ра -- _____ _____ вещь (32).
                     тако́й (11)   интере́сный (5)

Exercise #3: Write the **nominative plural** form of the nouns below. Consult *Making Progress* (pages 78-83) and the *Required Vocabulary* (page numbers given in parentheses).

и́мя (5)	_____	стол (11)	_____
перо́ (33)	_____	цвет (33)	_____
такси́ (85)	_____	тетра́дь (27)	_____
ве́чер (2)	_____	столо́вая (17)	_____
друг (4)	_____	цвето́к (33)	_____
стул (33)	_____	револю́ция (30)	_____
чёрт (31)	_____	стару́ха (31)	_____
о́зеро (32)	_____	взро́слый (29)	_____
сосе́д (33)	_____	моро́женое (97)	_____
лес (32)	_____	ребёнок (9)	_____
лицо́ (55)	_____	общежи́тие (16)	_____
го́род (2)	_____	англича́нин (62)	_____
брат (39)	_____	рабо́чий (30)	_____
оте́ц (41)	_____	писа́тель (71)	_____
зуб (22)	_____	учи́тель (12)	_____
дочь (39)	_____	аудито́рия (18)	_____
муж (40)	_____	жена́ (40)	_____
слу́чай (91)	_____	у́мница (31)	_____
вещь (32)	_____	сло́во (10)	_____

Имя и фамилия _____

Exercise #4: Заполните пропуски.

1. В _____ растут (16) _____.
         forest (32)   flowers (33)

2. Эти _____ никогда не отдыхают.
         scientists (17)

3. _____ _____ ничего не _____.
     Your   words (10)   prove (29)

4. Если эти пеликаны _____ из зоопарка (29), мы
                 (will) run away (31)

   их _____.
      (will) catch (30)

5. Мальчик _____, что он _____ нена-
            admitted (30)   in general (32)

   видит пеликанов (30).

6. Летом мы ходим (33) в лес (32) _____ _____.
                             for (32) berries (31)

7. Мы любим отдыхать (25) _____ _____.
                       at   озеро (32)

8. Этот фильм называется "_____ и _____".
                         Devils (31)   Revolution (30)

9. Дети говорят, что они _____ странные _____,
                        hear (33)   sounds (29)

   но мы ничего не _____.
                hear (33)

10. _____ нас не понимают.
      Adults (29)

11. Когда ты _____?
          (will) stop (30) shouting (23)

12. Эти _____ ничего не _____.
        workers (30)   fear (32)

13. Кто потерял (24) _____?
          a watch (33)

14. Мы пьём (20) только _____ _____.
                       black (34) coffee (32)

15. Профессор Максимова уже _____?
                         arrived (ON FOOT) (33)

16. -- Он говорит, что _____ the neighbors (33) _____ очень _____ злой (29).

 -- Я _____ don't believe (29) him.

17. -- _____ What color (33) (are) твои новые брюки (32)?

 -- Они _____ brown (29, 33).

18. Когда ученик _____ heard (33), что он сдал экзамен, он _____ fell down (30).

19. Она _____ returned (32) в общежитие _____ barely (29) _____ alive (SHORT FORM) (29) _____ from _____ fright (31).

20. Какие _____ huge (32) _____ feathers (33)!

21. Дети часто _____ rip (30) брюки.

22. Никто не _____ is attacking (30) _____ (PREP.) _____ us.

23. Вы не нашли (23) _____ green (32) ручку?

24. Мы никогда не видели _____ чёрт (31).

25. Он _____ was not afraid of (32) _____ революции (30).

26. Маша потеряла _____ white (31) пальто.

27. Книга называется (7) "_____ синий (33) тетрадь (27)".

28. _____ Какой (5) _____ grey (33) день!

29. В Москве есть _____ lakes (32)?

30. Саша _____ said (2), что он _____ would not come (BY VEHICLE) (33).

Translation to Lesson 3

(Numbers in parentheses indicate the page in the *Required Vocabulary* where a given item can be found. Items from Lesson 3 are not so marked.)

1. Our neighbors don't go to the lake any more. They are afraid of the mean old woman (USE ONE WORD) who (6) lives there.

2. Professor Ivanova said (2) that she had seen (2) a huge grey flower in the park.

3. -- Is your notebook (27) yellow or green? -- It's light blue.

4. A strange fear was growing (16) in us and we began to shout (23).

5. We were ashamed to admit that we ran away from (8) the old man (USE ONE WORD) we met in the forest.

6. Why did these adults stop taking baths (23)?

7. Vanya talked (in detail) about his neighbor Vera all (1) evening (2). He said that she is a good teacher (12). He kept repeating and repeating (26) "What (5) a clever person she is!"

8. She is a crybaby and no one (7) believed her when she said she saw a dead pelican at the zoo.

9. Dima went to the store (6) for pencils (5). He bought (9) dark-blue (ones), red (ones) and black (ones).

10. What a clever person Anton is! He found (23) your watch.

11. The flowers fell off of (10) the table (11) onto (7) the chairs.

12. All day (3) the workers have been hearing strange sounds and seeing strange colors.

13. (They) caught the pelican at the lake. It (WATCH GENDER) was barely alive (USE SHORT FORM) from fright.

14. How (5) will you prove that Marina ate (20) the berries?

15. -- Why is Vadim in such (11) a bad (8) mood (23)?
    -- When he was returning to the zoo he fell and ripped (30) (his) new brown pants.

16. If (4) we gather (27) new proof (PLURAL), will you believe us?

17. -- What color are a pelican's feathers? -- They're white.

18. In general we are not afraid of revolution.

19. There are (4) holes in the newspaper (2)! Who ripped it? I wanted (21) to read it.

Classroom Practices for Lesson 4

Practice #1: Write the *genitive singular* and *genitive plural* of the nouns or substantives below.

	SINGULAR	PLURAL
1. отде́л	_____	_____
2. зада́ча	_____	_____
3. тетра́дь (*fem.*)	_____	_____
4. вре́мя	_____	_____
5. вещь	_____	_____
6. контро́ль (*masc.*)	_____	_____
7. револю́ция	_____	_____
8. вино́	_____	_____
9. рабо́чий (*subst.*)	_____	_____
10. трамва́й	_____	_____
11. общежи́тие	_____	_____
12. ба́бушка	_____	_____
13. столо́вая (*subst.*)	_____	_____
14. сча́стье	_____	X X X X X X X X X X X X
15. нож	_____	_____

Practice #2: Write the *genitive* form of the following adjectives. (DO <u>NOT</u> CHANGE GENDER OR NUMBER.)

1. но́вая _____
2. хоро́шее _____
3. люби́мые _____
4. большо́й _____
5. ру́сский _____
6. злой _____
7. зла́я _____
8. истори́ческие _____
9. друго́е _____
10. си́няя _____

Practice #3: Fill in the blanks with the appropriate form of челове́к.

1. Ско́лько _____ бы́ло на ле́кции?

2. В ресторане сейчас мало _____ .

3. Здесь только шесть _____ .

4. Вечером многие _____ читают.

5. Марина Васильевна -- простой _____ .

6. Почему дедушка избегает (36) всех _____ ?

Practice #4: Circle those nouns below which *could not* have a partitive genitive in -у/-ю. (ALL NOUNS ARE GIVEN IN THE NOMINATIVE)

почта   право   порох   брюки   зрение   песок   кухня

Practice #5: Give the partitive genitive and translate.

1. лук (37)   _____ ("some _____")

2. бумага (1)   _____ ("some _____")

3. сахар (41)   _____ ("some _____")

4. цветы (33)   _____ ("some _____")

5. деньги (39) _____ ("some _____")

6. вино (39)   _____ ("some _____")

7. лимонад (37) _____ ("some _____")

8. овощи (40)   _____ ("some _____")

Practice #6: Circle those expressions which govern the genitive case.

Prepositions	Verbs	Adjectives
кроме	пугаться	полный
к	читать	любимый
во время	не было/нет/не будет	пустой
для	красть	достойный
под	бояться	читательский
среди	пользоваться	мёртвый
без	желать	
над	не хватает	

Имя и фами́лия _____

Homework Exercises to Lesson 4

Exercise #1: Write the *genitive singular* and *genitive plural* forms of the nouns below. Consult *Making Progress* (pages 94-98) and the *Required Vocabulary* (page numbers given in parentheses). If singular or plural form does not exist (or is not generally used), leave the corresponding space blank.

	SINGULAR	PLURAL
газе́та (2)	_____	_____
магази́н (6)	_____	_____
тетра́дь (27)	_____	_____
ко́фе (32)	_____	_____
окно́ (8)	_____	_____
де́ньги (39)	_____	_____
сестра́ (41)	_____	_____
библиоте́карь (36)	_____	_____
раз (26)	_____	_____
дере́вня (3)	_____	_____
каранда́ш (5)	_____	_____
лаборато́рия (15)	_____	_____
и́мя (5)	_____	_____
брат (39)	_____	_____
дочь (39)	_____	_____
ку́хня (40)	_____	_____
о́вощи (40)	_____	_____
буты́лка (39)	_____	_____
ребёнок (9)	_____	_____
зда́ние (77)	_____	_____
музе́й (77)	_____	_____
крестья́нин (70)	_____	_____

Exercise #2: Fill in the blanks with the appropriate forms of человек (12). Consult *Making Progress*, 99-101.

1. Сегодня на уроке пятнадцать _____ , а вчера было только четыре _____ .

2. Пеликаны обычно боятся (32) _____ .

3. На кухне было несколько _____ .

4. На лекции было очень много _____ .

5. _____ туда не ходят, потому что они боятся чертей.

6. Когда я училась, я жила у этих _____ .

7. Сколько _____ решили поехать на озеро?

8. Неинтересно без _____ .

9. Во время каникул будет мало _____ в общежитии.

10. Валентина Петровна -- очень интересный _____ .

Exercise #3: Circle those nouns below which **could not** have a partitive genitive in -у/-ю. (ALL NOUNS ARE GIVEN IN THE NOMINATIVE)

сахар   мясо   черепаха   суп   водка   рис   вино

Why not? _____

Exercise #4: Use the partitive genitive below **where appropriate** (including the special forms in -у/-ю).

1. Мы купили _____ , _____ и _____ .
   some cheese (42)   some bread (42)   some wine (39)

2. Вы хотите _____ или _____ ?
   some meat (40)   some vegetables (40)

3. Я не хочу _____ .
   the soup (41)

4. Я куплю _____ и _____ .
   some soda pop (37)   some apples (39)

5. Выпейте стакан _____ .
   tea (42)

6. Купите килограмм хорошего _____ .
   onions (37)

Имя и фамилия _____

Exercise #5: Use a correct form of the adjective-noun combinations. Some variation of the adjective form is possible; for present purposes, follow the guidelines in *Making Progress* (page 101).

1. У него́ три _____ и два
                    молода́я сестра́ (41)

   _____ .
      молодо́й брат (39)

2. На де́душку напа́ло пять _____ и четы́ре _____
                                злой пелика́н   стра́нная

   _____ .
   стару́ха

3. Купи́те три _____ .
               большо́е я́блоко (39)

4. На о́зере живу́т де́сять _____ .
                           весёлый стари́к

5. Здесь у́чатся два́дцать четы́ре _____ .
                                       иностра́нный студе́нт

Exercise #6: Circle those prepositions, verbs and adjectives below which govern the genitive case.

досто́йный (36)	слу́шать (10)
по́льзоваться (37)	пуга́ться (38)
на (7)	среди́ (38)
без (39)	во вре́мя (39)
сты́дно (31)	напада́ть (30)
у (42)	хотя́ (27)
по́лный (37)	до того́ как (36)

Exercise #7: Заполни́те про́пуски.

1. Эта же́нщина _____ _____ .
                    is worthy of (36)   happiness (38)

2. _____ _____ я пойду́ в клуб.
     After (37,41: Which one?)   classes (19)

3. Я _____ _____ .
   am avoiding (36)   его сестра (41)

4. _____ мы помоем посуду, мы пойдём гулять.
   After (37,41: Which one?)

5. Сделайте это для _____ и _____ .
   мать (40)   отец (41)

6. Стакан был _____ _____ .
   full (37)   лимонад (37)

7. Бутылка _____ _____ .
   is full (37)   of wine (39)

8. Нам _____ времени. Надо спешить.
   do not have enough (38)

9. Здесь _____ бутылок лимонада.
   a few/several (37)

10. У нас очень _____ _____ .
    little (40)   сахар (41)

11. Кто газету взял _____ ?
    from me (38)

12. Мы _____ _____ .
    wish you (36)   успех (38)

13. Квартира была _____ . Людей _____ .
    empty (38)   were none (7)

14. Дедушка рассказывал о чертях _____ мы на-
    until (36,39: Which one?)
    чали ужинать.

15. Он никому не рассказал об этом _____ _____ .
    except (40)   жена (40)

16. Мы хотели купить четыре _____ _____ .
    of (40)   эти книги (6)

17. _____ говорят, что наша библиотека хорошая.
    Many people (37)(ONE WORD)

18. Библиотекарь признался, что он _____ книги
    has been stealing (37)
    уже много лет.

19. _____ _____ мои родственники
    Before (36,39: Which one?)   война (25)
    жили в Египте.

Translation to Lesson 4

(Numbers in parentheses indicate the page in the *Required Vocabulary* where a given item can be found. Items from Lesson 4 are not so marked.

1. During the school vacation all my relatives had dinner (25) at grandfather's and grandmother's house. My parents were there, their nieces and nephews, and our cousins (male and female).

2. Among my relatives there is one very strange (31) person (12). This is my uncle Boris. He drinks (20) five glasses of wine, falls (30) off (his) chair (33) and begins (19) to tear (30) things (32).

3. In general (32) my aunt Nadya is also strange (31). She was born at the language laboratory (15). Today is her birthday and she is hearing (33) many words (10) in Russian which no one besides her can hear (33).

4. The grandchildren (male and female) got frightened when grandmother attacked (30) grandfather and tore (30) (her) dress.

5. My parents are simple people. They eat (18) white (31) bread and meat.

6. The husbands say that there is a little cheese; the wives say that there is little cheese.

7. (They) say that Kolya was avoiding the librarian because he stole a book.

8. She doesn't use the catalogue because she does not have (7) a library card. A library card gives (2-3) (one) the right to go through the control point and use the library.

9. Nina is worthy of a good grade (25) because she learned (20) all the words (10).

10. -- When I go through the control point I show (9) my library card.
    -- In the Soviet Union (10) (they) show (their) passports.

11. -- How many books did you lose (24)?
    -- Ten. But I found (23) a few of them.

12. After we returned (32) from uncle Boris' house, we talked for a long time (3) about his family.

13. I will buy (9) some sugar and soda pop before your (female) cousin arrives (33).

14. My sons are in the kitchen. They are drinking (20)) a bottle of wine and eating (18) bread.

15. We found (23) your daughter in the philosophy (18) section. She was simply taking a walk (2).

Classroom Practices for Lesson 5

Practice #1: Есть, to use or not to use. Write *есть* next to each sentence in which it is required.

_____ 1a) -- *Are* there any turtles in this zoo?

_____ 1b) -- Yes, there *are*. -- How many?

_____ 1c) -- There *are* five turtles in the zoo.

_____ 2) Do you *have* a notebook?

_____ 3) Do you *have* my notebook?

_____ 4) My radio *is* in the desk.

_____ 5) *Does* Victoria *have* a library card?

_____ 6) Misha *has* appendicitis. I hope he gets well soon.

_____ 7a) -- *Do* you *have* any children?

_____ 7b) -- We *have* three sons and one daughter.

_____ 8) *Is* there a bathroom on this floor?

_____ 9) Our town *has* a huge zoo.

_____ 10) There *are* more than a thousand books in this library.

Practice #2: Translate the underlined words with appropriate forms of *смотреть*, *смотреть на/в* or *смотреть, как*. Consult *Making Progress*, 123 and the *Required Vocabulary*, 45 and 50.

1. Vika *is watching* a film.

2. I often *watch* the children *play*.

3. *Look at* your watch and tell me what time it is.

4. Yesterday we *looked at* the house we want to buy. We really like the big kitchen.

5. The doctor *examined* her leg and said everything was all right.

6. Anna *looked into* the book and found the stamp.

Practice #3: In deciding whether to use *genitive or accusative* after a a negated transitive verb or after a verb of requesting, looking for, etc., you should calculate which of the following *six factors* are present:

#1 Negated transitive verb

#2 Verb of waiting for, looking for, demanding, wanting, desiring asking for, requesting (ждать, желать, искать, просить, требовать, хотеть)

#3 Any *ни-word* (each counts as one factor): никогда́, никто́, нигде́, никуда́, ни ... ни ... , никако́й, etc.

#4 Verb of perception (ви́деть, замеча́ть, слы́шать, чу́вствовать) or understanding/knowing (понима́ть, знать)

#5 Concrete but non-specific direct object (in English conveyed by "any," the indefinite article "a/an" or lack of an article)

#6 Abstract direct object

Factors #1 and #2 are crucial. If neither is present, the rest are irrelevant--use the accusative or whatever case the verb normally takes.

If you have only one factor, use the *accusative*. If you have three or more factors, use the *genitive*. If you have exactly two factors, usage will vary:

-- The combination of factors #1 + #6 or #2 + #6 will normally produce the *genitive*.

-- Otherwise either genitive or accusative may appear.

Constructions requiring the *partitive genitive* ("some tea," "some wine," etc.) will still be genitive regardless of the other factors.

For each sentence below write which factors are present and then indicate what case you would use to translate the underlined word.

Factors   **Case**

_____   _____   1) They desire happiness.

_____   _____   2) I didn't see any bread.

_____   _____   3) Tanya is not reading the book we bought.

_____   _____   4) Nikolai is looking for his wife.

_____   _____   5) I've never missed a single concert.

_____   _____   6) I don't want the cheese you bought.

_____   _____   7) I don't want any cheese.

_____ _____ 8) No one ever (=никогда́) helps Marina.

_____ _____ 9) I didn't understand that.

_____ _____ 10) I didn't see the book.

_____ _____ 11) I'm not waiting for a bus.

_____ _____ 12) No one ever (=никогда́) waits for busses here.

_____ _____ 13) I didn't buy wine.

Practice #4: *Спрашивать, просить* and *задавать вопрос*. Translate the sentences below with the appropriate form of "to ask." Consult *Making Progress*, 127-128 and the *Required Vocabulary*, 44, 47 and 50.

1. I asked her to open (25) the window (8).

   _____

2. I asked her for the stamp (25) that (6) she bought (9).

   _____

3. I asked him where the toothbrush (22) was.

   _____

4. I asked grandfather (39) to help (9) us.

   _____

5. Olga is asking the professor (20) an interesting question (48).

   _____

6. Grandmother (39) asked us for some onions (37).

   _____

7. Grandmother asked us not to shout (23).

   _____

8. Why are you always asking about (97) whales (45)?

   _____

9. I asked her only (11) one question (48).

   _____

Имя и фамилия _____

Homework Exercises to Lesson 5

Exercise #1: **Есть** and **нет**. Consult *Making Progress*, 117-119. Translate.

1. -- Do you have a dog (47)? -- Yes, I do.

   _____

2. On our collective farm (48) there are many (40) cows (45) and chickens (45), but there aren't any pigs (47).

   _____

   _____

3. -- Who has my cat (45)? -- I don't have it.

   _____

4. -- Are there many (40) lions (45) in this zoo (29)?

   _____

5. He had a monkey (46), but he lost (24) it.

   _____

6. -- Do you have any animals (44)? -- Yes, I have two turtles (47).

   _____

7. Does this town (2) have an aquarium (44)?

   _____

8. There will never be an aquarium here.

   _____

Exercise #2: **Смотреть**. Consult *Making Progress*, 123, *Classroom Practice #2*, and the *Required Vocabulary*, 45, 50. Translate.

1. We have been watching this film (21) for five hours (12) already (11).

   _____

2. Do you want (21) to look through my new stamps (25)?

   _____

3. I looked into (48) the notebook (27) and found (23) the mistake (49).

   _____

215

4. We are watching the elephants eat (18).

5. She looked at me and asked (47) me to repeat (26) the question (48).

Exercise #3: **Genitive** or **accusative** after negation. Consult *Making Progress*, 123-126 and *Classroom Practice #3*. Translate.

1. He never misses (46) a single (46) lecture (19).

2. She decided (26) not to buy (9) the dress (41).

3. No one (7) will ever (7) understand (23) this.

4. Why aren't you drinking (20) the soda (37) that (6) I gave (3) you?

5. We didn't buy (9) either (49) onions (37) or bread (42).

6. Lev received (26) not a B (24), but an A (24).

7. We didn't see (2) any (46) flowers (33) at all in the woods (32).

8. The instructors (20) still have not (91) corrected (49) these notebooks (27).

9. Our students don't know fear (31).

10. No one ever complains (44) about a good grade (25).

Имя и фами́лия _____

Exercise #4: ***Verbs of Desire, Expectation, Request.*** Consult *Making Progress*, 126 and *Classroom Practice #3.* Translate.

1. Do you want (21) some wine (39)?

_____

2. Do you want the wine or the vodka (96)?

_____

3. Marina is looking (45) for the book that (6) she bought yesterday.

_____

4. The students demanded (47) a recess (46).

_____

5. Natasha demanded (47) that he wait (48) for her a while.

_____

6. Anton demanded (47) the bottle (39) of wine (39) from us.

_____

7. --We are waiting for proof (29). --There is no proof.

_____

Exercise #5: ***Verbs of Asking.*** Consult *Making Progress*, 127-128 and the *Required Vocabulary*, 44, 47, and 50. Translate.

1. Misha asked Ivan why he stole (37) the chicken (45).

_____

2. The neighbors (33) asked us for some sugar (41).

_____

3. Don't ask me about (97) this.

_____

4. He's never asked me a single (46) question (48).

_____

5. Dasha asked them not to be angry (47) at her.

_____

6. The teacher (12) asked me to correct (45) the mistake (49).
   _____

7. No one ever waits for an answer (49).
   _____

Exercise #6:   Заполните пропуски.

1. Коля пошёл за сыром. Он вернётся _____ _____.
                                        in (50)   час (12)

2. Лара спала два часа. Потом она встала и пошла (33) к друзьям
   _____ несколько часов.
    for (49)

3. Учительница проверила (24) все диктанты _____ _____.
                                              in (44)   час (12)

4. Кто будет танцевать _____ _____?
                         for (48)   Оля

5. _____ _____ Николай вернулся.
     At (48)   five o'clock (12)

6. _____ _____ будет лекция по истории.
     On (48)   Thursday (13)

7. Собака _____ не _____.
          turned out to be (46)   mean (29)

8. Мы _____ на _____.
       were hoping (46)   answer (49)

9. Он никогда не _____ at _____.
                  gets angry (47)   дети (9)

10. В зоопарке нет (7) _____.
                       wolves (44)

11. Дети в детском доме _____ _____ _____.
                         dream (48)   about   семья (41)

12. Наталья очень _____ человек. Она всё
                   attentive (48)
    _____.
    notices (45)

13. Мы больше не _____ _____ _____.
                  believe (44)   in   чёрт (31)

219

Translation to Lesson 5

(Numbers in parentheses indicate the page in the *Required Vocabulary* where a given item can be found. Items from Lesson 5 are not so marked.)

1. On this collective farm there are cows, horses, chickens and pigs, but there are neither elephants nor monkeys.

2. There was a mouse in our house (42), but our cat caught (30) it and ate (18) it. He also catches (30) birds.

3. The teacher (12) was angry at Natasha because she wrote an extra letter in (her) dictation and she omitted a letter in the word (10) "chicken."

4. -- Did your niece (37) take (24) the turtle by mistake? --No, her brothers (39) asked her to take it.

5. Your son (41) is such (11) a crybaby (30)! He is always complaining about everything (1) and everyone (2).

6. If you don't want (21) to work tomorrow, my aunt (42) will work for you. You can always (2) rely on her.

7. Does this zoo (29) have any bears?

8. Our new librarian (36) turned out to be a strange (31) person. We often (12) see him sleeping (20) in the philosophy (18) section (41).

9. -- We heard (33) that your grandson (36) bought a wolf and a lion. -- That's not true (23). He has only (11) ordinary animals.

10. -- My children believe (29) that the whale is a fish. -- We don't believe you.

11. Have you noticed that our neighbors (33) never go (33) anywhere?

12. The workers (30) said that they simply (37) were demanding their rights (37).

13. It's not interesting (5) to watch you correct notebooks.

14. Maya made (3) a big mistake, but she corrected it just before she gave the quiz (22) to the teacher (12).

15. Our professors (20) check over our tests (23) very carefully. They never miss a single mistake.

16. We're asking you not to ask such (11) questions any more (31). There are no orphanages for (39) dogs!

17. Everyone looks for happiness (38), but not everyone finds (23) it.

18. Does the devil (31) believe in God? Does God believe in the devil?

Classroom Practices for Lesson 6

Practice #1: Fill in the blanks as in the model. *Indicate stress.*

INFINITIVE	1ST PERSON SING.	3RD PERSON PLU.	IMPERATIVES
ду́мать	ду́маю	ду́мают	ду́май(те)
боя́ться	бою́сь	боя́тся	бо́йся, бо́йтесь
отвеча́ть (56)	отвеча́ю	отвеча́ют	
останови́ть (52)	остановлю́	остано́вят	
подойти́ (52)	подойду́	подойду́т	
наде́ть (52)	наде́ну	наде́нут	
вспо́мнить (51)	вспо́мню	вспо́мнят	
верну́ться (32)	верну́сь	верну́тся	
доказа́ть (29)	докажу́	дока́жут	
ве́рить (29)	ве́рю	ве́рят	
вы́ключить (22)	вы́ключу	вы́ключат	
встава́ть (25)	встаю́	встаю́т	
закры́ть (25)	закро́ю		
напа́сть (30)	нападу́		
купи́ть (9)	куплю́		
помо́чь (9)	помогу́		
танцева́ть (20)	танцу́ю		
расти́ (16)	расту́		
око́нчить (16)	око́нчу		
нача́ть (19)			
гото́виться (22)			
описа́ть (23)			
поня́ть (23)			
поста́вить (24)			
брать (24)			

Practice #2: Give the imperatives of the following. If none exists, leave blank. See *Making Progress*, 145.

дать (2-3) _____   есть (18) _____

слы́шать (33) _____   пить (20) _____

дава́ть (2-3) _____   хоте́ть (21) _____

быть (1) _____   мочь (6) _____

Practice #3: Indicate the aspect of the verbs on the left, then write the *inclusive imperative* for each.

                              ASPECT   INCLUSIVE IMPERATIVE

проходи́ть (38)   _____   _____

пройти́ (38)   _____   _____

поза́вракать (25)   _____   _____

доха́зать (29)   _____   _____

есть (18)   _____   _____

учи́ться (20)   _____   _____

Practice #4: **Which aspect of the imperative** would you use in the following circumstances?

1. Suggestion/Command to continue doing smth. the addressee is already doing _____

2. Request to perform a single action with a concrete result _____

3. Negated imperative (usually) _____

4. When speaker wishes to convey urgency _____

5. Suggestion to do smth. often _____

6. Смотри́те, не ... _____

7. Polite invitation to do smth. the addressee would probably like to do _____

8. Warning not to do smth. inadvertantly   не + _____

9. Repeated request/command _____

Имя и фами́лия _____

Homework Exercises to Lesson 6

Exercise #1: Fill in the blanks according to the pattern in the model below, making sure to *indicate stress*.

INFINITIVE	1ST PERSON SING.	3RD PERSON PLU.	IMPERATIVES
гуля́ть	гуля́ю	гуля́ют	гуля́й(те)
серди́ться	сержу́сь	се́рдятся	серди́сь, серди́тесь
уме́ть (56)			
входи́ть (51)			
смотре́ть (50)			
наде́ть (52)			
подойти́ (52)			
жа́ловаться (44)			
пове́рить (44)			
вспо́мнить (51)			
конча́ть (19)			
крича́ть (23)			
встава́ть (25)			
дать (3)			
есть (18)			
мы́ться (23)			
собра́ть (27)			
вы́расти (16)			
иска́ть (45)			
забы́ть (55)			
отвеча́ть (56)			
показа́ть (9)			
попроси́ть (47)			

Exercise #2: **Which aspect of the imperative** would you normally use under the following circumstances?

1. Repeated command/request _____

2. Negative imperative (usually) не + _____

3. Warning not to do smth. inadvertantly не + _____

4. Смотри́(те), не ... _____

5. When speaker wishes to convey urgency
   (that is, to make the addressee hurry) _____

6. Polite invitation to do smth. the addressee would probably like to do anyway _____

7. Request to perform a single a
   action with a concrete result _____

8. Suggestion to do smth. often _____

9. Suggestion/Command to continue doing
   what the addressee is already doing _____

Exercise #3: **Which aspect of the infinitive** would you normally use in the following environments?

1. пора́ (56) + _____

2. не на́до (63) + _____

3. уме́ть (56) + _____

4. суме́ть (57) + _____

5. продолжа́ть (56) + _____

6. нельзя́ (63) + _____ (not permitted)

7. нельзя́ (63) + _____ (not possible)

8. Дава́й(те) (54) + _____

9. успева́ть (53) + _____

10. успе́ть (53) + _____

11. учи́ться (20) + _____

12. переста́ть (30) + _____

13. нача́ть (19) + _____

14. ко́нчить (19) + _____

Имя и фамилия _____

Exercise #4: Заполните пропуски.

1. Пора _____ . Мы едем в Кремль.
         get dressed (23)

2. Давайте _____ её письмо. Оно интересно.
              прочитать

3. Давайте не _____ его. Мы уже опаздываем.
                  читать

4. _____ на Ирочку. Она умница!
   Don't be angry (47)

5. -- Сегодня холодно (120). _____ пальто.
                              Put on (52)(IMPERATIVE)

   -- А мне тепло (119). Не хочу.

   -- Разве ты не слышишь: холодно! _____ пальто!
                                    Put on (52)(IMPERATIVE)

6. Смотри, не _____ ! Здесь скользко (slippery).
                 fall (30)

7. -- Можно (62) взять стакан чая?

   -- Пожалуйста, _____ его.
                      take (24)

8. Не надо _____ ей такие вопросы.
              ask (44)

9. -- Мы не нашли книгу и я не могу её сейчас искать. Надо на работу ехать.

   -- Пусть Толик её _____ . У него много времени.
                        look for (45)

10. Дедушка убежал. Мы не успели _____ _____ .
                                      stop (52)   him

11. Наташа учится _____ себя от собак.
                      to defend (51)

12. Бальзак продолжает _____ на
                         to exert an influence (52)

    русскую литературу.

13. Виктор _____ _____ .
             doesn't know how (56)   танцевать//потанцевать

14. Когда́ вы на́чали (19) _____ э́ти тетра́ди?
    to correct (49)

15. _____ . Она́ сейча́с придёт.
    Wait a while (48)(IMPERATIVE)

16. Я не зна́ла, что вы меня́ жда́ли. _____ , пожа́луйста.
    Come in (51)

17. Как вы _____ _____ обезья́ну?
          managed (57)   to catch (30)

18. Музе́й _____ . Мы не смо́жем туда́ пое́хать.
          is far away (54-55)

19. Когда́ _____ заня́тия (19)?
          will begin (55)

20. Уче́бный год _____ в ма́е. Пото́м все отдыха́ют.
                  ends (55)

21. Библиоте́ка _____ , и мы туда́ пошли́ за кни́гой.
                 was close by (54)

22. _____ э́ту кни́гу. Она́ тебе́ помо́жет (9).
    Take (24)

23. У́тром он _____ _____ га-
               doesn't have time (53)   чита́ть//прочита́ть
    зе́ту, потому́ что он всегда́ опа́здывает.

24. Мари́на _____ : Бальза́к -- вели́кий писа́тель.
             is right (correct)(52)

25. Что у тебя́ _____ ?
                 in (your) eye (54)

26. Когда́ вы ко́нчите (19) _____ тетра́ди, дава́йте
                             correct (49)
    _____ .
    have dinner (25)

27. *Война́ и мир* -- _____ произведе́ние.
                      complex (53)

28. Профе́ссор Дашко́ва написа́ла мно́го (40) _____ .
                                               статья́ (53)

29. Она́ _____ прие́хать. У неё бу́дет экза́мен.
         will not be able (55)

30. _____ он _____ ру́ки снача́ла.
    Let (53)   помы́ть (23)

Translation to Lesson 6

(Numbers in parentheses indicate the page in the *Required Vocabulary* where a given item can be found. Items from Lesson 6 are not so marked.)

1. -- Do you remember my husband (40)?
   -- Is he thin? Does he have light (blond) hair and light blue (29) eyes?
   -- No, he is fat and he has dark hair and grey (33) eyes.

2. Everything (1) hurts: (my) arms and legs, (my) head, (my) chest and (my) stomach. A bear (45) attacked (30) me and my dog (47) couldn't defend me.

3. Natasha has a long, straight nose, a wide face, large ears and thin fingers.

4. Aleksey has narrow shoulders and short legs, but he is not fat.

5. Kira has a small mouth and thin lips. Her face is very pretty (6).

6. Can it really be that you still (4) haven't finished (19) writing your dissertation!!! It's time to finish.

7. I love (62) Tolstoy's [Толстой (declines like adjective)] works (COLLECTIVE). His novel *Anna Karenina* is an excellent work. And his story "After the Ball" ["После бала"] is also an important work. He didn't write poetry.

8. Dostoevsky [Достоевский] is one of (40) the great European writers (71). His works have exerted a tremendous (32) influence on all European literature.

9. My left foot is too (49) wide, and my right foot is too long. I can't put on the shoes (91).

10. Every part of my body hurts, especially (my) neck and (my) back.

11. The graduate student (15) continued to talk until the professor (20) stopped her. She received (26) an A (24) because she answered all the questions (48) that the professor asked (44).

12. You have such (11) long fingers. Are you a musician (70)?

13. I recalled that the Kremlin (6) is in Moscow. I don't know how I could have forgotten this.

14. This part of the novel is very interesting.

15. I have a stomach ache because I ate (18) too (49) many (40) green (32) apples (39).

16. Can it really be that you don't remember my name (5)?!!

17. -- Do you live near by or far away? -- Near by.

Classroom Practices for Lesson 7

Practice #1: Review the usage of the *modal expressions* below.

До́лжен (должна́/должны́) is a *personal construction*. The logical subject is in the nominative and controls the gender and number of the verb быть in the past and the future. До́лжен agrees with the subject in number and gender.

-- Use до́лжен to express *obligation* or *duty*.

-- Use до́лжен to express *probability*.

На́до and **ну́жно** are *impersonal constructions*. The logical subject is in the dative and **cannot** influence the verb быть. Tense is marked by the **invariable** forms бы́ло (past) and бу́дет (future).

-- Use на́до or ну́жно to express *necessity*.

Необходи́мо and **обяза́тельно** are also *impersonal constructions*. The logical subject is in the dative. Tense is expressed by the **invariable** forms бы́ло (past) and бу́дет (future).

-- Use необходи́мо or обяза́тельно to express *extreme necessity*, to convey the idea that it is "absolutely necessary" to do something.

-- Use обяза́тельно to convey the idea that something is "required."

Приходи́ться/прийти́сь is an *impersonal construction*. The logical subject is in the dative. Tense is conveyed by **neuter forms** of the verb (приходи́лось, прихо́дится//пришло́сь, придётся).

-- Use приходи́ться/прийти́сь to express **necessity dictated by unforeseen and usually unpleasant circumstances.**

Which constructions best suit the sentences below? Translate.

1. You need to find out (60) when the film (21) will begin (55).

2. A dog (47) tore (30) my pants (32). I'll have to buy new (ones).

3. It's absolutely necessary for him to go (33) to the factory (4).

4. Are we required to go (33) to the lecture (19)?

5. Natasha was supposed to arrive (33) at (48) three.

6. They ought to answer (56) her letters (8).

Practice #2: Review the remarks on **negated modal expressions** below.

Необходи́мо is rarely negated because the word already contains a negative particle.

Не на́до is ambiguous. It can mean "it is not necessary," "you don't have to" or it can mean "it is not advisable or desirable".

-- In the second case it often functions as a polite request **not** to do something and can be translated as "please don't" or "don't bother."

Не обяза́тельно expresses a lack of necessity.

-- To avoid the ambiguity of не надо, use не обязательно when you need to express the idea that you "don't need/have to do something."

Translate the underlined words below. Try to avoid ambiguity.

1. You **don't have to work**. You can retire.

2. **Please don't get up** (25). I'll get it myself.

3. **Don't bother shouting** (23). They'll never hear you.

4. -- Do we have to wash the dishes? -- No, you **don't have to**.

Practice #3: Review the usage of **ну́жен/нужна́/ну́жно/нужны́**.

These forms are used to express need for some object or person.

-- Put the person(s) in need in the *dative case*.

-- Put the object(s) or person(s) needed in the *nominative case*. Then choose the form of **ну́жен/нужна́/ну́жно/нужны́** that agrees in gender and number. If a past or future form of **быть** is required, it should also agree in number and gender.

Translate the sentences below.

1. She needs a briefcase (26). _____

2. We needed the article (53). _____

3. I will need money (39). _____

4. He needed new clothes (60). _____

Practice #4: Review the remarks on *permissibility and possibility*.

Both мо́жно and возмо́жно can convey *possibility*.

-- In this meaning both can be translated as "it is possible," "one/you can." In this sense they have no dative complement.

-- Both нельзя́ and невозмо́жно can convey the opposite.

Возмо́жно also appears in the construction "it is possible that (something will occur)." In this sense it is followed by что.

Only мо́жно can convey *permissibility*.

-- In this meaning мо́жно can be translated as "it is possible/permitted/allowed" or "you/one may." It may have a dative complement.

-- Only нельзя́ can convey the opposite.

Translate the sentences below. Which can be translated by two constructions? Which cannot?

1. It was impossible to find (23) her new novel (56).

2. I'm not allowed to drink (20) coffee (32).

3. It's possible that they won't come (33).

4. Is it possible to read (12) this novel in (44) a week (78)? -No, it's not.

5. It wasn't possible to sleep (20). The children were crying (60).

Practice #5: Determine whether the following sentences should be translated by a form of *нра́виться/понра́виться* or *люби́ть/полюби́ть*. Note that полюби́ть ("to fall in love with," "to come to like") is more commonly used than the textbook suggests.

1. Children in general (32) don't like vegetables (40).

2. Misha liked Germany (58), but Masha fell in love with it.

3. You won't like our neighbors (33).

Имя и фами́лия _____

Homework Exercises to Lesson 7

Exercise #1: **Necessity, Obligation, Probability.** Consult *Making Progress*, 171-175 and the *Required Vocabulary*, 59-60, 62-63. Translate.

1. -- Do I have to buy (9) the textbook (20)? -- No, you don't have to.

   _____

2. The students (11) will need a break (46).

   _____

3. Children ought to help (63) their parents (41).

   _____

4. These flowers (33) were supposed to bloom (61).

   _____

5. It's not necessary to read this article (53).

   _____

6. Please don't shut (25) the window (8).

   _____

7. There were no taxis (85). We had to go by foot (85).

   _____

8. Don't bother waking (22) her up. She needs to sleep (20).

   _____

9. It's absolutely necessary for us to pass (26) this exam (27).

   _____

10. The Russians (10) needed an apartment (5).

    _____

Exercise #2: **Possibility and Permissibility.** Consult *Making Progress*, 175-176 and the *Required Vocabulary*, 58-59, 62-63. Translate.

1. It is impossible to say why the Spaniard (62) didn't come (33).

   _____

233

234

2. (One) is not permitted to sing (63) in the language lab (15).

_____

3. It is possible that she didn't know about the piano (63).

_____

4. Are children permitted to drink (20) champagne (61)?

_____

5. It was impossible to answer (56) the question (48).

_____

6. He may not enter (51). The test (27) has already begun (55).

_____

7. It will be impossible to work. Everyone (2) will be shouting (23).

_____

8. When he put on (52) the new clothes (60), it was impossible to recognize (60) him.

_____

_____

Exercise #3: Нра́виться/понра́виться and люби́ть/полюби́ть. Consult *Making Progress*, 177-178 and the *Required Vocabulary*, 62-63. Translate.

1. I like Chinese (59, 12). I've been studying (19) it 5 years (77).

_____

2. We like Japanese (61, 12). We already (11) know twenty words (10).

_____

3. Ira fell in love with a Frenchman (64) when she was in Italy (59).

_____

4. I like this new Spanish (62) wine (39).

_____

5. If you continue (56) to read Pushkin you will come to like (=fall in love with) him.

_____

Имя и фамилия _____

Exercise #4: Заполните пропуски:

1. Вера Ивановна _____ _____,
                         was grateful (58)   африканец (58)
   который _____ _____ найти собаку.
               helped (63)   она

2. Почему вы _____ _____ _____?
              envy (58)   эта   японка (61)

3. _____ никто не _____.
     The foreigners (62)   believed (29)

4. Я уже _____ _____ _____.
          got used (63)   to   China (59)

5. _____ were _____.
      Взрослые (29)   bored (64)

6. _____ _____
     Хозяйка нашего дома (61)   feels like (61)
   пообедать в русском ресторане.

7. Этот рояль (63) _____ _____.
                   belongs to (60)   француженка (64)

8. ___ _____ союзу (10) _____ эти рабочие?
      To   which (5)   принадлежать (60)

9. Сергей _____ _____.
            was surprised at (60)   новости (63)

10. Кто получил (26) пятёрку (24) _____ _____?
                                 in (16)   химия (21)

11. Ольга _____ _____ не красть книги.
            advised (64)   они

12. Эти дети _____ _____ слушать музыку.
              мешать (59)   он

13. Каждый человек должен _____ _____ _____.
                              serve (60)   своя   страна (64)

14. Дочь _____ _____ и _____.
           trusts (58)   отец (41)   мать (40)

15. Что сегодня _____ _____?
                   on (26)   телевизор (113)

16. _____ _____ _____.
      Этот   англичанин (62)   got lucky (58)

236

17. _____ вдруг (104) _____.
      Не́мка (59)   got thirsty (61)

18. _____ _____ о́вощи (40).
      Кита́ец (59)   needed (59)

19. _____ _____ чита́ть э́ту кни́гу.
      Де́ти (9)   were not permitted (63)

20. Ле́том мы _____ _____ _____.
                 will travel around (60) (PREP.) Africa (58)

21. _____ _____ тогда́ (27) _____ два́дцать лет (77).
      На́ша   тётя (42)   was (1)

22. _____ _____.
      Англича́не (62)   were hungry (61)

23. _____ _____ призна́ться (30), что
      Зо́я   was ashamed (31)

    она́ укра́ла цветы́ у (38) _____.
                                    soldiers (60)

24. -- Кто у́чит вас _____?
                        to speak Chinese (59)

    -- _____.
         A Chinese woman (59)

25. Мы _____ _____.
         всё (1)   are happy about (63)

26. Он бы́стро _____ к _____.
                 will get used to (63)   England (58)

27. Не _____ пальто́ на стул.
        throw (58) (IMPERATIVE)

28. До револю́ции хозя́йка жила́ в _____.
                                          Russia (60)

29. Он _____ _____.
         is calling (by name) (59)   the owner (61)

30. _____ так краси́во _____.
      The Italian (62)   sews (61)

31. Мы ре́дко _____.
                 cry (60)

32. Ла́ра нашла́ (23) _____ статью́ (53).
                         needed (59)

33. _____ мир (25).
      (To) the world (62)

Translation to Lesson 7

(Numbers in parentheses indicate the page in the *Required Vocabulary* where a given item can be found. Items from Lesson 7 are not so marked.)

1. The Spaniards will be very grateful to you if you will write them from (5) Japan.

2. When my relatives (38) arrived (33) from (5) Russia, they quickly (24) got accustomed to this country.

3. I'm surprised at you! Do you really (56) believe (29) that the English never cry?

4. We don't understand why the Germans don't trust the French, why the Americans (1) envy the Japanese, why the Russians (10) hate (23) the Chinese. It's absolutely necessary to trust (your) neighbors (33).

5. These soldiers served their country for many (40) years (77). When they returned (32) to England, even (3) their parents (41) didn't recognize them.

6. We know we're supposed to help the workers (30) but we've lost (24) (our) energy. We need to rest (25).

7. It is possible that the students who (6) were drinking (20) champagne threw the empty (38) bottles (39) into the river (91).

8. He doesn't know how (56) to sew but he feels like learning (20).

9. If you don't learn (20) these words (10) it will be impossible to pass (26) the test (23). After (41) the test (you) may (=it is permitted) forget (55) them.

10. The landlord doesn't understand why his flowers (33) grow (16), but don't bloom.

11. We advise you not to sing too (49) loudly. Loud sounds (29) bother our landlady.

12. Yesterday I heard (33) an interesting piece of news. My uncle (39) fell in love with a Russian (woman) (11).

13. They decided (26) to travel around America together (2). This (12) turned out to be (46) a mistake (49).

14. I looked (45) for you everywhere! I called and called (your name), but you did not answer (56). I'm glad that we found (23) you.

15. You must read this article (53) on African literature (55). I know that you'll like it.

16. This Chinese (woman) studied (20) in Italy, worked in Spain and is now living in Germany. She is so (11) lucky.

17. The world belongs to everyone (2).

Classroom Practices for Lesson 8

Practice #1: Write the *instrumental singular* and *instrumental plural* forms of the nouns or substantives on the left. If either does not exist, leave the corresponding space blank.

	INSTR. SING.	INSTR. PLU.
1. официа́нт (68)		
2. основа́тель (67)		
3. нога́ (55)		
4. у́мница (31)		
5. ле́кция (19)		
6. заня́тия (19)		
7. друг (4)		IRREG.
8. дере́вня (3)		
9. пра́во (37)		
10. общежи́тие (16)		
11. рабо́чий (30)		
12. часть (57)		
13. Кита́й (59)		
14. свинья́ (47)		
15. и́мя (5)		
16. вещь (32)		
17. учёный (17)		
18. столо́вая (17)		
19. мать (40)		
20. де́ньги (39)		
21. ло́шадь (45)		IRREG.
22. дочь (39)		IRREG.
23. ребёнок (9)		IRREG.
24. челове́к (12)		IRREG.

Practice #2: Underline and translate those items below which can take the instrumental case.

пользоваться (37)_____   перед (49)_____

чтобы (47)_____   оказаться (46)_____

жаловаться (44)_____   сколько (41)_____

вместе с (70)_____   рядом с (69)_____

смеяться над (71)_____   почтальон (68)_____

скучно (64)_____   помогать (63)_____

остаться (67)_____   между (70)_____

ленивый (67)_____   интересоваться (67)_____

Practice #3: Ways of saying "*for.*" Review *Making Progress*, 198-200. Translate.

1. Viktor slept (20) for an hour/for two hours.

2. We are going (84) to Moscow for two weeks (78).

3. Andrei is looking for (45) (his) wife (40).

4. Nina went (33) to the lake (32) for (=to get)(32) berries (31).

5. Maksim gave me five roubles for the book.

6. They were grateful (58) for the money (39).

7. We waited for (48) him for three hours.

8. Nikolai bought an apple (39) for his teacher (12).

9. They already set off (68) for Berlin.

10. We have been living here for ten years.

11. What is for dinner (25)?

Имя и фами́лия _____

Homework Exercises to Lesson 8

Exercise #1: Write the *instrumental singular and plural* forms of the nouns/substantives on the left. Write "IRREG." beside any form which cannot be predicted from the nominative/genitive singular given on the left. Consult the *Required Vocabulary* and *Making Progress*, 191-193.

	INSTR. SING.	INSTR. PLU.
1. рука́ [-и́] (56)		
2. не́мец [-мца] (59)		
3. ребёнок [-нка] (9)		
4. часть [-и] (57)		
5. и́мя [и́мени] (5)		
6. сло́во [-а] (10)		
7. портфе́ль [-я] (26)		
8. дочь [до́чери] (39)		
9. вещь [-и] (32)		
10. челове́к [-а] (12)		
11. фами́лия [-ии] (12)		
12. зда́ние [-ия] (77)		
13. ло́шадь [-и] (45)		
14. каранда́ш [-а́] (5)		

Exercise #2: Circle the items below which govern the instrumental case.

иска́ть (45)	по́льзоваться (37)
интересова́ться (67)	нра́виться (63)
рабо́тать (68)	вме́сте с (70)
каза́ться (70)	не́сколько (37)
ме́жду (70)	горди́ться (66)
сове́товать (64)	смея́ться над (71)
стать (72)	явля́ться (69)

241

Exercise #3: The declension of last names ending in *-ов, -ёв, -ев, -ин, -ын* is unusual: sometimes it is like an adjective, sometimes like a noun. The paradigm below is a model for all names of this type.

	MASC. SING.	FEM. SING.	PLURAL
Nom.	Попо́в/Вы́рин	Попо́ва/Вы́рина	Попо́вы/Вы́рины
Gen.	Попо́ва/Вы́рина	Попо́вой/Вы́риной	Попо́вых/Вы́риных
Dat.	Попо́ву/Вы́рину	Попо́вой/Вы́риной	Попо́вым/Вы́риным
Acc.	Попо́ва/Вы́рина	Попо́ву/Вы́рину	Попо́вых/Вы́риных
Instr.	Попо́вым/Вы́риным	Попо́вой/Вы́риной	Попо́выми/Вы́риными
Prep.	Попо́ве/Вы́рине	Попо́вой/Вы́риной	Попо́вых/Вы́риных

Foreign names ending in a consonant are declined like nouns in the masc.sing. and in the plural; in the fem. sing. they are indeclinable.

Nom.	Мо́царт	Мо́царт	Мо́царты
Gen.	Мо́царта	Мо́царт	Мо́цартов
Dat.	Мо́царту	Мо́царт	Мо́цартам
Acc.	Мо́царта	Мо́царт	Мо́цартов
Instr.	Мо́цартом	Мо́царт	Мо́цартами
Prep.	Мо́царте	Мо́царт	Мо́цартах

Names ending in *-у, -и, -е, -о* are indeclinable. Names with adjective type endings decline like regular adjectives. Now do the fill-ins.

1. Она́ говори́ла с (71) _____ и _____.
                        В.И. Ле́нин   С.А. Петро́ва

2. Я зна́ю _____ и _____.
              А́нна Мо́царт   Ни́на Пти́цына

3. Я люблю́ расска́зы _____ _____.
                       Пу́шкин   Шевче́нко

4. Вы чита́ли _____ и _____ ?
                Достое́вский   Толсто́й

5. Мы говори́ли об (97) _____ и _____.
                          Анто́н Че́хов   Кароли́на Па́влова

6. Я интересу́юсь (67) _____ и _____.
                       Чайко́вский   Бороди́н

7. Я написа́л письмо́ арти́сткам _____ и
                                       Жа́нна Биче́вская

   _____.
       Алла Пугачёва

8. Вчера́ мы бы́ли у (11) _____. Это интере́сные лю́ди.
                            Изма́йловы

9. Мы сейча́с е́дем к (5) _____.
                           Татья́на Шмидт

243

Имя и фамилия _____

Exercise #4: Заполните пропуски.

1. Мы все _____ _____ .
              are proud of (66)   э́тот писа́тель (71)

2. Ре́пин _____ _____ .
           is considered (69)   вели́кий худо́жник (69)

3. Никола́й пять лет _____ _____ .
                      worked as (68)   почтальо́н (68)

4. Через год Ма́рья Симо́новна _____ _____ .
                                will become (72)   инжене́р (70)

5. Эти рабо́чие _____ _____ .
                 seem (70)   трудолюби́вый (69)

6. Ломоно́сов не хоте́л _____ _____ .
                         to remain (67)   крестья́нин (70)

7. Ве́рбин _____ свой рома́н _____ ,
            called (67)   "Ма́ленький кит"
   а лю́ди, кото́рые его́ чита́ли, _____ его́
                                  called (67)
   _____ .
     "больша́я ры́ба"

8. Почему́ вы не _____ _____ ?
                   use (37)   зубна́я щётка (22)

9. Ломоно́сов _____ _____
               is (USE FORMAL WORD)(69)   основа́тель (67)
   Моско́вского университе́та.

10. _____ вы пи́шете (8)?... _____ или
     With what?   Каранда́ш (5)
    _____ ?
      ру́чка (10)

11. Не на́до (63) _____ _____ .
                   to laugh at (71)   он

12. Ве́ра Ива́новна _____ _____
                    will be in charge of (69) весь заво́д (4)
    когда́ она́ _____ _____ .
                becomes (72)(WATCH TENSE)   дире́ктор (70)

13. _____ _____ Марк сказа́л, что он хо́чет по-
     Just before (71)   обе́д (25)

ступить в медицинский институт.

14. Виктор тогда не знал, что он будет _____ .
    архитектор (66)

15. Мы _____ _____
       consider (72)   Марина Петровна

    _____ .
       способный музыкант (71, 70)

16. Какая разница _____ _____ и _____?
                   between (70)   медсестра (67)   врач (70)

17. Мы очень _____ _____ .
              pleased (70)   ваша работа (71)

18. Виктор Алексеевич _____ _____
                       turned out to be (71)   хороший

    _____ .
       официант (68)

Exercise #5: Ways of saying "*for*." Review *Making Progress*, 198-200. Translate.

1. Rita read for two hours.

2. Grigory went (33) to the library for (32) a book.

3. What is for supper (27)?

4. Vera bought a book for (39) (her) mother (40).

5. She came (33) to (her) brother's (39) house (5) for a day (3), but she was there for a week (78).

6. I am grateful (58) for the flowers (33).

7. Natasha is looking for (45) her husband (40).

8. I will give you twenty rubles (113) for your watch (33).

9. Andrei set off (68) for (1) China (59).

Translation to Lesson 8

(Numbers in parentheses indicate the page in the *Required Vocabulary* where a given item can be found. Items from Lesson 8 are not so marked.)

1. These poor peasants are dissatisfied with their work. They want (21) to become rich lawyers. They know they will have to (62-63) study (20) for three years at a law school (18, 15).

2. This housewife is refusing to work not because she is lazy, but because she wants to get (=receive) (26) an education and become a dentist, a journalist or a lawyer.

3. This stewardess is dreaming about becoming (=dreaming to become)(48) a performer. The desire to become a performer appeared in her at the age of eight.

4. Elena is occupied with art now. She has forgotten (55) about music and is not interested in it any more (31).

5. He didn't get (26) a job because he didn't have (7) experience.

6. The French (64) people (nation) is proud of its great (54) writers.

7. The scientists (17) are interested in the latest scientific discoveries.

8. Valentina Kirillovna is retired now. She used to work as a waittress. Her brother (39) will retire in (50) a year (77). He used to be a driver.

9. Dmitry studied (19) architecture abroad before (36) he became an architect.

10. I want (21) to be a teacher (12) because this is an interesting profession.

11. The post office is located (7) next to the park.

12. This athlete is occupied with sports. She isn't interested in the natural sciences (15).

13. -- What (5) is the difference between a doctor and a male nurse?
    -- The difference is great (=large).

14. The musician died at thirty years old.

15. Is Professor (20) Dashkóva a member of the department (15)?

16. I am interested in the study of languages and literatures (18), not in arithmetic. My major (17) is Russian (10) literature (55).

17. Let's (54) stay home. Today is the last day before (36) classes (19) begin (55).

Supplement to Lesson 9

CARDINAL NUMBERS

When dealing with cardinal numbers, follow the rules below <u>*in the order that they appear*</u>:

1. If the number *ends in 1* (except 11):

   -- Put the **noun** in the **singular** and **in the case that would be needed if there were not number before it.**

   -- Make один agree with the noun in gender, number and case.

2. If the number *ends in 000*:

   -- Put the **noun** in the **genitive plural**.

   -- Remembers that тысяча, миллион and миллиард decline as if they were nouns.

3. If the syntax of the sentence requires *genitive, dative, instrumental, prepositional* or (if the is 4 or lower) *animate accusative*), then the *NOUN RULES*. This means that all operations proceed from the noun (from right to left):

   -- Put the **noun** in the necessary case (**plural** only). (You have already done this for numbers ending in 1 and 000 in Step 1.)

   -- Make any accompanying adjective agree with the noun.

   -- Put the **number** in the case that the noun is in. (Make it agree with the noun as if it were an adjective.) Consult *Making Progress* (pages 211-213) for number declensions.

4. If the syntax of the sentence requires *nominative, inanimate accusative* or *(if the number is 5 or above) animate accusative*, the *NUMBER RULES*. This means that all operations proceed from the number (from left to right):

   -- Put the **number** in its regular, **nominative** form.

   -- If the number *ends in 1* (except 11) or *000* proceed no further. Your answer is no correct.

   -- If the number ends in *2, 3 or 4* (except 12, 13, 14):

      -- Put the **noun in the genitive singular.**
      -- Put the **adjective** in the genitive plural for masculines and neuters, in the nominative plural for feminines.
      -- Treat all substantives as adjectives.

   -- If the number ends in anything else (e.g., 5, 11, 56, 100):

      -- Put **noun and adjective** (if there is one) in the **genitive plural.**

ORDINAL NUMBERS

Ordinal numbers (first, seventy-eighth, hundredth, etc.) are *adjectives*. They agree with the noun in gender, number and case. A list of the basic ordinal forms is provided in *Making Progress* (pages 21-22).

Only the last digit of an ordinal (the last two digits in the case of "teens") is made into an adjectival form. Anything before that looks exactly like the cardinal number in the nominative case:

2nd	второ́й, -а́я, -о́е
22nd	два́дцать второ́й, -а́я, -о́е
222nd	две́сти два́дцать второ́й, -а́я, -о́е
2,222nd	две ты́сячи две́сти два́дцать второ́й, -а́я, -о́е
22,222nd	два́дцать две ты́сячи две́сти два́дцать второ́й, -а́я, -о́е

Ordinal numbers are used mainly for *calendar dates* and *years*.

Dates

1) The ordinal agrees with the word **число́**, which is usually omitted:

   Сего́дня 22-о́е /два́дцать второ́е/ (число́) а́вгуста.

   -- The word **число́** must be used, however, in the question "**Како́е сего́дня число́?**" ("What is today's date?")

2) To say "on a certain day" use the *genitive*:

   Ви́ктор роди́лся два́дцать второ́го ма́рта.

   Ната́ша прие́хала двена́дцатого сентября́.

   -- Again, the word **число́** must be used (in the genitive) in the question "**Како́го числа́ ...?**" ("On what date ...?")

Years

1) The ordinal agrees with the noun **год**, which is always given:

   Сейча́с 1988 /ты́сяча девятьсо́т во́семьдесят восьмо́й/ год.

2) To say "in a certain year" use the *prepositional* (году́):

   А́нна родила́сь в 1975 /ты́сяча девятьсо́т се́мьдесят пя́том/ году́.

3) If the **calendar date** or the **month** comes before the year, put год into the *genitive*:

   Он роди́лся 9-го ма́я 1975 /ты́сяча девятьсо́т се́мьдесят пя́того/ го́да.

   Она́ родила́сь в ию́ле 1975 /ты́сяча девятьсо́т се́мьдесят пя́того/ го́да.

Classroom Practices for Lesson 9

Practice #1: Fill in the blanks with appropriate *cardinal numbers*. The nouns, adjectives and verbs will show you whether *noun* or *number* rules.

1. Недалеко́ от (40) _____ но́вых универма́гов стоя́ла о́чередь.

two

2. В о́череди стоя́ло (78) _____ молоды́х солда́та.

four

3. За ни́ми стоя́ло _____ ма́ленькие де́вочки.

twenty two

4. За де́вочками стоя́ло _____ студе́нтов.

thirty

5. Че́рез (50) _____ мину́т появи́лся Ива́н.

ten

6. Он пришёл с (71) _____ бе́лыми соба́ками.

six

7. Соба́ки понра́вились (63) _____ де́вочкам и

twenty two
   _____ студе́нтам.

thirty

8. Ива́н встре́тил (32) _____ бе́лых соба́к в лесу́.

six

9. Они́ защити́ли Ива́на от (40) _____ злых волко́в.

three

Practice #2: Decide whether *noun* or *number* rules in the examples below. Then translate the underlined words.

1. On this street there are <u>2 new department stores</u> (76).

2. Not far <u>from</u> (40) <u>2 department stores</u> there is a factory.

3. <u>3000 workers</u> (30) work in the factory.

4. During their break, they lunch <u>in 3 restaurants</u> (10) nearby.

5. Their break is <u>from</u> (76) <u>11 to</u> (76) <u>12</u>.

6. The restaurants open <u>at</u> (48) <u>10:00</u>.

7. The restaurants belong (60) <u>to</u> <u>5</u> <u>rich</u> (69) <u>brothers</u> (39).

8. They each have <u>2</u> <u>million</u> <u>dollars</u> [доллар].

9. They asked (50) <u>4</u> <u>neighbors</u> (33) if they needed money.

10. Each neighbor received (26) <u>$500,000.00</u>.

Practice #3: If you were asked what time it was, what would you say in the cases below? Do not use a 24 hour clock.

1. 10:30 _____
2. 5:40 _____
3. 1:00 _____
4. 9:15 _____
5. 7:45 _____
6. 5:04 _____
7. 8:50 a.m. _____
8. 9:05 p.m. _____
9. 2:20 p.m. _____
10. 2:55 a.m. _____

Practice #4: If you were asked when you came home yesterday, what would you say in the cases below? Do not use 24 four hour clock.

1. at 1:00 _____
2. at noon _____
3. at 12:30 _____
4. at 7:40 _____
5. at 7:03 _____
6. at 11:55 _____
7. at 11:10 _____
8. at 2:15 _____

Имя и фами́лия _____

Homework Exercises to Lesson 9

Exercise #1: Write out the appropriate form of each *cardinal number and its object*. Pay attention to *noun and number rule*. Consult *Making Progress*, 211-216.

1. В университе́те _____ _____ и _____
                       four   столо́вая (17)   two

   _____ _____ .
   лингафо́нный (15)   кабине́т (15)

2. На столе́ стоя́ло (78) _____ _____
                                   fifty   nine

   _____ _____ .
   зелёная (32)   буты́лка (39)

3. Под столо́м стоя́ла _____ _____ _____ .
                           forty   one   буты́лка

4. Мы бу́дем на заня́тиях с (76) _____ до (76) _____ .
                                         eight   four

5. Ра́зве укра́ли (37) _____ _____ _____ ?
                       one hundred   чёрная (34)   ру́чка (10)

6. Де́вушка испуга́лась (38) _____ _____ .
                               three   медве́дь (45)

7. Пе́тя учи́лся (20) в _____ _____
                             forty   европе́йский (55)

   _____ !
   университе́т (11)

8. По́сле войны́ постро́или (76) _____ _____
                                  (one) thousand   но́вое

   _____ .
   зда́ние (77)

9. Анто́н нашёл (23) _____ _____ !
                      two   thousand   рубль (113)

10. В магази́не мы ви́дели (2) _____ _____ .
                                    twelve   юри́ст (69)

11. В институ́те мы ви́дели (2) _____ _____
                                     twenty   one

    _____ .
    инжене́р (70)

12. Он о́чень лю́бит (62) _____ _____ _____.
                                                    свой   two   внук (36)

13. В э́том общежи́тии живёт _____ _____
                                                eight hundred   four
    _____.
    студе́нт (11)

14. Э́то меша́ет (59) _____ _____ _____.
                              six   million   врач (70)

15. В э́том го́роде живёт _____ _____
                                  (one) billion   three hundred
    _____.
    people (12)

16. В _____ _____ _____ рабо́тает ты́сяча
        э́ти   seven   институ́т (15)
    инжене́ров.

17. Мы уже́ привы́кли (63) к _____ _____ _____
                                         наш   five   но́вый
    _____.
    преподава́тель (20)

18. На ле́кцию прие́хали учёные из (40) _____ _____
                                                    sixty   six
    _____.
    столи́ца (79)

Exercise #2: ***Ordinal numbers***. Fill in the blanks. Consult *Making Progress*, 21-22 and 216.

1. Э́то бы́ло в _____ ве́ке (77)?
                  nineteenth

2. Почему́ ты повторя́ешь э́то в (48) _____ раз?
                                      (one) hundredth

3. Ри́та живёт в _____ _____ кварти́ре (5).
                   forty   eighth

4. Почему́ ты не отве́тила (56) на _____ вопро́с?
                                     twentieth

5. Кто был на _____ ле́кции (19)? А на _____?
                first   second

6. Вчера́ роди́лся (38) _____ _____ ребёнок.
                         seven   millionth

Имя и фами́лия _____

Exercise #3: Fill in the blanks with the appropriate *collective numerals and their objects*. Consult *Making Progress*, 216-217

1. _____ _____ учи́лись в Ленингра́де.
   Both (75)   инжене́р (70)

2. Пе́ред дворцо́м _____ _____.
                   four (76)   воро́та (74)

3. У Смирно́вых _____ _____. _____ из
                three (76)   children (9)   Two (74)
   них де́вочки.

4. _____ _____ сло́жные.
   Both (75)   статья́ (53)

Exercise #4: Fill in the appropriate *dates* and *times*. Consult *Making Progress*, 217-220 and 21-22 (for ordinal forms) and the *Required Vocabulary*, 13-14 (for days of the week and months). **Write out all numbers.**

1. Дя́дя прие́хал к нам ___ _____ и уе́хал ___ _____.
                       in   April   in   July

2. Оле́г получи́л дипло́м _____.
                         (on) May fifth

3. Война́ с не́мцами начала́сь ___ _____
                                in   1941
   _____?

4. Магази́н откры́ли в _____, но его́ закры́ли в _____.
                       Wednesday   Thursday

5. _____ _____ _____ не бу́дет заня́тий.
   (PREP.)   next (78)   week (78)

6. Сего́дня _____.
            (fill in the correct day, date and month)

7. Мы бу́дем в Москве́ с (76) _____ до (76)
                              27th
   _____.
          30th

8. Пу́шкин роди́лся ___ _____ 18-го ве́ка. Он роди́лся
                    at   the end (77)
   _____.
                          in June 1799

9. Ахма́това родила́сь _____
           (On) June 11, 1889

_____.

10. Экза́мен бу́дет _____ _____.
        (on) November 8   at 9:00 a.m. (79)

Exercise #5: Заполни́те про́пуски.

1. Пе́ред заво́дом стоя́т _____ _____.
           high (77)   gate (74)

2. В це́нтре го́рода стои́т (78) _____ _____.
            a monument (78) Ле́нин

3. Оказа́лось, что в Росси́и бы́ло две _____.
               capitals (79)

4. Я не зна́ю, кто _____ музе́й.
        founded (75)

5. У них таки́е _____ ли́ца!
       wooden (74)

6. Говоря́т, что на́до знать _____.
           (your) enemy (74)

7. Со вре́менем ты _____ _____ хоро́шего писа́теля.
         will turn (75) into

8. _____ постро́или ру́сские _____.
  Both (75) towers (74)   craftsmen (74)

9. _____ _____ ___ _____ жи́ли в огро́мных
 Both (77) the tsar (76) and (the) prince (74)

_____.
 palaces (74)

10. Здесь _____ но́вый _____.
    (they) are building (76)   department store (76)

11. Мы _____ до (39) _____.
    stood in line (78)   midnight (75)

12. За́втра не́мцы пое́дут _____ _____
         to look around at (75) Red (32)

_____.
 Square (78)

13. Ско́лько _____ в Кремле́?
     cathedrals (76)

Translation to Lesson 9

(Numbers in parentheses indiicate the page in the *Required Vocabulary* where a given item can be found. Items from Lesson 9 are not so marked.)

WRITE OUT ALL NUMBERS AND DATES

1. The Russian (10) Revolution (30) began (55) in 1917. After (41) the Revolution many (40) cathedrals were turned into museums.

2. Did (they) found Moscow in the beginning or the end of the twelfth century?

3. -- I hear (33) bells, but from here I can't see (=don't see) them. -- They're in the tower behind (70) the gates.

4. Stalin died (69) on March 5, 1953. Lenin died in 1924.

5. -- How many students were at the lecture? -- Only (11) us three (USE COLLECTIVE NUMERAL) were there.

6. In the eighteenth century tsarinas received (26) (their) education (67) abroad (66).

7. Both the prince and the princess decided (26) to remain (67) in Russia (60).

8. -- What time is it? -- It's 3:15. -- How long have you been standing in line?

9. -- In what (5) year did (they) transfer the capital to Moscow (6)? -- Moscow again (8) became (72) the capital in March 1918.

10. When we were in the Soviet Union (10) last year (they) showed (9) us many (40) palaces and museums. We particularly (55) liked (63) the Historical Museum.

11. Both writers (71) are considered (69) great (54) craftsmen of literature (55).

12. The tsar was afraid (32) of enemy attacks (=attacks of enemies). Therefore (71) he built these high stone walls and bought (9) an enormous (32) cannon.

13. Lena arrived (33) at the department store at 1:30. She forgot (55) that there the break (46) is from two to three.

14. Tomorrow morning we are going (84) to look around at Pskov. The wooden cathedrals in Pskov are (FORMAL) (69) monuments of (USE GENITIVE) ancient Russian (10) architecture (66).

15. We strolled (2) in Gorky [Горький] Park (USE имени) until (39) midnight. We were looking (45) for a monument to Gorky.

16. The Andreevs have two children (9).

Classroom Practices for Lesson 10

Practice #1: Below are the five unprefixed verbs of motion you will use actively in this lesson. ("Unprefixed" is construed to include verbs that have the perfectivizing prefix по-).

	IMPERFECTIVE		*PERFECTIVE*
	/A/	/B/	/C/
	MULTIDIRECTIONAL	UNIDIRECTIONAL (*process*)	UNIDIRECTIONAL (*beginning*)
1)	ходи́ть	идти́	пойти́
2)	е́здить	е́хать	пое́хать
3)	лета́ть	лете́ть	полете́ть
4)	бе́гать	бежа́ть	побежа́ть
5)	пла́вать	плыть	поплы́ть

Answer the questions below, using a *letter* or a *number* as requested.

1. Under each diagram write one letter (A, B or C) designating the group of verbs characterized by the arrow(s).

   ____   ____   ____   ____   ____

2. Beside each description write one letter (A, B or C) to show which group of verbs best corresponds to it.

   Having the ability/skill to perform the action
   (able to walk, knows how to swim, etc.)................ ____

   Movement in progress in one direction by one subject... ____

   Movement in progress in no particular direction by
   one subject.. ____

   A departure.. ____

   A single round trip (in the past tense only)........... ____

   Multiple trips back and forth (habitual)............... ____

   Multiple trips in one direction only (habitual)........ ____

   Movement in various directions by several subjects..... ____

   Action to take place in near future, but described
   in present tense (="are going," "are flying").......... ____

3. Using the numbers 1 through 5 designate the verbs which fit the following descriptions.

   Denotes the movement of по́езд, трамва́й, тролле́йбус,
   авто́бус, электри́чка................................... ____

Denotes the movement of машина, такси, грузовик, велосипед... _____

Denotes the movement of самолёт, птица.................. _____

4. Use the letters A, B, C in combination with the numbers 1-5 to designate the appropriate verb or verbs.

Used in idioms to mean smth. is "taking place," "happening".. _____

Used with types of precipitation................ _____

Practice #2: Fill in the blanks with appropriate forms of the verbs ходить/идти//пойти or ездить/ехать//поехать.

1. Эта девочка уже _____ .
                                    knows how to walk (USE SINGLE VERB)

2. Вчера весь день _____ дождь (119).

3. Вчера вечером мы _____ в кино, которое находится рядом (69) с нашим домом. Фильм нам очень понравился.

4. Я всегда _____ на работу на метро.
              (USE PRESENT TENSE)

5. Маши нет дома. Она _____/_____
                               went (on foot)   went (by vehicle)
   в магазин за мясом. Она скоро вернётся.

6. После двух часов ночи автобусы не _____ .
                                               (USE PRESENT TENSE)

7. В прошлом году мы _____ в Канаду на машине.

8. Осторожно, _____ грузовик.
              is coming

9. Наташа каждый день _____ на работу пешком, а домой она _____ на трамвае.

10. Если завтра _____ дождь, мы не _____ на пляж (140).

11. Тебе не нужна электричка. _____ на велосипеде.
                                          Go (IMPERATIVE)

12. Сейчас нельзя подходить к профессору. _____ занятия (19).

Имя и фамилия _____

Homework Exercises to Lesson 10

Exercise #1:   Fill in the blanks with appropriate forms of the verbs ходить/идти//пойти or ездить/ехать//поехать.

1. Вика любит _____ пешком (85).

2. Завтра мы _____ на поезде (85) в Киев.

3. Коли нет дома. Он _____/_____ на
                                   went (on foot)   went (by vehicle)

   занятия. Он вернётся через два часа.

4. Осторожно, _____ автобус.
                     is coming

5. Мы часто _____ в Колорадо отдыхать.
                 (PRESENT)

6. Мы сегодня не _____ к бабушке, потому что
                     are going (by vehicle)

   _____ снег (119).
   (PRESENT)

7. Этот мальчик (6) уже _____.
                               knows how to walk (USE SINGLE VERB)

8. Каждое утро я _____ в столовую завтракать.
                   walk (PRESENT)

9. Павел каждый день _____ на занятия на автобусе,
                         (PRESENT)

   а домой он _____ пешком.

10. Если в субботу (13) _____ дождь (11), мы не

    _____ в Новосибирск.

11. Мы сейчас _____ в центр города на троллейбусе, и
                    are going

    троллейбус _____ быстро.
                    is going

12. Вчера мы _____ в магазин, который находится

    рядом (69) с нашим домом.

14. Григорий Дмитриевич, машина не работает. _____ на такси.
                                                                                                         Go (IMPERATIVE)

15. Осторо́жно, _____ маши́на.
              is coming

Exercise #2: Fill in the blanks with appropriate forms of the verbs лета́ть/лете́ть//полете́ть, бе́гать/бежа́ть//побежа́ть or пла́вать/плыть//поплы́ть.

1. Она́ уже́ стару́ха. Да... вре́мя _____ .
                                        flies

2. Ма́льчик ещё не научи́лся (20) _____ .
                                      to swim

3. -- Куда́ ты сейча́с _____ ?
                        are running

   -- Никуда́. В про́шлом году́ я начала́ _____ , когда́ я
                                              to run

   реши́ла занима́ться спо́ртом.

4. Ка́ждый год мы _____ в Япо́нию на самолёте.
                   (USE PRESENT TENSE)

5. Я не могу́ с ва́ми разгова́ривать. Я _____ сейча́с на ра-
                                          am running
   бо́ту.

6. Сейча́с зима́. Пти́цы давно́ (3) _____ на юг (120).

7. Мы о́чень лю́бим _____ в реке́ (91).

8. Э́тот парохо́д сейча́с _____ в Англию.

9. Я _____ на друго́й бе́рег (90) и посмотрю́, кто
        will swim
   там кричи́т.

10. Де́ти _____ по па́рку. Ско́ро они́ захотя́т есть и
            are running
    _____ домо́й на обе́д.
       will run

11. В про́шлом году́ мы _____ в Берли́н.

12. Э́тот самолёт сейча́с _____ в Варша́ву.

13. Э́та де́вочка ещё не _____ .
                         knows how to swim (USE SINGLE VERB)

14. Че́рез неде́лю они́ _____ в Москву́.
                          will fly

Имя и фамилия _____

Exercise #3: Ways of saying *take*. See *Making Progress*, 244.

1. Кто _____ мою газету? Я не могу её найти.
   took (84)

2. Ты сегодня уже _____ лекарство?
   took (83)

3. После (41)_____ стюардесса раздала пассажирам конфеты.
   take-off (81)

4. Антон _____ очень удобное место в самолёте.
   took (82)

5. Когда вы _____ экзамен по истории?
   will take (85)

6. Я _____ и мы поедем.
   will take a shower (83, 85)(GIVE BOTH WAYS)

7. Сколько времени _____ в Ленинград
   does it take to get (ONE WORD)
   на поезде?

8. Сколько времени _____ в Москву на
   does it take to fly (ONE WORD)
   самолёте?

9. Мы _____ сюда четыре часа.
   it took us to get (by vehicle)(ONE WORD)

10. Самолёт _____ так быстро, что уши заболели.
    took off (81)

11. Туристы ездят по городу и _____ все
    are taking pictures of (84)
    интересные памятники.

12. Она не _____ _____ дискуссии.
    took part (83)   in

13. Виктор _____ ванну.
    is taking (83)

14. Мы _____ на метро, а мы _____
    will take (84)   will take (84)
    такси.

15. Нина _____ курс по русской литературе.
    is taking (85)

261

Exercise #4: Заполните пропуски.

1. По радио _____(they) announced (82)_____ , что отменили рейс № 709.

2. Сергей Петрович _____is worried (81)_____ , что отменят его рейс.

3. Наш _____ship (82)_____ _____is sailing (83)_____ в Балтимор.

4. Стюардесса обычно _____hands out (83)_____ конфеты.

5. Нина _____is sucking (on)(84)_____ конфету.

6. Эти места очень _____comfortable (84)_____ .

7. Почему такси _____is moving (84)_____ так быстро?

8. Наташа _____looks like (85)_____ _____отец (41)_____ .

9. Люди _____are walking (86)_____ _____around (85)_____ площади.

10. Вы можете ехать __by__ _____subway (85)_____ или __by__ _____трамвай (85)_____ .

11. Нельзя идти туда _____on foot (85)_____ .

12. Сейчас будет _____the boarding of the plane (83)_____ .

13. Виктор уже в самолёте, но он ещё не _____took (82)_____ _____(his) seat (85)_____ .

14. Это _____uncomfortable (82)_____ место.

15. _____Careful! (82)_____ , едет грузовик.

16. Уже нет (7) _____боль (81)_____ в ушах.

Translation to Lesson 10

(Numbers in parentheses indicate the page in the *Required Vocabulary* where a given item can be found. Items from Lesson 10 are not so marked.)

1. When an American (61) plane takes off, it flies upward very fast. But when a Soviet plane takes off, it flies upward very slowly.

2. From (5) the airplane we looked (50) down at the ground. The earth looked like a huge (32) map. We saw (45) a truck moving (along) and we watched (45, 50) people (12) swimming in a lake (32).

3. We went to the airport by taxi. When we arrived (33) there (11) we checked our baggage and went through the control point (36, 38).

4. It is not permitted to take photos during (39) the boarding of the plane, during the take-off, during the flight or even (3) during the landing of the plane.

5. -- Why are you sucking on (your) finger (56)?
   -- I don't like (63) the candies the stewardess (72) handed out.
   -- I advise (64) you to take your medicine. I'm worried about you.

6. The medicine you took will relieve the pain in your stomach (51) but it will not relieve the unpleasant (9, 7) sensation in (your) ears (57). For (39) that you will have (62) to suck on these candies and look (50) out (=into) the window.

7. This bus is going so (11) slowly that the passengers have begun (19) to complain (44).

8. I used to ride (my) bicycle to classes (19), but now I run (there and back).

9. Those Americans took all the comfortable seats in the trolleybus.

10. At the airport (they) announced that (they) had cancelled our (scheduled) flight. We decided (26) not to fly on airplanes any more (31). We decided to go only by train.

11. When the plane landed we took the bus and the subway to the center (of town)(79).

12. -- Careful, a car is coming (=is moving).
    -- Thanks (10). I wasn't paying attention.

13. This lawyer (69) ordinarily (46) takes the commuter train to work (71). But yesterday he took a bus (there and back).

14. -- Where is Lena? -- She is outside. -- When did she go outside?

15. Soon it will begin (USE A SINGLE MOTION VERB) to snow (119), and we will go outside to play (5).

16. The Russians are running around the ship. Why are they so worried?

Classroom Practices for Lesson 11

Practice #1: Fill in the blanks with appropriate forms of the verbs носи́ть/нести́//понести́, води́ть/вести́//повести́ or вози́ть/везти́//повезти́. Consult *Making Progress*, 257-261.

1. Когда́ мы встре́тили Вади́ма и Ири́ну, они́ шли из библиоте́ки. Вади́м _____ журна́л, а Ири́на _____ тетра́дь.

2. Я не зна́ю, куда́ мы идём. Куда́ ты меня́ _____?

3. Когда́ Аня пое́дет в Москву́, она́ _____ всю семью́.

4. Ко́ля ка́ждый день _____ соба́ку в парк гуля́ть.

5. Когда́ ко́нчится фильм, мы разбу́дим па́пу и _____ его́ на у́лицу (86).

6. -- Ра́зве ты не _____ маши́ну? -- Нет, ма́ма и па́па
                                 drive

    меня́ всю́ду (58) _____.
                           drive

7. -- Что вы вчера́ де́лали? -- Мы _____ тётю в
                                    (ROUND TRIP) (ON FOOT)

    рестора́н.

8. Шофёр е́хал _____ пассажи́ров на аэродро́м, когда́ его́
                 was taking

    останови́ли.

9. Осторо́жно, е́дет грузови́к. Он сюда́ _____ по́чту.

Practice #2: Before filling in the blanks, review the two types of motion verbs that begin with the prefix **по-**.

Adding по- to a unidirectional imperfective verb of motion (идти́, е́хать, etc.) produces a *perfective unidirectional* verb.

Adding по- to a multidirectional imperfective verb of motion (ходи́ть, е́здить, etc.) produces a *perfective* verb which is used to describe *multidirectional movement of limited duration*.

1. Студе́нты сда́ли экза́мен и _____ отдыха́ть.
                                    drove

2. Самолёт _____ над аэродро́мом.
         flew around (a short time)

3. Через ме́сяц пти́цы _____ на юг.
   　　　　　　　　　　　　　　　will fly

4. Ве́чер тако́й хоро́ший. Дава́йте (54) _____ ещё
   　　　　　　　　　　　　　　　　　　　　　walk around
   немно́го.

5. Мы бро́сились (87) из ло́дки и _____ к бе́регу.
   　　　　　　　　　　　　　　　　　　　　swam

Practice #3: Fill in the blanks with appropriate verbs of motion that begin with the prefix *C-* (used to describe short round trips). Consult *Making Progress*, 264-265.

1. Ва́ня _____ в магази́н _____ _____,
   　　　　　　ran down　　　　　　　　　　　　to get (32)　　о́вощи (40)
   а пото́м на́чал гото́вить обе́д.

2. Нам нужны́ ма́рки. Кто _____ ____ _____?
   　　　　　　　　　　　　　　　will go down　　　　to　　по́чта (9)

3. Не плачь. Мы _____ _____.
   　　　　　　　　　　　　　will drive down　　　　　to pick you up (32)

Practice #4: **Clothing, its wear and fit.** Before filling in the blanks, consult the *Required Vocabulary*, 87-88.

1. Ле́том я не _____ пальто́.
   　　　　　　　　　wear

2. Ни́на _____ то́лько ю́бки, но вчера́ она́ _____
   　　　　used to wear　　　　　　　　　　　　　　　　　　　was wearing
   _____.
   a dress (41)

3. Пла́тье _____.
   　　　　　　　　was too big for her

4. Учёные доказа́ли, что ма́льчики, кото́рые _____ очки́,
   　　　　　　　　　　　　　　　　　　　　　　　　　wear
   ча́сто _____ _____.
   　　　　　　wear　　　　　　pants (32)

5. Э́ти брю́ки _____.
   　　　　　　　　fit him just right

6. Э́тот костю́м _____.
   　　　　　　　　　is too small for me

Имя и фами́лия _____

Homework Exercises to Lesson 11

Exercise #1: Fill in the blanks with appropriate forms of the verbs носи́ть/нести́//понести́, води́ть/вести́//повести́ or вози́ть/везти́//повезти́. Consult *Making Progress*, 257-261 and the *Required Vocabulary*, 87-88.

1. Ве́ра идёт домо́й из шко́лы и в рука́х _____ кни́ги.

2. Никола́й о́чень лени́вый ма́льчик. Он всегда́ тре́бует, что́бы (47) роди́тели всю́ду (58) _____ его́ на маши́не.

3. Я ви́дел, как (45) Ри́та шла и _____ соба́ку.
                                                 (ON A LEASH)

4. Де́ти уже́ бы́ли в маши́не и О́льга пое́хала. Я не зна́ю, куда́ она́ их _____ .
                     took

5. Когда́ Ви́ктор _____ нас на аэродро́м, он е́хал о́чень
                           was taking

   ме́дленно.

6. Я _____ Ле́ночку домо́й. Она́ уже́ спит у меня́ на
        will take

   рука́х.

7. Анто́н шёл по у́лице и _____ цветы́.

8. Вчера́ А́нна Макси́мовна _____ дете́й в музе́й, кото́рый
                            (ROUND TRIP)

   нахо́дится ря́дом (69) с её до́мом.

9. Пе́ред магази́ном стоя́т грузовики́, кото́рые обы́чно _____
                                                                                        carry/transport

   хлеб.

10. Здра́вствуйте, Ни́на Ива́новна. Я сейча́с _____ вас к
                                                         will take

    Никола́ю Бори́совичу. Он живёт на на́шем этаже́.

Exercise #2: Fill in the blanks with the correct translation of "to drive." Consult *Making Progress*, 259-260.

1. Кто _____ маши́ну, когда́ вас останови́ли (52)?
      was driving

268

2. Мы каждый день _____ на завод на машине, потому
   drive (ROUND TRIP)
   что завод от нас далеко.

3. Когда мы _____ к бабушке, дети вели себя неплохо.
   were driving

4. Он не умеет (56) _____ машину, но он скоро научится.
   to drive

5. Николай часто (12) _____ детей за город (87).
   drives (ROUND TRIP)

6. Лара _____ за город. Она за город никогда не
   didn't drive
   _____.
   drives

Exercise #3: Fill in the blanks with verbs of motion that begin with the prefix ПО-. Consult *Practice #2* and the *Required Vocabulary*, 87.

1. Дети _____ по парку, а потом _____
   ran around (for a while)   ran
   домой.

2. Завтра мы _____ в Японию.
   will fly

3. Олег _____ по квартире. Потом он
   walked around (for a while)
   _____ к другу.
   went (BY VEHICLE)

4. Давайте (54) _____ в реке.
   swim around (for a while)

5. Завтра мы _____ по городу и посмотрим
   will drive around (for a while)
   все интересные места.

6. Давайте (54) _____ к берегу.
   swim

7. Володе _____ в музей. Ему пришлось
   did not go (BUT WANTED TO) (ON FOOT)
   остаться дома.

Имя и фамилия _____

Exercise #4: Fill in the blanks with verbs of motion used to describe **short round trips**. Consult *Making Progress*, 264 and the *Required Vocabulary*, 89-90.

1. Я _____ в _____ за сахаром.
         will walk   магазин (6)

2. Давайте (54) _____ на аэродром за (32) _____.
                 drive over   Ира

3. -- Гриша, _____ на _____ и купи марки.
               run over   почта (9)

4. Утром мы _____ to _____
            ran over   прачечная (89)

   за (32) _____ .
           бельё (87)

Exercise #5: Fill in the blanks. Pay attention to the difference between носи́ть and быть в. Consult the *Required Vocabulary*, 87-88.

1. Николай обычно _____ _____ _____ ,
                     wears   blue (33)   пиджак (89)

   а вчера он _____ _____ _____ .
             was wearing   gray (33)   костюм (91)

2. Кира _____ _____ , но вчера она
         used to wear   чулки (90)

   _____ _____ _____ .
   was wearing   white (31)   socks (88)

3. Пришёл врач. Он _____ _____
                       was wearing   длинный (55)

   _____ .
   плащ (89)

4. Вы говорите, что девушки уже не (31) _____ _____ .
                                                  wear   юбки (91)

   Посмотрите на Риту. Она _____ _____ .
                                    is wearing   юбка (91)

Exercise #6: Заполните пропуски.

1. Эта девочка _____ плохо.
                   behaves (87)

2. За́втра мы е́дем _____ отдыха́ть.
   to the country (87)

3. Э́та блу́зка (91) _____.
   will be too small for (88) grandmother (39)

4. Пе́тя _____ и _____ че́рез
         fell asleep (88)   woke up (89)
   семь часо́в. Он хорошо́ поспа́л (20).

5. Э́ти ту́фли (91) _____.
                   are too big for me (87)

6. _____ _____. Я ду́мала, что
      Ле́на   was nowhere in sight (88)
   она́ _____.
        had drowned (90)

7. Э́та _____ _____.
         cap (90)   fits you just right (88)

8. -- Пе́тя пришёл (33) домо́й и _____.
                                took off his coat/got undressed (89)
   -- Что! Он _____ всю свою́ _____!
              took off (90)   clothing (60)
   -- Нет, он _____ то́лько _____.
              took off (90)   overcoat (91)

9. Ко́шка _____ в ре́ку, но мы её _____.
          jumped (87)   saved (90)

10. -- Где ты купи́ла таку́ю _____
                            cute (89)
    _____? -- Я её нашла́ ____ _____ реки́.
    hat (with brim) (91)   on   bank (90)

11. В тако́м _____ тебе́ не на́до бы́ло смея́ться.
             instance (91)

12. Она́ _____ нас _____ _____.
        is calling (89)   for (89)   help (89)

13. Необходи́мо (59) _____. Всё _____.
                    to do laundry (90)   dirty (87)

14. Прия́тно носи́ть _____ оде́жду.
                    clean (90)

15. Пусть всегда́ бу́дет _____.
                        sun (91)

271

Translation to Lesson 11

(Numbers in parentheses indicate the page in the *Required Vocabulary* where a given item can be found. Items from Lesson 11 are not so marked.)

1. We'll drive (84) to the country, as soon as you take off that dirty shirt and put on (52) a clean (one).

2. Explain to us why you washed a white (31) dress (41) with (71) red (32) socks.

3. We heard (33) a child's (9) cry and ran (81) to help.

4. If I fall asleep, wake (22) me at 2:30 (75). I have (62, 63) to run down to the laundry.

5. Every (5) morning (12) we drive (our) granddaughter (36) to school (27). Then (26) we drive (84) to work (71).

6. All the passengers (85) waited on the shore until (51) the boat returned (32).

7. -- Why are you wearing my pink (30) blouse? It's too big for you.
   -- I'll take off the blouse, if you give me the skirt you wore yesterday. It fits me just right.

8. What (5) a cute hat (with brim)! But when you put it on (52) your face (55) can't be seen.

9. The prince (74) was drowning, but did not drown. We still don't (91) know who jumped into the river and saved him.

10. We found (23) sand in your jacket and shoes. Did you go (86) to the shore? Did you take (your) sister (41) there?

11. Don't worry (81). We will save you from (8) the enemy (74).

12. --When did you find out (60) about the incident? --I just found out.

13. The wind bothers (59) me. In chilly weather I always wear a cap.

14. Did you see what the mailman (68) was carrying?

15. On Monday I took my nephew (36) to the store. He wanted (21) to buy a tie, but he didn't like (63) the ties (they had) in the store.

16. I'm afraid (32) that the suit will be too big for him.

17. Don't get undressed. It's time (56) for us to go (86).

18. Please don't (63) buy us underwear anymore (31). We don't need (59) it.

Classroom Practices for Lesson 12

Practice #1: Write the *prepositional singular* and *prepositional plural* forms of the words on the left. If either does not exist, leave blank.

	SINGULAR	PLURAL
1. вéшалка (93)		
2. собóр (76)		
3. писáтель (71)		
4. специáльность (17)		
5. учёный (17)		
6. лаборатóрия (15)		
7. и́мя (5)		
8. рýсская (10)		
9. вещь (32)		
10. кýхня (40)		
11. óвощи (40)		
12. музéй (77)		
13. здáние (77)		
14. метрó (85)		
15. свет (26)		
16. плáкса (30)		

Practice #2: Circle those nouns below which have a *special locative case ending in -у/-ю*.

одéжда (60)	ýгол (98)	шоколáд (98)
бéрег (90)	желáние (66)	год (77)
нос (55)	лицó (55)	портфéль (26)
револю́ция (30)	рот (53)	глаз (54)

What one feature do all the circled nouns share? _____
_____

274

Practice #3: Fill in the blanks with the appropriate verbs, chosen from from the list at the bottom.

	1) BEING IN A POSITION	2) TAKING A POSITION	3) PUTTING IN A POSITION
a) lying	_____	_____	_____
b) standing	_____	_____	_____
c) sitting	_____	_____	_____
d) hanging	_____	X X X X X X X X	_____

```
ложиться//лечь (97)        лежать//(по-)(96)       ставить//по- (95)
вставать//встать (96)      вешать//повесить (93)   сидеть//(по-)(98)
садиться//сесть (98)       класть//положить (94)   висеть (93)
выбирать//выбрать (93)     сажать//посадить (95)   стоять//(по-)(98)
```

Practice #4: Заполните пропуски.

1. Колбаса _____ is hanging (93) _____ на стене. Кто _____ hung it up (93) _____ туда?

2. Бутылка шампанского _____ is standing (98) _____ на столе. Кто _____ put (95) _____ it _____ туда?

3. Анна Сергеевна _____ is sitting (98) _____ за столом. Официант _____ sat her down (95) _____ туда, когда она пришла в ресторан.

4. Ветчина _____ is lying (96) _____ на столе. Рита _____ put (94) _____ it _____ туда, когда она пришла из гастронома.

5. Виктор всегда _____ hangs (93) _____ своё пальто на вешалку.

6. У Киры болела голова. Поэтому она _____ lay down (97) _____ спать рано.

7. Антон обычно _____ gets up (96) _____ в семь часов, но сегодня он спал до девяти.

Имя и фами́лия _____

Homework Exercises to Lesson 12

Exercise #1: Write the *prepositional singular* form of the words on the left, and the *prepositional plural* of the words on the right.

    SINGULAR   PLURAL

посу́да (97) _____   яйцо́ (96) _____

по́мощь (89) _____   ребёнок (9) _____

учи́тель (12) _____   тетра́дь (27) _____

ба́шня (74) _____   вещь (32) _____

и́мя (5) _____   столо́вая (17) _____

зда́ние (77) _____   вре́мя (2) _____

трамва́й (85) _____   де́ньги (39) _____

аудито́рия (19) _____   такси́ (85) _____

моро́женое (97) _____   помидо́р (95) _____

Exercise #2: Circle those nouns below which have a *special locative case ending in -у/-ю*.

    нос (55)   ба́шня (74)   пол (97)

    у́гол (98)   аква́риум (44)   го́род (2)

    год (77)   аэродро́м (81)   рис (95)

    снег (119)   бе́рег (90)   рот (53)

    лес (32)   те́ло (53)   глаз (54)

Exercise #3: To the right of each word below write a phrase that means *at this place*.

магази́н (6) _____   по́чта (9) _____

колхо́з (48) _____   гастроно́м (93) _____

ка́сса (96) _____   аэродро́м (81) _____

заво́д (4) _____   музе́й (77) _____

дворе́ц (74) _____   пло́щадь (78) _____

Exercise #4: Circle the prepositions below which can take the **prepositional case**.

о (97)   из-под (94)   в (1)

за (96)   при (95)   на (7)

Exercise #5: Prepositions with Verbs of Motion and Position. Review *Making Progress*, 286-288. Supply the appropriate prepositions below and put the nouns in the proper cases.

1. Гриша сейчас едет _____ _____ . _____ _____
                                   to   бабушка (39)   From   она

   он поедет _____ _____ . Он живёт ____ _____ .
                        to   мать (40)   at   мать

2. Раиса работает _____ _____ . После работы она едет
                           at   завод (4)

   домой _____ _____ .
            from   завод

3. Она увидела, что карандаш лежит _____ _____ ,
                                            under (46)   стол (11)

   но она не знала, как он упал _____ _____ .
                                   under   стол

4. Каждое утро Виктор идёт _____ _____ покупать хлеб.
                               to   булочная (93)

   _____ _____ он идёт _____ _____ .
   From   булочная   to   почта (9)

5. -- Где моя сумка? -- _____ _____ . -- Кто поло-
                                    Behind   дверь (111)

   жил её _____ _____ ?
           behind   дверь

6. Возьмите ручку _____ _____ .
                      out from behind   мука (94)

7. Чек упал _____ _____ . Он всё ещё _____ _____ .
              on(to)   пол (97)   on   пол

   Возьмите его _____ _____ .
                   off of   пол

8. Наташа сейчас _____ _____ . _____ _____
                         at   собрание (133)   From   собрание

   она поедет домой.

Имя и фамилия _____

Exercise #6: Заполните пропуски.

1. Ваше пальто _____ на _____ .
                     is hanging (93)   вешалка (93)

2. Олег _____ свою рубашку на _____ .
           hung up (93)   вешалка (93)

3. Наталья Семёновна живёт _____ .
                                         across the street (94)

4. _____ _____ сидел директор школы.
      Opposite (94)   мы

5. _____ картофель _____ _____ .
    Put (IMPERATIVE)(94)   in(to)   сумка (95)

6. _____ _____ под столом.
     Морковь (94)   is lying (96-97)

7. Нина обычно _____ спать в одиннадцать вечера, а се-
                   lies down (97)

   годня она _____ в девять. Она очень устала.
             will lie down (97)

8. Федя _____ в _____ за маслом.
       is standing (98)   очередь (97)

9. Андрей _____ _____ _____ и пошёл на
          got up (96)   off of   стул (33)

   кухню.

10. Рита _____ _____ _____
           sat the boy (6) down (95)   on   стул (33)

    и пошла в большую комнату.

11. _____ _____ на стол, пожалуйста.
     Put (IMPERATIVE)(95) тарелка (95)

12. Почему вы всегда _____ стаканы и бутылки на _____
                        put (95)   этот

    _____ .
     маленький стол

13. Марина купила пять _____ _____ .
                               kilograms (94)   пельмени (94)

14. Когда мы приехали, все уже _____ за столом.
                                        were sitting (98)

278

15. Мы _____sat down (98)_____ _____at the table (93)_____ и начали есть.

16. Купите, пожалуйста, триста _____grams (93)_____ _____печенье (94)_____.

17. Зина забыла, кто должен был купить _____the hors d'oeuvres (96)_____.

18. В этом гастрономе _____(they) sell (98)_____ колбасу и ветчину.

19. Мы обычно _____go grocery shopping (98)_____ в четверг.

20. Сколько вы _____did pay (97)_____ _____for_____ _____молоко (97)_____?

21. Бутылка пива _____is standing (98)_____ _____under (46)_____ _____окно (8)_____.

Почему ты поставила бутылку _____under_____ _____окно_____?

22. Я заметил, что Андрей всегда _____sits down (98)_____ рядом с Ларисой.

23. Нины нет дома. Она _____went shopping (95)_____ и скоро вернётся.

24. Кира купила _____cucumbers (94)_____ и _____potatoes (94)_____.

25. Почему вы всегда _____sit (95) Vera down_____ напротив меня?

26. Носки _____are hanging (93)_____ на балконе.

27. Купите, пожалуйста, кусок (94) _____of ham (93)_____.

28. Вы умеете (56) _____to cook (96)_____?

29. Почтальон обычно _____puts (94)_____ письма _____under (46)_____ _____газета_____.

30. Едят суп _____with a spoon (97)_____, а не _____with a fork (96)_____.

31. Марина _____sold (98)_____ свою машину и купила новую.

32. Ты купила очень _____good tasting (96)_____ _____salami (96)_____.

Translation to Lesson 12

(Numbers in parentheses indicate the page in the *Required Vocabulary* where a given item can be found. Items from Lesson 12 are not so marked.)

1. At the store "Vegetables (40) and Fruit" we bought apples (39), onions (37) and cabbage. But we forgot (55) to buy carrots and tomatoes. The prices there were not high (77).

2. First (27) (you) have to (62-63) choose the food that (you) want (21) to buy. Then (26) (you) stand in line and pay the cashier (=pay into the cashier's booth).

3. -- Why are you sitting on the floor? -- I fell down (30).

4. The grocery store is located (7) directly opposite the bakery.

5. (They) sell beer, vodka and champagne (61) at the liquor store (=the store "Wine")(39). (They) sell ham at the store "Meat (40)."

6. This soup (41) is so (11) delicious. Did you put sour cream in it?

7. Yesterday we went shopping. We had to (62-63) buy dishes: plates, glasses (41) and bottles (39). Tomorrow we will buy knives, forks and spoons.

8. Nina is very hungry (61). I think she will eat (18) the whole (1) piece of cake and drink (20) the whole bottle (39) of milk.

9. Maksim doesn't eat (18) eggs and meat (40). He eats only cheese (42), vegetables (40) and fruit. He doesn't understand (23) how (5) people can (6) eat dead (30) animals (44) (TREAT AS ANIMATE).

10. Attached to the institute (15) there is an excellent (56) library.

11. -- Where did you put the chocolate? -- In the (carrying) bag.

12. -- Where did you put the (drinking) glasses (41)? -- On the table.

13. I am not eating (18) the cake because there is too (49) much (40) butter and sugar (41) in it. I am already fat (53).

14. -- Is Kira at home? -- No, she went grocery shopping. She will be back (32) in (50) two-three hours (79). She said she would buy ham, flour, rice, sour cream, tomatoes, eggs, butter and salami.

15. -- How much (41) did you pay for the groceries? -- Fifteen rubles (113). -- I'm glad (63) you bought some apples (39) and some onions (37).

16. The woman (4) in the cashier's booth gave me a receipt and change.

17. -- Where are the berries (31)? -- In the carrying bag. -- But it is empty (38). -- This is impossible (59). I put them there this morning when I was gathering (27) berries in the forest (32).

Practice Exercises for Lesson 13

Practice #1: Using lines and arrows to indicate movement/direction, and using the sign (X) to indicate the **starting point**, diagram the spacial relations denoted by the prefixes при-, у-, в- and вы-.

                    CLOSE   FAR

ПРИ-   ☐

У-   ☐

В-   ☐

ВЫ-   ☐

Practice #2: To form prefixed verbs of motion, prefixes are combined with the stems below. You are already familiar with most of them as unprefixed verbs of motion. Circle those stems that **differ** from their unprefixed forms.

FORM IMPERFECTIVES	FORM PERFECTIVES
-ходи́ть	-йти́
-езжа́ть	-е́хать
-лета́ть	-лете́ть
-бе́гать	-бежа́ть
-плыва́ть	-плы́ть
-носи́ть	-нести́
-води́ть	-вести́
-вози́ть	-везти́

Practice #3: When joining prefixes to stems, what other changes occur? Consult *Making Progress*, 307 and the *Required Vocabulary*, 101-102.

1. Where and when is a hard sign added? _____
_____

2. Where and when is the letter o added? _____
_____

3. What happens to the stress of perfective verbs with the prefix вы-?
_____
_____

Practice #4: Indicate which prepositions are needed to convey motion (to and from) and location at in the following cases. Consult *Making Progress*, 307-310.

	MOTION TO	MOTION FROM	LOCATION AT
1. enclosed space	_____	_____	_____
2. unenclosed space	_____	_____	_____
3. person	_____	_____	_____
4. activity, event	_____	_____	_____
5. person's home/office	_____	_____	_____
6. Иван Петрович	_____	_____	_____
7. занятия (19)	_____	_____	_____
8. Москва	_____	_____	_____
9. зубной врач (66)	_____	_____	_____
10. площадь (78)	_____	_____	_____
11. центр (79)	_____	_____	_____
12. завод (4)	_____	_____	_____
13. почта (9)	_____	_____	_____
14. собор (76)	_____	_____	_____

Имя и фамилия _____

Homework Exercises to Lesson 13

Exercise #1: Verbs with the prefixes **ПРИ-**, **У-**, **В-** and **ВЫ-**. Page numbers for both the prefix and the stem are given in parentheses. Заполните пропуски.

1. В Америку часто _____ студенты _____ европейских стран (64).
   come (by plane) (101, 101)   from

2. Преподаватель _____ of _____ на минутку. Он сейчас вернётся.
   stepped out (101, 102)   аудитория (18)

3. Немцы не могли (55) _____ / _____ в столицу.
   enter (on foot)(101,102) (by vehicle)(101,101)

4. Даша _____ _____ _____ и сказала
   walked (101, 102)   into   музей (77)
   директору: "Я _____ _____ _____ с вопросом".
   приходила/пришла   to   you

5. Когда рабочие _____ рояль (63) в квартиру,
   carried in (101, 101-102)
   мы его открыли, и птицы _____!
   flew out of it (101, 101)

6. Я сегодня _____ _____ _____. У меня
   didn't go out (101, 102)   of   дом (3)
   болела голова.

7. Коля, _____ _____ _____ / _____
   to   ты   came (on foot)(101,102) (by vehicle)(101,101)
   Наталья Александровна. Она ждёт (48) тебя уже два часа.

8. Анна Ивановна, к вам _____ / _____
   came (on foot)(101,102) (by vehicle)(101,101)
   журналист. Он сказал, что он завтра вернётся.

9. Лодка (88) _____ _____.
   is sailing (101, 102) into река (91)

10. Грузовик (81) сейчас _____ _____ гараж.
    is driving (101, 101)   into

283

11. Ра́зве А́ня _____ _____ _____?
    ran away (101, 101)   from   ро́дственники (38)

12. Почему́ ты _____ э́ти гря́зные носки́?
    brought (on foot) (101, 101-102)

    _____ отсю́да (78)!
    Take them (101, 101-102)

13. Мно́гие роди́тели _____/_____
    bring (on foot) (101,101) (by vehicle) (101,101)
    дете́й в зоопа́рк.

14. Как то́лько откры́ли дверь (111), мы _____ _____
    ran (101,101)   out (of)

    _____.
    самолёт (85)

15. Сове́тский Сою́з _____ вино́ _____
    imports (=transports in) (101, 101)   from

    _____.
    Фра́нция (60)

16. Когда́ мы _____ ___ _____,
    arrive (by plane)(101, 101) in   England (58)
    мы тебе́ позвони́м (111).

17. Что они́ нам _____ _____ _____?
    will bring (101, 101)   from   Кита́й (59)

18. Самолёт _____ _____ _____ и сра́зу
    flew (101, 101)   into   Кремль (6)

    _____.
    flew out (101, 101)

19. Студе́нты весь день _____ и
    (have been) running in (101, 101)

    _____ ___ _____.
    (have been) running out (101,101) of   общежи́тие (16)

20. Сове́тский Сою́з ра́ньше (105) _____
    exported (=transported out)(101,102)

    во́дку ____ _____.
          to   Кита́й (59)

21. О́сенью пти́цы отсю́да _____.
    fly away (101, 101)

Имя и фамилия _____

Exercise #2: Заполните пропуски.

1. _____ на _____
    I'm getting off (out of) (101, 102)   stop (103)

   "Площадь революции".

2. Она _____ монету (103) в _____ и
         dropped (103)   cash box (96)

   _____ билет.
       tore off (103)

3. Сколько _____ билет в автобусе?
                  cost (105)

4. Можно (62) _____ улицу, когда _____
                   cross (103)   is lit (102)

   красный _____?
                light (105)

5. На углу раньше не было (7) _____.
                                            a taxi-stand (104)

6. Советский Союз идёт _____, в двадцать первый век.
                              forward (102)

7. Если войдёт (101, 102) _____, он потребует,
                                     inspector (102)

   чтобы (47) мы _____ билеты.
                          to present (104)

8. Мне пришлось заплатить (97) _____.
                                          a fine (104)

9. _____ _____ стояла (98) большая очередь.
     At   the intersection (103)

10. Трамвай идёт очень медленно. Давайте (54) _____
                                                       transfer (103)

    _____ _____.
     to   автобус (84)

11. _____ бросились (87) на помощь.
          The police officers (103)

12. Ты не _____ мне три рубля (113)?
                  (will) change (104)

13. _____! Кто _____ сумку?
            Citizens (102)   dropped (104)

14. Не _____ ему билéт. Он за (48) _____
     pass (IMPERATIVE) (105)   ticket (104)

    не платил (97).

15. Пáпа _____ сы́на и посадил его́ на плéчи.
          picked up (103)

16. Электри́чка (84) _____ _____!
                      is going (86)   backwards (104)

17. Онá положи́ла (94) _____ в _____.
                       the change (102)   кармáн (102)

18. Ты взял у меня́ кáрту _____ _____.
                           two weeks (78)   ago (105)

    Когдá ты _____?
              will return (102) it

19. Кудá _____ _____?
          are hurrying (105)   the pedestrians (103)

20. Нельзя́ стоя́ть _____ _____.
                   near (105)   the driver (102)

21. Пóезд идёт ____ _____ _____.
                to   стáнция (105)   "Колхóзная"

22. В автóбусе мы нашли́ (23) _____ _____.
                              empty (105)   seats (85)

23. Нет (7) у вас _____ _____?
                  an extra (48)   ticket (104)

24. Мы давнó собирáем (27) инострáнные _____.
                                         coins (103)

25. В шесть нас не бýдет. _____ _____.
                          Come (IMPERATIVE) (101, 102)   later

26. Порá éхать _____ _____.
                to   the terminal (105)

27. Когдá он _____ плóщадь, он урони́л шáпку.
              was crossing (103)

28. Он узнáл (60) _____ стáрых друзéй.
                   the voices (102)

29. ____ _____ стоя́ла большáя óчередь.
     At   the taxi stand (104)

30. Что _____?
         is burning (102)

Translation to Lesson 13

(Numbers in parentheses indicate the page in the *Required Vocabulary* where a given item can be found. Items from Lesson 13 are not so marked.)

1. Tell (2, 47) the bus driver not to drive into the park (8).

2. -- Are you getting off now (10)? -- No, I'm getting off at the next (76) stop. --Then (27), please pass me a ticket.

3. What did you put (94) in this bag (95)? You won't lift it.

4. The train (85) isn't going (86) backwards, it's standing (98). The train next to (69) us is going foreward.

5. We didn't have (60) to pay (97) the fine. We explained (88) to the controller that there weren't (7) any more (31) tickets in the cash box (96).

6. The musician (70) left Spain (59) long ago (3), but he still remembers (56) well the day when he arrived (BY PLANE) in America (61).

7. The police officer suddenly noticed (45) that the house was burning. He ran into the house, woke (22) everyone, and led them out.

8. Nina said that she would arrive (BY VEHICLE) at the terminal at noon (75), but she arrived later. (It) turned out (46) that she lost (24) (her) ticket and looked (45) for it for a long time (3) at work (71).

9. When the truck (81) arrives we'll take out the groceries (98) from the grocery store (93).

10. I got on (entered) the trolley (85), walked up (52) to the cash box (96) and dropped a coin into it and tore off a ticket.

11. This bus (84) doesn't go to (subway) station "Sverdlov Square (78)." You need (62 or 63) to transfer to a trolley (85).

12. -- I haven't any more (31) change. -- It is possible (62) to change money (39) at the cashier's booth (96).

13. When grandfather (39) comes (to visit) us, he usually brings us candy (82).

14. The inspector waited (48) until (51) we showed him (our) tickets. Then (26) he got off (=went out of) the bus (84).

15. In front of (71) the Lenin Mausoleum (77) stood (98) a long (55) line (78). The foreigners (62) stood in front.

16. Papa looked for (45) (his) watch (33) everywhere. He finally (112) found (23) it in the pocket of an old (11) jacket (89).

17. The children (9) stopped (30) crying (60) as soon as they heard (33) the voices of (their) parents (41).

Classroom Practices for Lesson 14

Practice #1: Using lines and arrows to indicate movement/direction, and using the sign **(X)** to indicate the *starting point*, diagram the spacial relations denoted by the following prefixes.

ПОД-	ОТ-	ПЕРЕ-
☐	☐	☐

ПРО- (мимо)	ПРО- (через)	ЗА-
☐	▥	☐

ОБ-	ДО-	С-
☐	☐	☐

В(О)З-/В(О)С- РАЗ-/РАС-

(X) (X) (X)

Practice #2: Beside each prefix write the PREPOSITION and CASE CONSTRUCTION which will normally accompany it. Consult the *Required Vocabulary*, 107-108.

1. ДО- _____
2. ОТ- _____
3. ПЕРЕ- _____
4. ПОД- _____
5. ПРО- _____
   _____
6. С- _____

Practice #3: Practice joining the prefix with the verb morpheme as in the model. Follow the spelling guidelines in the *Required Vocabulary*, 107-108.

MODEL: под + éхать ---> ___подъéхать___

1. от + везли́ _____
2. воз + ходи́ть _____
3. от + шла́ _____
4. раз + нести́ _____
5. под + езжа́ть _____
6. под + шёл _____
7. с + éхал _____
8. за + во́дит _____
9. пере + éхать _____
10. про + летáем _____
11. об + шла́ _____
12. об + éхала _____
13. до + йти́ _____
14. в(о)з + йдёт _____
15. от + плы́ть _____

Имя и фамилия _____

Homework Exercises to Lesson 14

Exercise #1: Verbs with the prefixes *ПОД-* and *ОТ-*. Заполните пропуски.

1. Мы _____ _____ _____ и
             drove (108, 101)   up to   памятник (78)

   вышли из машины. Потом мы _____ _____
                                    walked (108, 102)   up to

   _____ и спросили его, где Мавзолей Ленина.
     милиционер (103)

2. Максим получил чек и _____ _____ _____.
                                 walked away(108, 102) from касса (96)

3. Поезд _____ в 17.05.
          departs (107)

4. Нина _____ записку _____.
        delivered (107)   (to) мать (40)

5. Самолёт вылетает через час. Папа _____ тебя
                                   will take (by vehicle)(107)

   на аэродром.

6. Девочка _____ _____ _____ и взяла конфету.
             ran (108, 101)   up to   мы

Exercise #2: Verbs with the prefixes *ПЕРЕ-* and *ПРО-*. Заполните пропуски.

1. Мы _____ _____ _____ ,
       will walk (108, 102)   past   гастроном (93)

   и зайдём в магазин "Цветы". Потом мы _____
                                         will cross (107, 102)

   _____ и сядем на автобус.
      улица (86)

2. Мы уже _____ _____.
          went past (= missed)(108, 101) остановка (103)

3. Оказывается, Соколовы _____ в Новосибирск.
                            moved (107)

4. Вода _____ _____.
        went through (108, 102)   бумага (1)

5. Мальчик сказал, что он _____ _____.
                         would swim across (107, 102) река (91)

6. Высоко́ над на́ми _____ самолёт.
      　　　　　　　　　is flying past (108, 101)

7. Ма́ша _____ _____ _____ у́лицу.
　　　　carried (107, 101-102)　ко́шка (45)　across

Exercise #3: Verbs with the prefixes *ЗА-* and *ОБ-*. Заполни́те про́пуски.

1. Мы _____ ____ _____ _____
      　dropped by (by vehicle)(107, 101)　at　магази́н　for
   _____, но там никаки́х проду́ктов не́ было.
   　　хлеб и сыр (42)

2. На доро́ге лежа́ла коро́ва. Мы _____ ____ .
   　　　　　　　　　　　　　　　　drove around (107, 101)　it

3. Мы шли домо́й. Вдруг Да́ша сказа́ла: "Дава́йте _____
   　　　　　　　　　　　　　　　　　　　　　　　　drop in (107, 102)
   _____ _____".
   　on　Андре́й и Ни́на

4. Пти́ца _____ в окно́ и се́ла на мою́ го́лову.
   　　　flew in (=dropped in)(107, 101)

5. В коридо́ре стои́т огро́мный стол. Нам придётся _____
   　　　　　　　　　　　　　　　　　　　　　　　　walk around (108,102)
   _____ .
   　it

6. Ты идёшь в центр? _____ _____
   　　　　　　　　　　Drop off (108, 101)　　э́та запи́ска (108)
   ____ _____, пожа́луйста.
   　at　Мари́я Дми́триевна

Exercise #4: Verbs with the prefixes *ВОЗ-*, and *С-*. Заполни́те про́пуски.

1. Самолёт _____ и полете́л на юг. Его́ уже́ не ви́дно.
   　　　　　　flew up (81)

2. Мы _____ с горы́.
   　　are descending (by vehicle)(108,101)

3. Сего́дня со́лнце (119) _____ о́коло 6.30.
   　　　　　　　　　　　　rises (107,102)

4. Мари́на _____ с ле́стницы и откры́ла дверь.
   　　　　came down (108,102)

Имя и фами́лия _____

5. Де́ти _____ с доро́ги и се́ли ря́дом с на́ми.
        ran down (108,101)

6. Когда́ тепло́, ры́ба _____ и и́щет еду́.
                    swims up (107,101)

Exercise #5: Verbs with the prefixes **ДО-** and **РАЗ-**. Заполни́те про́пуски.

1. По́сле собра́ния все (2) _____.
                                  went off in different directions (108,102)
                                  (on foot)

2. Почтальо́н уже́ _____ по́чту. Тепе́рь он
                      brought to various places (108,101)
   спит.

3. Мы е́хали весь день, но мы так и не _____ _____
                                         reached (107,101)
   _____ .
   Москва́

4. Когда́ они́ _____ _____ _____, они́
                  reach (on foot)(107,102)   река́ (91)
   бро́сятся (87) в во́ду и поплыву́т на друго́й бе́рег.

5. Су́мка полна́ огурцо́в и карто́феля. Ты не смо́жешь её домо́й
   _____.
   carry (all the way)(107,101)

6. По́сле конфере́нции делега́ты всегда́ _____ .
                                           go in different directions (by
                                              vehicle)(108,101)

7. Наконе́ц (112) мы _____ _____ .
                        have reached (on foot)(107,102)   музе́й

8. Стари́к напа́л на э́ту же́нщину, и она́ пото́м напа́ла на него́. Наконе́ц,
   милиционе́р _____ _____ и посла́л их домо́й.
                    separated (108,101)   them

9. Мо́жно _____ _____ до воды́. Но она́
         lead (as far as)(107,101)   ло́шадь (45)
   мо́жет и не пить.

10. Рабо́чие сейча́с _____ ме́бель.
                          are carrying (to various places)(108,101)

Exercise #6: Заполните про́пуски.

1. Почему́ Ко́ля смо́трит телеви́зор _____ _____ ?
                                                     on   the balcony (108)

2. Ле́том Дми́трий спит _____ _____ , потому́ что там прохла́дно.
                                        in   the basement (109)

3. Викто́рия Семёновна _____ и _____
                                  goes up (109)   comes down (110)
   _____ _____, потому́ что лифт не рабо́тает.
   by (109) the stairs (109)

4. _____ _____ живу́т мы́ши. Я слы́шу, как они́ там бе́гают.
     In   черда́к (110)

5. Профе́ссор Сли́ткина сейча́с _____ _____ .
                                in   (her) office (112)

6. Аня сейча́с идёт _____ _____ .
                       to   столо́вая (113)

7. В э́том магази́не мо́жно купи́ть _____ _____ .
                                      хоро́ший   ме́бель (112)

8. Го́сти хотя́т войти́ _____ _____ .
                   into   the living room (112)

9. Петро́вы живу́т _____ _____ _____ .
                   on   восьмо́й   эта́ж (113)

10. Ната́ша _____ _____ _____ , но никого́ не́ было до́ма.
              knocked (110)   on   дверь (111)

11. Э́ти профессора́ ча́сто быва́ют _____ .
                                            at (11) each other's houses (111)

12. Ма́ма лежи́т _____ _____ . У неё боли́т голова́.
               on   крова́ть (112)

13. И́на сиде́ла _____ _____ и ши́ла но́вое пла́тье.
               in   кре́сло (112)

14. Кто стои́т _____ _____ ?
             on   мост (112)

15. Он одева́ется _____ _____ .
                in   спа́льня (110)

Translation to Lesson 14

(Numbers in parentheses indicate the page in the *Required Vocabulary* where a given item can be found. Items from Lesson 14 are not so marked.)

1. There are five rooms in our apartment (5): the living room, the bedroom, the dining room, the kitchen (40) and a study. There is also an (American style) bathroom and an entrance way, but they are not considered (69) rooms.

2. Tatiana Artemievna has a modern (78) apartment (5). In the living room stand (98) a large green (32) sofa, a brown (29) armchair, a television and shelves for (39) books.

3. "Hello, is this Nina? I lost the key to the apartment (5). Will you be (at) home? I'll ring the doorbell."

4. I agree with you that Igor' Il'ich is a strict father (41), but he spends much (40) time (2) with his children (9). He calls (111) them every day (on the phone). He is not a mean (29) person (12) at all.

5. Valentina and Lev are the same age, but they are completely different (in kind) people (12). Valentina likes (62) to go visiting; Lev likes (it) when he has a party at home.

6. Every (5) path leads (87) to (5) the beginning (78) of a different (=another) path.

7. Nina delivered the note on time, just like Tanya.

8. The corridor leads (87) to the elevator. You can go up on the elevator or by the stairs.

9. We were walking (86) along a narrow (53) road. Finally we reached the hill which (6) you talked about (97). We immediately fell down (30) on(to) the ground (82) and began to weep (60). When we were walking (86) back, we went past a monument (78).

10. A lamp was lit (102) in her study. She was translating a poem (56) from English (1) into Russian.

11. I will call (on the telephone) the train terminal (104) and ask (11) when the train (85) departs.

12. Give (2-3) your guest the key to the (European style) bathroom.

13. The walls (79) are light-blue (29), the ceiling is white (31), and on the floor (97) lies (96-97), a thick (53) grey (33) carpet.

14. The children are listening (10) to the radio in the courtyard, and their father (41) is talking on (26) the telephone in the garage.

Classroom Practices to Lesson 15

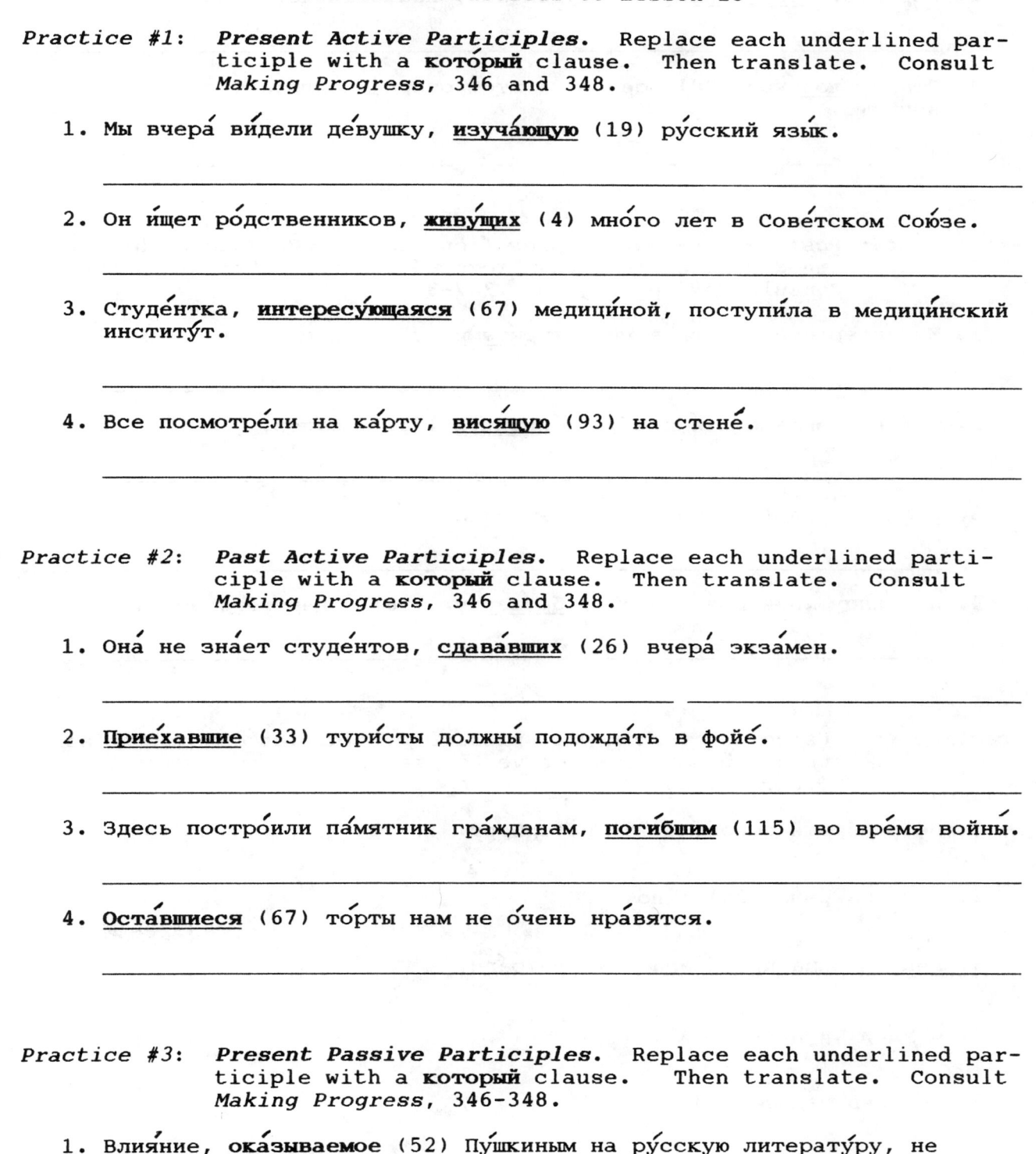

Practice #1: **Present Active Participles**. Replace each underlined participle with a **кото́рый** clause. Then translate. Consult *Making Progress*, 346 and 348.

1. Мы вчера́ ви́дели де́вушку, <u>изуча́ющую</u> (19) ру́сский язы́к.

   _____

2. Он и́щет ро́дственников, <u>живу́щих</u> (4) мно́го лет в Сове́тском Сою́зе.

   _____

3. Студе́нтка, <u>интересу́ющаяся</u> (67) медици́ной, поступи́ла в медици́нский институ́т.

   _____

4. Все посмотре́ли на ка́рту, <u>вися́щую</u> (93) на стене́.

   _____

Practice #2: **Past Active Participles**. Replace each underlined participle with a **кото́рый** clause. Then translate. Consult *Making Progress*, 346 and 348.

1. Она́ не зна́ет студе́нтов, <u>сдава́вших</u> (26) вчера́ экза́мен.

   _____

2. <u>Прие́хавшие</u> (33) тури́сты должны́ подожда́ть в фойе́.

   _____

3. Здесь постро́или па́мятник гра́жданам, <u>поги́бшим</u> (115) во вре́мя войны́.

   _____

4. <u>Оста́вшиеся</u> (67) то́рты нам не о́чень нра́вятся.

   _____

Practice #3: **Present Passive Participles**. Replace each underlined participle with a **кото́рый** clause. Then translate. Consult *Making Progress*, 346-348.

1. Влия́ние, <u>ока́зываемое</u> (52) Пу́шкиным на ру́сскую литерату́ру, не тру́дно объясни́ть.

   _____

2. Переры́в, <u>тре́буемый</u> (47) студе́нтами, начнётся че́рез час.

3. Пти́цы, <u>лови́мые</u> (30) о́сенью на э́том о́зере, прилета́ют сюда́ в а́вгусте.

Practice #4: **Past Passive Participles** (long form). Replace each underlined participle with a **кото́рый** clause. Then translate. Consult *Making Progress*, 347-349.

1. Мы интересу́емся стра́нами, <u>откры́тыми</u> (25) испа́нцами в 15-ом ве́ке.

2. Она́ не могла́ найти́ кни́гу, <u>по́рванную</u> (30) соба́кой.

3. <u>Прове́ренные</u> (24) тетра́ди лежа́т на столе́.

4. На у́лицу мы нашли́ запи́ску, <u>бро́шенную</u> (58) с девя́того этажа́.

Practice #5: Using <u>**short form** past passive participles</u> change the sentences below from active to passive. Consult *Making Progress*, 347-349.

1. Пётр Пе́рвый основа́л (75) Петербу́рг.

2. Ле́на закры́ла (25) окно́.

3. Учи́тельница прове́рила (24) тетра́ди.

4. Студе́нтка почи́стила (24) до́ску.

5. Го́рький написа́л (8) "Мать".

6. Ивано́в нашёл (23) очки́.

7. Мастера́ постро́или (76) собо́р.

Имя и фамилия _____

Homework to Lesson 15

Exercise #1: Replacing the **который** clauses below with the appropriate *past or present active participles*. Consult *Making Progress*, 346 and 348.

1. Мы часто собираем цветы, которые растут (16) на берегу реки.
   _____

2. Мы не завидуем аспиранту, который проверяет (24) нашу работу.
   _____

3. Что делать со студентами, которые отказались (68) работать?
   _____

4. На лекции не было журналиста, который посоветовал (64) нам прийти.
   _____

5. Об этом мы спросили африканца, который пишет (8) диссертацию о водных (115) животных.
   _____

6. Обед не понравился ребёнку, который всё время жаловался (44) на еду.
   _____

7. Наконец поймали обезьяну, которая убежала (31) из зоопарка.
   _____

8. Перед студентами, которые учатся (20) на нашем факультете, стоит серьёзная задача.
   _____

9. Он работает в новом здании, которое находится (7) в центре города.
   _____

10. Цветок, который упал (30) вчера в озеро, уже не цветёт.
    _____

11. Я люблю смотреть на облака (117), которые плывут (83) по небу.
    _____

12. Как нам помо́чь живо́тным, кото́рые сейча́с умира́ют (69) из-за измене́ния (116) кли́мата (119)?

    _____

13. Солда́ты, кото́рые вошли́ (51) во Фра́нцию, о́чень бы́стро привы́кли к францу́зской жи́зни.

    _____

14. Исче́з ма́льчик, кото́рый привёл (101) нас в лес.

    _____

Exercise #2: Provide the ***present passive participles*** (long forms). Then write their meanings in English. Consult Making Progress, 346-348.

1. дока́зывать (29) _____ _____

2. тре́бовать (47) _____ _____

3. лови́ть (30) _____ _____

4. жела́ть (36) _____ _____

5. узнава́ть (60) _____ _____

6. теря́ть (24) _____ _____

Exercise #3: Provide the ***past passive participles*** (long forms) only for those verbs that can form them. Mark stress. Consult *Making Progress*, 347-349.

1. прода́ть (98) _____

2. реши́ть (26) _____

3. сбе́гать (89) _____

4. бро́сить (58) _____

5. привезти́ (101) _____

6. испра́вить (45) _____

7. снять (90) _____

8. наде́ть (52) _____

9. откры́ть (25) _____

10. укра́сть (37) _____

Иня и фамилия _____

Exercise #4: Rewrite the following sentences, replacing the **который** clauses with *past passive participles* (long forms).

1. Бабушке понравилась рыба, которую внук ей приготовил (96).
   _____
   _____

2. Дети испугались медведей, которых поймали (30) в лесу.
   _____
   _____

3. Все гордятся открытием, которое сделали (3) наши учёные.
   _____
   _____

4. Когда ты вернёшь тетрадь, которую Ира забыла (55) в лаборатории?
   _____
   _____

Exercise #5: Using *short form past passive participles*, change the sentences below from active to passive.

1. Аспирантка задала (44) трудный вопрос.
   _____

2. Тётя открыла (25) окно.
   _____

3. Наши студенты выпили (20) шампанское.
   _____

4. Молодой учёный написал (8) эту статью.
   _____

5. Рабочие сняли (90) карту.
   _____

6. Милиционер остановил (52) пешехода.
   _____

7. Профéссор Орлóва перевелá (112) ромáн на рýсский язы́к.
_____

Exercise #6: Заполнине прóпуски.

1. Самолёт взлетéл в (50) _____ air (115) _____ и полетéл над (70)
   _____ clouds (117) _____.

2. При температýре 32 грáдусов _____ (PREP.) _____ Farenheit (117) _____, водá
   превращáется (75) _____ into _____ ice (116) _____.

3. Лéтом мы перехóдим чéрез рéку по (109) _____ stones (116) _____.

4. _____ The earthquake (116) _____ continued (117) _____ нéсколько минýт.

5. _____ On account of (116) _____ морóз (117) _____ мы не выходи́ли из дóма.

6. В _____ desert (118) _____ sun (119) _____ осóбенно _____ hot (119) _____.

7. _____ Thanks to (115) пóмощь (89) _____ милиционéров, никтó не _____ perished (115) _____.

8. Óсенью пти́цы улетáют _____ from _____ the north (119) _____ to _____ the south (120) _____.

9. Дéти бéгали _____ on _____ лёд (116) _____.

10. И на _____ the East (115) _____ и на _____ the West (116) _____ чáсто _____ rains (119) _____.

11. В Москвé пя́того января́ днём температýра от двух до (111) _____ five
    _____ degrees (115) _____ above zero (118) _____. Вéтер _____ weak (118) _____.
    Нóчью _____ fog (118) _____.

12. Мы говори́ли о (97) _____ the fact that (118) _____ при Лéнине _____ occurred (118) _____
    больши́е изменéния.

Translation to Lesson 15

(Numbers in parentheses indicate the pages in the *Required Vocabulary* where a given item can be found. Items from Lesson 15 are not so marked.)

USE PARTICIPLES WHENEVER POSSIBLE

1. The thunderstorm which began (55) on Friday (13) continued for a week (78). On account of the fog, the airport (81) was closed (25).

2. A strong wind is blowing from the East.

3. Yesterday it was thirty five degrees (WRITE OUT) below zero Centigrade. We are waiting (48) for warm weather.

4. The tiny stones which were thrown (58) in the ocean disappeared.

5. Although (27) dinosaurs disappeared long ago (3), they are not forgotten (55).

6. The Berlin [Берли́нский] wall (79) was built (76) in (44 or 48) a very short (55) period of time (USE ONE WORD).

7. In the Soviet Union (10) big (in magnitude) changes which exert an influence (52) on the whole (1) world (62) are occurring. (THE WORD "OCCUR" SHOULD PRECEED THE WORD "BIG.")

8. Everyone (2) complains (44) about the weather. In the winter (4), for example, many people (37) complain about the snow and the ice.

9. Yesterday the sun (91) was shining, but it was humid. At 6:30 (75) it started to rain (USE ONE VERB).

10. All types of animals (44) seem (70) weak by comparison with dinosaurs.

11. To this day the reason for the disaster remains (67) a riddle. No one knows why (on what account) it occurred.

12. The passengers (85) who remained (67) in the desert without (39) water did not perish.

13. She apparently doesn't fly (82) to the West because (=on account of the fact that) she is afraid (32) of an earthquake.

14. Everyone (2) is proud of (66) the recent (71) discoveries (68) made (3) by our scientists (17).

15. Don't shut (25) the window (8). There is not enough (38) air (in) here.

16. Near (105) the bones there is not (7) alot (40) of meat (40).

17. Thanks to the rains, the flowers (33) have already (11) begun to bloom (61).

Classroom Practices for Lesson 16

Practice #1: The *long adjective* is the normal adjective form. The *short adjective* is used only in the predicate and only to describe the grammatical subject. However, even when these conditions are present, the long form can still be used and is sometimes more common in everyday speech. (In the *Required Vocabulary* the short forms are given only when their usage is widespread in colloquial Russian.) When the subject is *всё*, *это* or *что*, the short form must be used.

In the sentences below indicate whether the underlined adjective would be *short only* (S), *long only* (L), or *either long or short form* (S/L).

_____ 1. The bashful little boy was afraid to ask for candy.

_____ 2. The little boy is bashful.

_____ 3. Everything (всё) was interesting.

_____ 4. We have forgotten everything interesting.

_____ 5. The living room is spacious.

_____ 6. These children like their strict parents.

_____ 7. Their parents are strict.

_____ 8. This (Это) is difficult.

_____ 9. Everything that (что) is reasonable is good.

_____ 10. The sun was bright yesterday.

In doing the homework, you are expected to use the long adjective in all instances of the L-type and the short adjective in all instances of the S-type. For instances of the S/L-type, you should use the short adjective only if it is given in the *Required Vocabulary*. (The sign % designates the short form adjective.)

Practice #2: Fill in the blanks, following the rules outlined above.

1. Бутылка была _____ воды́.
   full (37)

2. Это будет очень _____ .
   интере́сный

3. Маша постира́ла _____ руба́шку.
   гря́зный

4. Эти де́ти о́чень _____ .
   talented (71)

5. А́нна Тара́совна -- о́чень _____ же́нщина.
   трудолюби́вый

6. Всё бы́ло _____ .
   чи́стый

7. Фёдор Петро́вич _____ . У него́ нет де́нег.
   (is) poor (66)

Practice #3: The **simple comparative** (adverb or predicate adjective) is formed by adding *-ee* (the colloquial variant is *-ей*) to the adjective stem. If the full masculine form of the adjective contains two syllables (e.g., бе́дный), the simple comparative ending is stressed (*-е́е/-е́й*). Many simple comparatives, however, have unpredictable consonant mutations.

Give the **simple comparatives** of the adjectives below. Assume they are regular, except when the page number in the *Required Vocabulary* is provided. INDICATE STRESS.

1. симпати́чный _____
2. твёрдый (126) _____
3. у́мный _____
4. сме́лый _____
5. сла́дкий (123) _____
6. то́чный _____
7. широ́кий (127) _____
8. чи́стый (127) _____
9. тёмный _____
10. то́нкий (53) _____
11. интере́сный _____
12. си́льный _____
13. ти́хий (126) _____
14. ро́бкий (123) _____
15. я́ркий (124) _____
16. до́брый _____
17. ста́рый (126)
    (regular) _____
    (of persons) _____
18. молодо́й (125) _____
19. лёгкий (125) _____
20. дорого́й (125) _____
21. мя́гкий (125) _____
22. по́здний (123) _____
23. прия́тный _____
24. хоро́ший (12) _____
25. плохо́й (8) _____
26. ра́нний (123) _____
27. бо́дрый _____
28. ни́зкий (125) _____
29. глубо́кий (124) _____
30. тру́дный _____

Имя и фамилия _____

Homework Exercises to Lesson 16

Exercise #1: Заполните пропуски.

1. В гастрономе мы купили _____ яблоки и _____ хлеб.
                                                sweet (123)   soft (125)

2. Они были очень _____ за эту новость.
                        grateful (58)

3. Она _____ , что вы смогли приехать.
           glad (63)

4. Они жили _____ и _____ .
                 quietly (126)   congenially (122)

5. Не все знают _____ творчество Толстого.
                    early (123)

6. Я не привыкла к (63) этим _____ звукам.
                                 громкий (125)

7. Это очень _____ .
                harmful (122)

8. Виктор Петрович _____ вашей работой.
                            (is) satisfied (70)

9. Куда вы положили _____ бельё?
                          clean (127)

10. Они говорили о _____ вещах.
                           простой (126)

11. Оля _____ взяла портфель и ушла.
               calmly (126)

12. Стакан был _____ чая.
                    full (37)

13. Теперь всё _____ . Кончилась водка и нет еды.
                    (is) bad (126)

14. Этот студент _____ пятёрки.
                     deserves (=is worthy of)(36)

15. Не беспокойтесь. Наш дом уже _____ .
                                          (is) close (by) (54)

16. Виктория живёт на (7) этой _____ улице.
                                       узкий (126)

17. Их дочь _____ объявила, что она едет в Африку по-
         bravely (123)
    могать семьям погибших людей.

18. Мой младший брат был _____ .
                            sick (139)

19. Мы не купили эти брюки, потому что они были _____ .
                                                   too large (87)

20. Мне кажется, что этот человек просто _____ .
                                            (is) stupid (125)

21. Всё очень _____ : надо больше заниматься.
                (is) simple (126)

22. Лена совсем _____ на мать.
                  looks like (85)

23. Андрей Семёнович _____ : у него умная жена.
                        (is) lucky (126)

24. Этот поэт _____ известен (125).
                widely (127)

25. Мы поднялись на 20-ый этаж пешком: это было очень _____ .
                                                         difficult (126)

26. Этот урок _____ , но он _____ .
                (is) difficult (126)   (is) short (55)

27. Мария Михайловна _____ . Она известный физик.
                        (is) talented (71)

28. Пётр Васильевич работал над (68) _____ задачей.
                                         последний (71)

29. Эта домохозяйка очень _____ , а её муж
                             hard-working (69)
    _____ .
    (is) lazy (67)

30. Этот хлеб совсем _____ . Где ты его купил?
                        (is) hard (126)

Exercise #2: Circle the adjectives below which *cannot* have short forms.

    бесконечный   тартуский   весенний
    сегодняшний   корыстный   деревенский

Why not? _____

Имя и фамилия _____

Exercise #3: Заполните пропуски. You may omit <u>чем</u>, however, if it is possible to do so.

1. Где вы нашли _____ _____ хлеб?
                      such (11)   soft (125)

2. Наша учительница поёт _____ _____ , и
                              so (11)   beautifully (6)

   у неё _____ _____ голос.
              such (11)   low (125)

3. Ваш дом _____ _____ , что мы не поедем.
                 so (11)   far away (54)

4. Сегодня солнце светит _____ _____ вчера.
                            more brightly (124) than

5. Наташа _____ _____ _____ .
             (is) taller (124)   than   Марина

6. Диван _____ _____ _____ .
            (is) softer (125)   than   кресло (112)

7. Наш телевизор _____ , а ваш _____
                      (is) good (12)   (is) much (122,123)

   _____ .
      better (12)

8. Завтра будет _____ _____ _____ сего-
                   much (122,123)   warmer (119)   than

   дня.

9. Вашей матери нужен _____ климат.
                            drier (126)

10. Андрей Дмитриевич -- _____ из всех отцов.
                             the strictest (126)

11. Таня приехала со своей _____ сестрой.
                                elder (126)

12. Купите, пожалуйста, _____ помидоры.
                           the cheaper (125)

13. Эти помидоры _____ _____ _____ .
                     (are) cheaper (125) than   капуста (94)

14. _____ колбасу (96) продают в гастрономе № 7.
       The tastiest (96)

15. "Анна Каренина" -- _____a most (=very) interesting (5)_____ роман.

16. Мы обедали в _____the best (122)_____ ресторане (10) в Москве.

17. Синее платье _____(is) more expensive (125)_____ _____than_____ юбка (91).

18. Врач сказала, что Толик _____the healthiest (125)_____ мальчик в школе.

19. Говорите _____louder (125)_____ , пожалуйста. Я вас не слышу.

20. Это _____the worst (124)_____ улица в городе. По ней нельзя ехать.

21. Следующий раз купите _____a less (122)_____ _____bitter (122)_____ вино.

22. Он мой _____younger (125)_____ брат, но вы _____(are) younger (125)_____ _____than_____ _____он_____ .

23. "Дама с собачкой" -- одно из (40) _____the most profound (124)_____ произведений (52) Чехова.

24. Николай Павлович -- _____a most (=very) kind (125)_____ человек, и он _____(is) older (126)_____ _____than_____ _____ты_____ . Надо слушать его.

25. Кто поёт (63) _____worse (126)_____ ? Антон или Лена?

26. Павел Фёдорович был _____right (52)_____ : слон _____(is) larger (1)_____ _____than_____ _____черепаха (47)_____ .

27. Наш дом _____(is) older (126)_____ _____than_____ _____ваш_____ .

28. Говорить по-русски _____(is) easier (125)_____ _____than_____ по-албански.

Translation to Lesson 16

(Numbers in parentheses indicate the page in the Required Vocabulary where a given item can be found. Items from Lesson 16 are not so marked.)

1. Long, long ago a giant lived (4) in the forest (32) where tall trees grew (16). There a river (91) flowed peacefully and the air (115) was always fresh.

2. Danko was a bashful person who was afraid (32) of loud noise.

3. I am tired (=became tired) because I was lifting (103) heavy furniture (112) all (1) day (3).

4. In the life of every person there are minutes (77) when the heart becomes (72) heavy and we forget (55) about our dearest and closest friends (4).

5. Irina tore the letter (8) out of my hands (56). She said she would kill me if I should try (17) to read it.

6. Raia walked (86) (along) energetically. There were no clouds (117) in the sky (117), and the sun (119) illuminated the wide road (108).

7. She read the note (108) wearily and then (26) tore it up.

8. The professor (20) arrived (33) much later than usual(ly)(105).

9. The turtle (47) is one of (40) the stupidest animals (44), and a monkey (46) is one of the smartest.

10. My watch (33) is much more accurate than yours.

11. They became (72) richer, but not happier or nicer.

12. These are simple, but good people (12), and they deserve (=are worthy of)(36) a better life.

13. (It) was wonderful (119) weather (119), and we decided (26) to go (86) farther.

14. Speak quieter, the students are taking (26) a test (23).

15. This carpet (109) is not cheap because it was made (3) by well-known craftsmen (74).

16. The berries (31) are much sweeter than the apples (39). But the sweetest fruit (98) doesn't grow (16) here.

17. Karolina Pavlova is less well-known than Pushkin or Lermontov, but she was one of (40) the most talented (71) Russian writers (71) of the nineteenth century (77).

313

Classroom Practices for Lesson 17

Practice #1: Examine the groups of sentences below. Identify which sentences contain clauses that can be replaced by **verbal adverbs** and give the appropriate forms.

1a. Когда́ я прочита́ла (12) кни́гу, я пошла́ (33) спать.

1b. Когда́ я чита́л кни́гу, па́па перепи́сывал (130) письмо́.

1c. Когда́ я чита́ла кни́гу, я мно́го смея́лась (71).

2a. Когда́ студе́нты сдаю́т (26) экза́мены, они́ не разгова́ривают (133).

2b. Когда́ Ольга сдаст экза́мен, она́ ста́нет (72) юри́стом.

2c. Когда́ Ми́ша сдава́л экза́мен, шёл (33) ме́лкий дождь.

3a. Когда́ я вхожу́ (101) в авто́бус, я предъявля́ю (104) биле́т.

3b. Когда́ контролёр вошёл в авто́бус, он рассерди́лся (47).

3c. Когда́ контролёр вошёл в авто́бус, все рассерди́лись.

4a. Ви́ктор бои́тся (32) слоно́в и не хо́дит (33) в зоопа́рк.

4b. Ната́ша э́тому удиви́лась (60) и сказа́ла (2), что нам не ве́рит (29).

4c. Ко мне прие́хал (33) Ви́ктор и поэ́тому я не пошёл (33) в зоопа́рк.

Practice #2: Practice changing these real conditions to **unreal** (hypothetical) ones.

1. Если прибежи́т (101, 101) соба́ка, мы её пойма́ем (30).

2. Если они́ там бу́дут (1), мы их спро́сим (50) об э́том.

3. Если Ве́ра придёт (33) во́время, мы пое́дем (84) вме́сте.

Practice #3: A past tense form plus **бы** can be used to express a wish. How would you express the following **without using** the words "I wish?"

1. (I wish) he would get married (129)!

2. (I wish) she would come (33) here!

3. (I wish) the war (25) would end (55)!

Practice #4: Examine the sentences below and indicate whether the verb after **чтобы** should be an infinitive or a past tense form.

1. We told him not to take this course.

2. Rita opened the window (in order) to breathe some fresh air.

3. Vanya turned on the light so that we wouldn't fall.

4. Mama will want us to prepare breakfast.

5. Elena bought a bird so that she wouldn't be bored.

6. Peter the First built Petersburg so that Russia might become a part of Russia.

Practice #5: Review the use of **ли**.

Ли may be used in direct questions, although, in conversational speech, it is not required. When it is used, it functions much like **разве**, expressing doubt on the part of the speaker.

When *reporting* indirect questions (providing they do not contain interrogative words), **ли** is required. Note that in English we use the conjunctions <u>if</u> and <u>whether</u> to report a question:

    She asked me whether/if I had read the article.

In Russian this can only be translated by **ли**.

Which of the sentences below should be translated by **ли**? Which require **если**? Are there any cases when **ли** is optional?

1. We want to know if Marina arrived on time.

2. If it hadn't snowed, we would have gone to class.

3. If the students don't understand, they'll tell you.

4. I don't know whether they got married.

5. Did she arrive from Leningrad?

Имя и фамилия _____

Homework Exercises to Lesson 17

Exercise #1: Fill in the blanks with the appropriate **verbal adverbs**. Consult *Making Progress*, 387-389.

1. _____ домой, я приготовил обед.
   Having returned (32)

2. _____ дерево, Коля улыбался.
   While drawing (131)

3. _____ несколько минут в кресле, бабушка
   Having sat (98)
   встала и пошла на кухню.

4. _____ родителям, Яша выбежал из комнаты.
   Without apologizing (129)

5. _____ седьмой роман, он умер.
   While creating (132)

6. _____ посуду, официант молчал (129).
   While washing (23)

7. _____ через контроль, она пошла в отдел
   Having passed (38)
   истории.

8. _____ все конфеты, он попросил мороженого.
   Having eaten (18)

9. _____ лекарство, я лёг спать.
   Having taken (83)

10. _____ своих прав, она замолчала (129).
    Having demanded (47)

11. _____, дети бросились в воду.
    Without undressing (89)

12. _____ в деревне, мы ненавидим большие
    Having grown up (16)
    города.

13. _____ два часа в уборной, дедушка наконец
    Having spent (112)
    вышел.

14. _____ слышать об этом, она от нас отошла.
    Not wanting (*M.P.*, 388)

15. _____ весёлым человéком, Áня чáсто
    Being (*M.P.*, 388)

смеётся.

Exercise #2: Translate, using verbal adverbs whenever possible.

1. Travelling (60) around Italy (59), we saw many (40) ancient (74) palaces (74).

2. Having gotten dressed (23), she went (33) to work (71).

3. While preparing (22) for the test (23), we asked (44) each other (111) questions (48).

4. Not knowing (4) what (12) to say (2), they were silent (129).

5. Having reached (107, 102) the intersection (103), Nina crossed (103) the street (86).

6. While crossing (103) the street, she dropped (104) (her) bag (95).

Exercise #3: Change these situations from real to **unreal** (hypothetical) ones.

1. Éсли он провáлится (133) на экзáмене, емý бýдет (1) стыдно.

2. Éсли Тóля жéнится (129) на америкáнке, он остáнется (67) в Бостóне.

3. Всё бýдет (1) хорошó, éсли я перед вáми извинюсь (129).

4. Éсли бýдет (1) жáрко, мы поéдем (84) за́ город.

Имя и фами́лия _____

Exercise #4: Translate, using **бы** (132) whenever necessary.

1. If the berries (31) were sweeter (123), we would eat (18) them.

_____

2. I would like (=want) (21) to get acquainted (133) with them.

_____

3. If she loved (62) him, she would have married (128) him.

_____

Exercise #5: Translate the following sentences, using **чтобы** (132, 134) where required. (After verbs of motion чтобы is usually omitted. The verb that follows is usually imperfective.)

1. I told (2) her to open (25) the door (111).

_____

2. The teacher (12) demands (47) that we behave (87) well.

_____

3. We went (33) to the department store (76) to buy (9) clothes (60).

_____

4. Katya asked (47) us not to deceive (130) her.

_____

5. Do you want (21) me to recopy (130) the drawing (132)?

_____

6. The princess (74) wanted to marry (128) a peasant (70).

_____

7. His parents (41) didn't want them to marry (129).

_____

8. We did (3) this so that the war (25) would not continue (117).

_____

9. We bought you a dog (47) so you wouldn't be bored (64).

_____

Exercise #6: Заполните пропуски.

1. Алмазов _____got acquainted with (133)_____ с будущей женой летом.

2. Они _____got married (129)_____ зимой.

3. Он _____was ready (133)_____ поехать к ней в Сибирь.

4. Алмазов был _____faithful (128)_____ мужем, но он был очень _____busy (129)_____.

5. Поэтому их _____relations (130)_____ _____went bad (131)_____.

6. Он хотел, чтобы она _____constantly (131)_____ _____recopied (130)_____ его _____drawings (132)_____.

7. Из-за этого у неё _____shook (128)_____ руки, но она _____was silent (129)_____.

8. Они _____were married (128)_____ только год и _____separated (131)_____.

9. Как только она уехала, он узнал, что без неё нельзя было жить. Он прибежал к ней _____to apologize (129)_____. Он признался, что он _____was guilty (128)_____.

10. Она призналась, что она тоже _____was guilty (128)_____. Ей не надо было молчать.

11. Они решили, что они _____would support (130)_____ друг друга.

12. Мне кажется, что всё кончится _____favorably (128)_____.

13. Они уверены, что они никогда не _____will divorce (131)_____.

Translation to Lesson 17

(Numbers in parentheses indicate the page in the *Required Vocabulary* where a given item can be found. Items from Lesson 17 are not so marked.)

1. -- I don't know if Masha failed the exam (27). I hope (46) that everything ended (55) favorably. -- Don't worry (81). She sucessfully passed (26) the exam.

2. She would have apologized if you had not forced her to admit that she was guilty.

3. No one wants (21) the gardener to plant lilacs on the balcony (108).

4. Aleksey would not have divorced Anna if she had been faithful to him.

5. It is difficult (126) for me to imagine that in a few days Misha will marry Marina. They got acquainted only (11) a week (78) ago (105).

6. Just before (46) we got married, they asked (11) us if we would support each other (111) in happiness (38) and misfortune.

7. Our acquaintances asked (47) us for help (89), but we were busy.

8. The relations between (70) the Soviet Union (10) and China (59) went bad for various (113) reasons (117).

9. After (37) they separated, Victor markedly (=strongly) (118) aged. He thought about Natasha constantly. He didn't want (21) her to leave him. In his heart (=soul) he still (4) loved (62) her.

10. In this work (52) the hero is married and the heroine is married. But she is not married to him and he is not married to her.

11. -- The directors (70) are not satisfied (70) with your sketches. -- What does this mean? Do they want (21) me to recopy them? Do they want me to draw different (111) (ones)?

12. (It's) always awkward to answer (56) stupid (25) questions (48).

13. Having been frightened (38) by the lion (45) we began to tremble (USE ONE VERB).

14. In order to create better (122) conditions at the academy, the director asked (47) Ivanov for help (89).

15. Boris is such (111) a cheerful (25) soul. I'm bored (64) without (39) him. (I wish) he would drop by (107, 102)!

16. We are proud (66) of our progess in (1) (the) Russian (language).

17. Good (2) relations are founded (75) (PARTICIPLE) on friendship.

18. They have been corresponding for more (2) than a year (77).

Classroom Practices for Lesson 18

Practice #1: Fill in with an appropriate form of *себя́, сам* or *са́мый*. INDICATE STRESS.

1. _____ тёплые дни бы́ли в нача́ле ма́я.
       The most

2. Она́ купи́ла _____ путёвку на Чёрное мо́ре.
                     for herself

3. Крестья́не пожа́ловались _____ кня́зю (74).
                           himself

4. В _____ конце́ (77) ве́ка начала́сь война́ с Испа́нией.
        the very

5. Они́ горди́лись (66) _____ , потому́ что они́ сда́ли контро́льную на пятёрку.
                         themselves

6. Он не нашёл ту ша́пку, кото́рую он на днях (130) хоте́л купи́ть. И _____ хозя́йка магази́на не могла́ ему́ помо́чь.
        herself

7. Э́то бы́ло в _____ нача́ле 18-го ве́ка.
               the very

8. Вы _____ зна́ете, что э́то невозмо́жно.
        yourself

Practice #2: Fill in with *его́, её, их* or an appropriate form of *свой*.

1. Они́ взя́ли _____ ве́щи и положи́ли их в чемода́н.
         their (own)

2. Бори́с оста́вил _____ пала́тку в лесу́.
          his (=Boris's)

3. Бори́с оста́вил _____ пала́тку в лесу́.
          his (=Vadim's)

4. Бори́с сказа́л, что _____ пала́тка ещё в лесу́.
          his (=Boris's)

5. -- Ири́на отнесла́ запи́ску _____ ма́тери?
             her (=Vera's)

   -- Нет, она́ отнесла́ её _____ ма́тери.
                her (=Irina's)

6. Соколо́вы опозда́ли, потому́ что _____ маши́на не ра-
              their (=the Sokolovs')

бóтала.

7. У Изю́миных есть _____ маши́на.
　　　　　　　　　　　　their own

Practice #3: Fill in with an appropriate form of **котóрый**, **что** or **кто**.

1. В большо́й кóмнате сиде́л мужчи́на, _____ мы вчера́ ви́дели.
　　　　　　　　　　　　　　　　　　　　whom

2. Куда́ ты положи́ла тýфли, _____ мы говори́ли.
　　　　　　　　　　　　　　　　about which

3. Сéня взял всё, _____ бы́ло на столé.
　　　　　　　　　　　　that

4. Она́ рассказа́ла всем, _____ был на собра́нии.
　　　　　　　　　　　　　　　who

Practice #4: Fill in with an appropriate **-то, -нибудь** or **ни-** word.

1. -- _____ был на балкóне? -- Да, сиде́ла _____
　　　　Anyone　　　　　　　　　　　　　　　　　　　　　　　　some
же́нщина и чита́ла. Я не зна́ю, как её зовýт.

2. -- С (71) кем вы ходи́ли на собра́ние? -- _____.
　　　　　　　　　　　　　　　　　　　　　　　　　With (71) no one

3. -- Где мои́ ключи́? -- Я ви́дела их _____ . . . мóжет
　　　　　　　　　　　　　　　　　　　　　somewhere
быть на кýхне.

4. Вы _____ бы́ли во Фра́нции?
　　　　　ever

5. -- Ты _____ ходи́л вчера́? -- Нет, _____.
　　　　　anywhere　　　　　　　　　　　　　　　　　　nowhere

6. Никола́й Петро́вич _____ сказа́л, но _____
　　　　　　　　　　　　something　　　　　　　　　　　　no one
не слы́шал его́.

7. _____ Ла́ра сего́дня в плохо́м настрое́нии.
　　For some reason

8. --Вы _____ ви́дели на пля́же? -- Нет. _____
　　　　anyone　　　　　　　　　　　　　　　　　　　　　　no one
там нé бы́ло (7).

Имя и фами́лия _____

Homework Exercises to Lesson 18

Exercise #1: Fill in with an appropriate form of *э́тот* or *тот*.

1. Ви́ка реши́ла купи́ть не _____ бе́лую ша́пку, а _____ чёрную.
                                     this   that

2. _____ мой сын, а _____ мои́ до́чери.
      This is (12)   these are (12)

3. Леони́д Григо́рьевич дово́лен (70) _____ , что он сказа́л пра́вду.

4. Я то́лько вчера́ узна́ла о(б) (97) _____ .
                                                     that

5. _____ , кто был в Мавзоле́е, до́лжен рассказа́ть о нём.

6. Я знако́м (133) не с _____ статьёй, а с _____ , кото́рую
                                   this   that

   вы написа́ли.

7. Зи́на беспоко́илась (81) о _____ , что отме́нят её рейс.

8. Фе́дя не обраща́л внима́ния (82) на _____ , что самолёт уже́ ме́дленно поднима́ется.

9. _____ неинтере́сно. Дава́йте поговори́м о чём-нибудь друго́м.
      That is

Exercise #2: Fill in with an appropriate form of *себя́*, *сам* or *са́мый*.
INDICATE STRESS.

1. Они́ всегда́ говоря́т о (97) _____ .
                                          themselves

2. В Кремле́ мы ви́дели _____ Горбачёва.
                                 himself

3. Мы бы́ли в _____ це́нтре (79) го́рода.
                  the very

4. На собра́нии все потеря́ли го́лову. И _____ дире́ктор не
                                                      himself

   знал, что́ де́лать.

5. _____ кру́пные (116) динозавры поги́бли сра́зу.
     -est

6. Они́ не зна́ли, как защища́ть (51) _____ от враго́в.
                                                             themselves

7. Они _____ не понимали, что их отношения уже совсем
         themselves

   испортились.

8. Аня вела себя плохо, и учительница сказала, чтобы она сидела в

   _____ углу (98).
      the very

9. Мы купили _____ собаку. Она вам нравится?
               (for) ourselves

10. Сегодня _____ последний день занятий.
              the very

11. Марине Борисовне не понравился рисунок, хотя она _____
                                                          herself

    нарисовала его.

12. Они гордятся (66)_____ . Ведь они получили четвёрку.
                       themselves

Exercise #3: Fill in with *его, её, их* or some form of *свой*.

1. _____ платье висит на вешалке.
      Her

2. Олег забыл, куда он (=Олег) поставил _____ чемодан.
                                            his (=Oleg's)

3. Вы нашли (23) _____ билеты?
                    your

4. Ирина играет (139) на _____ гитаре (136). Потом Маша
                            her (=Irina's)

   будет играть на _____ гитаре.
                       her (Irina's)

5. Где вы видели _____ дочь?
                     their

6. Марина сказала, что _____ родители уехали.
                           her (=Marina's)

7. Иван пошёл к _____ врачу, который измерил
                    his (=Ivan's)

   _____ давление.
      his (=Ivan's)

8. Им нужна _____ квартира.
                their own

Имя и фамилия _____

Exercise #4: Fill in the blanks with appropriate forms of the relative pronouns **который, что** and **кто**.

1. Врач посоветовал ей поехать на курорт (136), _____ находится на острове.

2. Я удивляюсь (60) _____ , что вы сказали.

3. Всё, _____ она сделала, нам очень поможет.

4. Как называется станция (105), на _____ мы вчера были.

5. Где дети (9), _____ вы вчера возили (87)?

6. Тот, _____ не помогает, не должен жаловаться.

7. Я рассердился на женщину, чемодан (141) _____ был послан в Ташкент.

Exercise #5: Fill in with an appropriate **-то, -нибудь** or **ни-** word.

1. В передней сидел _____ мужчина (7), которого
                  some

   _____ из нас не знал.
       no one

2. Вы _____ ездили в Советский Союз?
       ever

3. Когда вас не было дома, _____ приходил. Я записал его
                                      someone

   имя и телефон.

4. -- Вы купили _____ ? -- Нет, мы _____
                       anything   nothing

   не купили.

5. -- Она _____ _____ разговаривала?
              with (71)   anyone

   -- Да, она _____ _____ разговаривала.
               with (71)   someone

6. Алмазов _____ не хотел стрелять (138).
                at anyone

326

7. В этой статье есть _____ интересное?
   anything

8. Эта палатка _____ принадлежит (60).
   to anyone

9. -- У кого вы были? -- Я _____ не был. Я
   not at anyone's house (11)
   ездил на стадион.

10. -- Здесь скучно. -- Купите _____ газету и читайте.
    some/any

Exercise #6: Заполните пропуски.

1. Врач сказал, что у Вики _____.
   high (77) blood pressure (136)
   Он посоветовал ей поехать _____.
   somewhere (no particular place)

2. Борис купил _____ _____.
   a vacation trip (138)   to Italy (59)

3. Дима пошёл _____ за лекарством. У него
   to the drugstore (139)
   _____.
   a (severe) sore throat (136)

4. Летом Наташа и Коля _____ _____.
   go sunbathing (139)   at the beach (140)

5. Я _____ плохо. Врач посоветовал мне поехать
   feel (141)
   за город _____ _____.
   to breathe (a little) (136)   свежий (123) воздух (115)

6. Вы _____. Вы _____.
   (are) ill (139)   have caught a cold (138)

7. Медсестра _____.
   gave me an injection (139)

8. Маргарита несколько дней отдыхала _____
   at a (health) resort (136)
   и совсем _____.
   got well (recovered) (138)

9. Константин Антонович _____ _____.
   is being treated (137)   at a hospital (139)

Translation to Lesson 18

(Numbers in parentheses indicate the page in the *Required Vocabulary* where a given item can be found. Items from Lesson 18 are not so marked.)

1. Last week (78) (they) operated on my mother (40). Now (11) she is recovering at our summer home.

2. The rooms at this hotel are very small.

3. Boris is very tired (=got very tired)(124). The doctor (70) told (him)(47) to take (84) a vacation (from work).

4. Smoking (=to smoke) is dangerous (USE SHORT FORM ADJECTIVE, NEUTER) for (39) (one's) health.

5. I had the flu. The doctor (70) advised (64) me to drink (20) soda pop (37), lie (96) in bed (119), play cards and watch (50) TV (113). She said I would get well in (50) a few (37) weeks (78).

6. We stayed the the Hotel "Russia" (60), which is located (7) in the center (79) of the city. It was very comfortable (84) there.

7. In Krasnodar it is possible (62) to admire the landscape and go on camping trips.

8. The children are singing (63) songs in the tent. Don't bother (59) them.

9. -- Whose skates are these? -- They are mine. Are these your skis?

10. The doctor (70) advised (64) me to fly (82) to the Hawaiian [Гавайский] Islands. I will attempt to buy a vacation trip tomorrow.

11. Tanya is not in her (hotel) room. She is probably (49) on an excursion or at the exhibition.

12. Uncle (39) Semyon is hunting in the forest (32). He likes (62) to shoot at birds (47) and other (111) animals (44).

13. Moscow (6) made a tremendous (32) impression on us.

14. The doctor (70) advised (64) the patient to go boating and skating in order to (132) get a rest (25).

15. You are sick, but you will get well if you take this medicine (83) every (5) day. The injection will relieve (82) the pain (81) in (your) leg (55).

16. I often go (86) to the ballet and to concerts because I love (62) music (70). I also go to the movies and to the theater.

17. They put (94) everything (1) that they needed (59) into the suitcase that Semyon bought (9) last year (78).